介護福祉士初任者のための実践ガイドブック

日本介護福祉士会初任者研修テキスト

社団法人
日本介護福祉士会・編集

中央法規

はじめに

　介護福祉士の資格取得者数は，1987（昭和62）年に社会福祉士及び介護福祉士法が制定されて以来，順調に増加し，介護福祉士の登録者数は2006（平成18）年5月において約54万人に達しています。

　この間，介護保険制度の導入，障害者自立支援法の施行など介護福祉を取り巻く環境は大きく変わってきました。今後は，近年における介護の理念や概念の変化，介護対象者のニーズの多様化などに伴い介護の現場では質の高い介護サービスが求められるようになり，介護職の養成が量から質へと転換する方向性にあります。なかでも，介護職員の中核的な存在である介護福祉士の質の向上が強く求められてくることになり，2006（平成18）年に設置された「介護福祉士のあり方及びその養成プロセスの見直し等に関する検討会」においては，介護福祉士の全体の資質向上のために資格取得方法の一元化が提案されたところです。

　なお，介護福祉士の国家資格は，「幅広い利用者に対する基本的な介護を提供できる能力を有する資格」と位置づけていることから，さらに，重度の認知症や障害等の分野について，より専門的に対応できる人材を育成していくことが求められています。また，人材確保と資質の向上の観点からは資格取得後のOJTのほか，生涯にわたって自己研鑽し，介護の専門的な能力開発とキャリアアップへの支援の必要性が提案されています。

　このような状況において，職能団体としては早急に介護福祉士の生涯研修体系を確立することが重要であると考え，現在，初任者研修，ファーストステップ研修，専門介護福祉士研修など介護福祉士が生涯にわたって能力開発できるように研修体系をまとめているところです。

　本書は，介護福祉士制度にかかわる法律，専門職として必要な倫理など介護福祉士の初任者として学ぶべき必要な教育内容を盛り込んだものとなっており，すべての介護福祉士に役立つものとなっています。

　介護福祉士の初任者研修・現任研修などに携わる都道府県，各団体，機関をはじめ，関係各方面におかれましても，本書を大いに活用していただければ幸いです。

　終わりに，本書の編集にあたり，協力していただきました皆様，ならびにご執筆いただいた先生方に深く感謝を申し上げます。

社団法人日本介護福祉士会
会長　石橋真二

目次

はじめに

第1章　介護福祉士の専門性と職業倫理
1｜はじめに ——————————————————————— 2
2｜介護福祉士の専門性 ————————————————— 3
3｜専門職としての倫理の必要性 ———————————— 9
4｜専門職の職業倫理 —————————————————— 13
5｜歴史にみる倫理的公準 ——————————————— 17
6｜おわりに —————————————————————— 22

第2章　介護福祉士の法律と関連する制度政策
1｜介護福祉士の資格制度成立まで ——————————— 32
2｜社団法人日本介護福祉士会設立に向けて
　　～職能団体と介護福祉士の役割 ——————————— 35
3｜法律上定められた介護福祉士の位置づけと義務について —— 38
4｜介護福祉士と社会保障の関連制度 ——————————— 41

第3章　介護福祉士の仕事とコミュニケーション
1｜コミュニケーションの目的 —————————————— 52
2｜コミュニケーションの基礎知識 ———————————— 55
3｜コミュニケーション技能を展開するうえで必要な基本的態度 —— 60
4｜介護職のコミュニケーション技法 ——————————— 64
5｜コミュニケーションの具体的展開 ——————————— 65
6｜利用者の特性に合ったコミュニケーション技術 ————— 68

第4章　介護福祉士の基本的態度

1 | はじめに ―――――――――――――――――――――76
2 | 介護と言葉遣い ―――――――――――――――――76
3 | 時間と約束 ―――――――――――――――――――79
4 | 人から見られている意識を大切にする ―――――――82
5 | 介護場面での基本的対応 ―――――――――――――84

第5章　介護福祉士のための介護技術

1 | よりよい介護をめざした介護技術 ――――――――――90
2 | 移動の介助 ―――――――――――――――――――108
3 | 食事の介助 ―――――――――――――――――――150
4 | 排泄の介助 ―――――――――――――――――――178
5 | 緊急時の対応 ――――――――――――――――――199

第6章　介護過程の展開

1 | 介護過程を学ぶ意義 ―――――――――――――――218
2 | 介護過程の目的と理念 ――――――――――――――220
3 | 介護過程の構成要素 ―――――――――――――――222
4 | 情報収集・アセスメントにおける留意点 ―――――――224
5 | 介護計画の立案における留意点 ―――――――――――230
6 | 具体的な事例による介護過程の展開 ―――――――――232
7 | アセスメントツール ―――――――――――――――237

第7章　記録と報告

1 | 記録 ―――――――――――――――――――――248
2 | 報告 ―――――――――――――――――――――256

第8章　介護福祉士のための医学知識

1 | 高齢者の疾患の概要とその特徴 ―――――――――――262
2 | 認知症について ―――――――――――――――――269
3 | 薬の基礎知識 ――――――――――――――――――273
4 | 廃用症候群 ―――――――――――――――――――276

第9章　福祉用具の意義と活用

1｜はじめに ———————————————————————284
2｜福祉用具とは ——————————————————————284
3｜福祉用具を使用する意義 ———————————————————286
4｜福祉用具選定のポイント ———————————————————287
5｜福祉用具の種類と特徴 ————————————————————290

社会福祉士及び介護福祉士法等の一部を改正する法律案について ——302

執筆者一覧

第 1 章
介護福祉士の専門性と職業倫理

1. はじめに

　本章では，専門職である介護福祉士が倫理学を学ぶことの意義，また職業倫理を身につける必要性について知っていただきたいと思います。最初に介護福祉士が倫理というものを学ばなければいけない理由を，介護福祉士の専門性などと併せて述べます。

　次に介護福祉士は，医師や歯科医師，看護師，弁護士，公認会計士などと同じく，国家資格であり，プロフェッショナルです。したがって，これら専門職を生業とする者に対しては，さまざまなかたちで倫理的な規程（職業倫理）が設けられています。専門職の倫理規程です。そこで，専門職としての倫理の必要性について説明します。なぜ，専門職にとって倫理が重要なのかということです。それがわからなければ，それぞれの専門職の倫理規程は絵に描いた餅になりかねません。深く知る，本当に必要性を納得するということがとても大切です。

　さらに，当然のことですが，職業倫理のほかにも人間存在としての倫理ということが関係します。それぞれの職業の領域で，業務を行ううえでの判断基準がさまざまなかたちで必要になる場合がありますが，それらについての吟味は，そもそも倫理学や，哲学，正義論など，人間の「思惟」の歴史のなかで多くの哲学者やものごとを根源から考える人たちによって考察されてきたものです。ギリシャ・ローマ時代から，哲学や倫理，徳に関する考察がありますが，その一端を紹介します。

　「AとBのどちらを行うべきか」，「Cは決して行ってはいけない」など，行動の基準というものを定めているものは倫理です。また自分が行為をなす際に，正しい行為とみなされるかみなされないかを，確認する作業としても倫理学や倫理の諸規程というものが重要になります。

　介護福祉士も医師や弁護士，公認会計士その他の専門職と同様に倫理の規程を実践すると同時に，倫理について学んでおく，そして日常の行動において倫理というものを遵守したかたちで行為することが求められているわけです。それは，人間としても，正しい生き方をするために，また，よりよく人生を送るためにも，常に振り返り，自分を見つめるなかで，求められるものなのです。

2. 介護福祉士の専門性

① 専門性と役割

　専門資格である介護福祉士には，専門職として，特に社会福祉領域の専門職としていくつかの固有の特色があります。

1　名称にみる位置づけ

　まず，介護福祉士という名称から考えてみます。介護福祉士は，「介護技術士」でもなければ「介護士」でもありません。名称には「福祉」という言葉が入っています。もし「介護技術士」であれば，その意味合いは，上位にいる専門家の指示のもとに行為を行うということだけで済んでしまいます。しかし「福祉」という言葉が入っているので，福祉の援助職という側面も出てきます。

　「福祉」という部分では，専門職として人間を対象とした援助を行うわけですから，人間に対する理解が求められます。また，「援助職」という部分では，人に接する際，また人に行為をなす際には，倫理的な規程に照らし合わせて，その行為が妥当かどうかを判断しなければならないということがいえます。

2　介護福祉士の専門性からみる役割

　介護福祉士の専門性を明確にするために，社会福祉士と比較してみましょう。

　社会福祉士は多くの場合，援助職の役割が主となります。社会資源の活用であるとか，関係機関の調整であるとか，専門的な施設に入所を勧めるとか，援護を必要とする方に助言するとか，そのような役割はもちろん社会福祉士にあります。また，忘れてならないことが，社会福祉士が社会的公平，公正，正義を社会のなかで実現する役割を担っているということです。地域で福祉を実現する役割は，社会福祉士としての重要な役割といえるでしょう。

　一方，介護福祉士の場合は上記の援助職としての役割ももちろんありますが，その役割を直接身体に触れる介護のなかで実践していくという特徴があります。したがって医師や看護師のように，さまざまな倫理的な課題や倫理的な責務に基づく職務と非常に似た役割を介護福祉士は担っているといえます。

介護福祉士の仕事は，社会福祉士及び介護福祉士法（昭和62年5月26日法律第30号）に明記されています。

> （定義）
> **第2条**　略
> 2　この法律において「介護福祉士」とは，第42条第1項の登録を受け，介護福祉士の名称を用いて，専門的知識及び技術をもつて，身体上又は精神上の障害があることにより日常生活を営むのに支障がある者につき入浴，排せつ，食事その他の介護※1を行い，並びにその者及びその介護者に対して介護に関する指導を行うことを業とする者をいう。

　法的な定義によれば，介護福祉士には，直接介護を行うということと，介護をする人に対して援助する，指導するという部分があるわけです。そしてこの直接介護をするということからも，介護福祉士には倫理が密接にかかわっており，倫理についての理解が重要なポイントであるといえます。

　直接介護を行うということは，それが家事援助であれ身体介護であれ，人の財産や身体に触れる行為を行うということです。医師や看護師，理学療法士（PT），作業療法士（OT）なども同様ですが，人の体に触れるということは，人の体に何らかの作用をもたらすということです。

　人の体に触れ，何かをなすということは，場合によってはそのなした行為は傷害とみなされるかもしれません。例えば医師でも，むやみやたらに人の体を傷つけて許されるわけではありません。人の体を傷つけるというのは傷害です。極端ですが，手術というものは，人の体を切り刻んだりしますので傷害になるのです。しかし，医師として人命を救うために術を行うことは倫理に即した行為であるという観点から，他人に触れて，身体を切開するということが許されていると考えることができます。

　そのような意味で身体に触れる専門職であり，また，生活の全体性そのものにかかわる仕事だという認識を強くもつ必要があります。介護福祉士が倫理の規程や倫理上のさまざまな問題，またAかBかの選択に迷ったときにどれをなすべきか，などについて日常の介護行為をなしている際，その時々で判断を求められる仕事なのだ，専門職なのだということも自覚しておくことが必要だと思います。

※1　第166国会に提出された法律改正案では，「入浴，排せつ，食事その他の」を「心身の状況に応じた」へと改めることが規定されています。

そういう意味で介護福祉士というのは，社会福祉の領域のなかでの専門職，国家資格としての責務，それと同時にほかの社会福祉専門職とは異なり，身体的なものにかかわるということでの倫理性も求められているということをよく理解しておくことが必要です。

3　教育者としての役割

また，介護福祉士はある意味では教育者であることが求められます。

介護福祉士のもつ教育者的な側面とは，後輩の介護福祉士を育てるという意味合いだけではありません。利用者に対しては援助者として，また利用者の家族の方々や地域社会に対してはよい意味で教育者であるということが求められます。その場合に介護福祉士は専門職である以上，倫理的に規範となる存在とならなければならないということもあります。また，教育者のもつべき資質として，自分の発言・行動を律することがきわめて重要です。そのような観点からも倫理をしっかり考えておくことが必要だと思います。

4　その他の役割

また近年ヨーロッパやアメリカで，ケアの倫理やフェミニズム倫理※2が注目されています。介護は必ずしも女性だけが担うものではありませんが，女性の視点から生まれたケアの倫理やフェミニズム倫理というものは，やはり介護を行う方々にとって非常に重要なコンセプトとなると思います。身体にかかわり，そしてその方々に対してケアを行う，安らぎであるとか人生の安心を与える。「癒し」という言葉がありますが，そういうものも含めた内容が「ケア」の専門家たる介護福祉士の役割です。そういう意味で

※2　フェミニズム倫理およびフェミニズム倫理学は従来倫理学における倫理の公準や倫理に関する考察が，男性中心に進められ，通俗的にいえばきわめて難しい学問として理解されてきたことに対して，女性の側から，女性の日常の視点から倫理というものをわかりやすく論じていくもの。それは当然，男性と女性の性差にも着目し，男性中心主義の思考や男性が陥りがちな論理的思考や厳密さへのこだわりをも批判するものになっている。論理性や厳格性，正義や公平，公正といった従来の倫理学で論じられる道具だてではなく，性差に注目し，女性性のもつ特質を評価し，優しさや"きづかい"，直感・感性といったものを重視する。近年，フェミニズム倫理やフェミニズム倫理学が多少なりとも注目されてきたのはケアの倫理やケアの倫理学とあわせて論じられるからだといえる。しかし，従来の正統的，伝統的倫理学を重んじる学会のなかでは現状に対するアンチテーゼとして理解されており，その限りで取り上げられる場合が多いが，看護の領域で近年しばしば取り上げられてきたアカデミックな伝統的正統的倫理学のなかでの位置づけは未確定である。ケアの倫理学が注目されたのはギリガンの『もうひとつの声―男女の道徳観のちがいと女性のアイデンティティ』（川島書店，1986年）によってである。生命倫理学のなかでも取り上げられており，今後注目されるものである。参考文献グレゴリー・E．ペンス『医療倫理1』（みすず書房，2000年）。本書はアメリカにおける医師課程の標準的教科書である。本章も多くを本書に負っている。

も単に職業倫理だけではなく，新しい倫理というものについて関心をもっておく，またよく理解しておくということが必要になります。

② 介護福祉士の専門性の構造

　介護福祉士は専門職ということなのですが，専門性の構造ということについて少し触れておかなければなりません。前で「介護技術士」であれば介護技術だけを専門とし，それ以外のことについてはほかの専門家の指示を仰ぐことになる，ということを述べました。もちろん，「介護福祉士」も専門職ですので，一般的な専門職の構造として，スキルや専門知識というもの，つまり介護技術なども必須のものであると考えられます。

　しかし専門性の構造は，図1－1のとおりで，必ずしもスキルや専門知

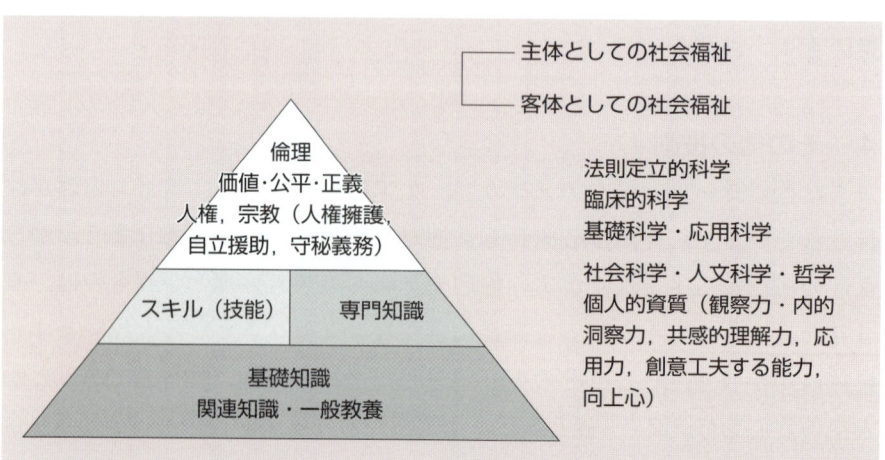

☆社会福祉士・介護福祉士の専門性の構造（福祉の専門性の構造）と教育体系ないし指定科目の関係について
　　上図のピラミッドの構成は一人の専門職が身につける専門性の内容であり，これは社会福祉士国家試験の各試験科目のすべてが特に援助スキルおよび専門知識の部分に収められている。なおピラミッドの頂上の部分の人権擁護や守秘義務，自立援助は社会福祉士及び介護福祉士法で規定されている部分。
☆右部分は主体としての社会福祉と客体としての社会福祉がどのように福祉の専門職業のなかで構成されるとともに両者が必須のものであることを示したもの。上図ではあくまで専門知識はスキルに対し関連専門領域となるが，右部分ではそうは考えていない。むしろ両者がバランスよく身についていないとインディペンデント（独立）な専門職（医師，弁護士，公認会計士等）とはなり得ない。また，このような職種は高等教育（職業教育）以降の継続教育や卒後教育・自己学習，専門職能団体による研修等がむしろ重要であり，そのためにも個人的資質の部分の括弧内の観察力，内的洞察力，共感的理解力，応用力，創意工夫する能力と意志，向上心は欠かせない。確実な知識とともに発展力が求められる。これらはサービス業の基本でもある。

図1－1　専門性ないし専門職業人の内的構成

（出典：上智大学「社会福祉原論　前期講義資料」）

識だけ備わっていれば専門性があるということにはなりません。専門的なスキルや専門的知識を支える基礎的な知識，一般教養，関連知識というような基礎となる部分がきわめて大切です。この部分は一人ひとりの個人的資質にかかわってきます。この個人的資質とは，観察力，内的な洞察力，共感的理解力，などにあたります。またこのような個人的資質には，応用力や創意工夫する能力，向上心なども含まれます。まずは，これらが専門性の構造の基礎であり，その上に専門的なスキル，技術と専門的知識が乗っているということを理解しておかなければなりません。

　同時にこのような専門性の構造のなかで欠かせないのは実は倫理なのです。別の表現をすると価値や規範，公平，公正，正義にあたります。それらも専門性の構造のなかの重要な一翼を担っているということです。それは図1－1から理解できると思います。すなわち，専門的な知識・技術があればそれが専門家の要件を満たしているかといえばそうではないのです。われわれに課せられた崇高な目的や理念，価値であるとか公平，公正，正義というようなものを体現する意思，またはそれを希求する気持ち，これも専門性を構成する重要なポイントです。それがあってはじめて，たちむかう元気，勇気が湧いてきます。現状を変えなければという気力も生まれます。よくいわれる「燃えつき症候群」なども，より上位の価値意識の有無によって発症する場合もあれば，そうでない場合もあるでしょう。先ほど述べた個人の資質という部分，基礎知識，関連知識，一般教養というものとともに，専門性を支える重要な要素なのだということも理解しておきましょう。

　今まで，社会福祉の専門職では，ともすればスキルと専門知識さえあれば専門性がある，専門性を満たしていると考えられがちでしたが，実はそうではないのです。そして，専門性や人に対してやさしくしたいといったことのみでは，福祉の場合，仕事をやめずに続けていくということは難しいでしょう。また，単に社会福祉従事者，介護を行う人たちが仕事を行うにあたって，職業倫理を身につけなければならない，専門職としての倫理を身につけなければならない，そういうことだけでもありません。専門性そのものの構造のなかに倫理が含まれているのだということを理解しておく必要があります。

③ 真理追究型の専門性と課題解決型の専門性

　真理追究型の専門性と，課題解決型の専門性というものがあります。
　例えば哲学や社会学や経済学は，従来の観点では真理追究型の専門性をもった学問です。これは難しい言い方をすると法則定立科学といいます。[※3]
　その一方で課題解決型の専門性をもった学問があります。治療する，病気を治す，社会をよくする，経済を立て直す，といった課題を解決していくことを目的とするものです。社会福祉の学問の性質は，課題解決型といえるでしょう。社会福祉領域の専門職の場合には，社会の価値観や将来めざすべき方向，公平・公正・正義というものが実践の際に，きわめて密接にかかわり，そして専門性を発揮する場面というのが出てくるわけです。
　単に真理を追究する法則や科学ということであれば，量子力学などに基づき，真理を支える理論を導き出す研究を行うだけで済みます。ところが課題解決型というのは，まさに課題を解決することが命題ですので，場合によってはその課題の解決が何らかのかたちで現状とぶつかることがあります。また，課題解決の方法手段が人間の価値観と照らし合わせて，本当に適切なのかどうかという判断をしなければいけないことがあります。そもそも，めざしている方向が，本当に正しいのかということも吟味する必要があります。
　それらの判断は常に価値であるとか倫理に深くかかわっているということなのです。したがって，いわゆる抽象学問や真理追究型，法則定立科学的な学問やそれに従事するものと異なり，課題解決型の専門職の場合には現実の社会とのかかわりというなかで，問題解決しようという意欲をもった人が専門職として行動していきます。狭義の社会福祉の世界のなかだけで，「当然」と思っているだけ，また，価値があることだと思っているだけ

※3　一般的に，科学にはそれが実証主義であれ，論理実証主義であれ，また演繹的方法や帰納的方法を用いるにせよ，一定の法則を発見し，真理を科学的に究明することを主眼とする学問と課題解決型の学問が存在する。両者は一律に分けることはできないが（例えば法則定立科学であっても，応用部門として課題解決型の学問を含む場合。例えば経済学と経済政策など），おおよその学問的性格として両者に分けることはできる。自然界であれ，人々によって構成される社会であれ，さまざまな問題を解決するため自然科学の知見や，社会科学，人間科学などの知見，理論を応用し，現実に当てはめ，課題を解決しようとする課題解決型の学問は法則科学を基礎におく学問もあれば，さまざまな学問を活用しつつ学際的な領域として一定の学問領域を形成しているものもある。介護福祉学や社会福祉学は基本的に課題解決型の学問である。しかし，それは法則定立科学であることを阻むものではなく，また，法則定立科学におけるさまざまな知見を活用するだけの学問領域ともいえない。したがって，理論研究や法則定立への試みはきわめて重要ともいえる。そのうえで，最終的な学問のめざすものは社会のさまざまな課題を解決するということにある。そのために理論研究や臨床的な研究が欠かせないということである。

かもしれません。その意味でも価値や倫理ということを常に客観化・対象化し，より広い観点からも吟味していくことがきわめて重要になるということです。常に倫理を考えるということは信じこむということだけではなく，客観化する，対象化するということでもあるのです。

3. 専門職としての倫理の必要性

① なぜ，倫理が求められているか

　専門性の構造という観点とは別に，なぜこのような専門職の倫理が社会や人々から求められているのでしょうか。つまり行動の規範としての倫理というものが，なぜ求められているのかということについて考えてみたいと思います。

　よくいわれるように，最近は民営化が進み，効率性などを求めた結果，高齢者介護や保育など，さまざまな領域で福祉サービスを営利として提供することが増えています。いわゆる社会的弱者であったり，判断能力が衰えている方に対してサービスを提供する際には，この営利性というものと，そのサービスが真に求められるかたちで提供できるものかどうかという点においては，さまざまに思い悩むことが発生します。実はこの社会福祉の世界で倫理の必要性が声高に叫ばれる理由の一つは，今述べたような民営化，さまざまな事業主体が民間主体となっていくということにも非常に関係があるのだということです。

② 科学と倫理

　専門職としての倫理が求められる理由をもう一つあげます。かつては科学に対する絶対的な信頼，科学万能主義というものがありました。しかし，現代の社会が抱える課題を考えた際に，科学的な根拠では正しいかどうかが単純には判断できないということが非常に増えてきました。医療や看護や介護分野だけではなく，例えば分子生物学や臓器移植などの例，環境問題や地域開発など枚挙にいとまがありません。複雑化した現代の社会には，科学だけでは解決されない問題が山積しており，現代の私たちは複雑な状

況に置かれています。

　そのなかで価値観や倫理への深い理解を一つのよりどころとしなければ、さまざまな場面で判断に迷い、立ち止まらざるを得ないということが出てきました。そのような科学だけでは解決できない状況下において倫理は、人々の関心を喚起しました。特に専門職が、倫理的公準、倫理的なものについて関心を向けた理由の一つでもあります。

　具体的には、科学だけで解決できない問題として、医師の専門性と患者の自己決定があります。その極端な例は尊厳死の問題です。尊厳死は自殺幇助（ほうじょ）や殺人になってしまうのか。また医師としてはどのようなかたちであっても、たとえ本人の意思に反してでも生命を維持させるべきなのかという問題もあるでしょう。「尊厳ある死」というものをどのように考えるべきでしょうか。

　また、パーソン論は医学倫理の理論的課題の所で必ず出てくるものです。人間はいつから人間として認められるのか。人間としての権利を有する時期は分子レベルからなのか、もしくは受精後何日くらい経ってからなのか。逆に、植物状態となった方を人間としてみるのかどうか、植物状態に対して医療を行うべきなのか、行うべきでないのか。その方が植物状態となる前に自己決定したものを尊重すべきなのかどうかという論議もあります。

　それに先ほど触れた分子生物学、臓器移植における課題があげられます。また再生医療というような領域のなかで、この倫理的考察というのは、単に観念的なことを議論する、空理空論、理想論をいうということではありません。先端医療の現場もそうですが、研究の先端領域では日々の具体的な課題なのです。医療、看護の領域では倫理的な、特に生命倫理についての関心が拡大しています。

　介護福祉に関連する部分でも、インフォームド・コンセント、ホスピスケア、ターミナルケアやエイズの問題などがあり、それぞれさまざまな議論があります。それぞれの議論においては必ず倫理的な考察と、また援助職として何をどのレベルまでなすべきか、そのレベル以上の行為については、してはいけないのかということを問われる部分が出てくるわけです。これらは医療のみならず、社会福祉援助職にとっても課題ということになるでしょう。

③ 不祥事と倫理

　また，倫理の必要性の背景として，社会福祉援助職と呼ばれる人々，その他社会福祉に携わる人々の不祥事があります。本来，社会福祉援助職は，さまざまなかたちで問題を抱えている方に対して，人間としての尊厳を保障するために，その人らしい自立した生活ができるように援助する職務にあたっています。つまり公平・公正・正義を実現するための専門職であり，また社会福祉援助職は最終的にはそれをめざすものであるわけです。

　しかし残念ながら，現実には福祉現場であれ，また個人であれ，さまざまなかたちで不祥事が起きています。そういう意味では社会福祉専門職に対して，一般の人々の不信があることは事実として知る必要があります。専門職として自らを戒めるという観点から，これは外国でも同様ですが，ソーシャルワークの倫理を体現すべき人間一人ひとりに対して向けられた課題として，反倫理的な行為を慎む，改めて自分たちの価値観・倫理観を自問することが必要とされています。また，自分以外にもほかの介護福祉士や専門職が倫理的にそぐわないことを行っていた場合には，それを注意することも必要です。福祉にかかわる専門職の不信を払拭し，介護福祉士が一般の人々に対しどう応えていくかという意味からも，倫理的な課題に対する関心を深めること，そして倫理的関心を自らの日々の実践のなかで具現化していくことが求められています。

④ 今後の倫理の必要性

　1960年頃から外国では，患者や囚人の人権にかかわる考え方がさらに深まってきました。そのような人権思想が，具体的に「患者の権利」や「囚人の権利」などの具体性をもったかたちで議論が行われることにより，専門職の義務の明確化というものが求められてきました。それ以外にもさまざまなかたちで，欧米を含めわが国でも援助職の倫理，さらには倫理教育というものが求められている時代なのだということもあわせて触れておきたいと思います。

　それに加え，シルバーマーケット，シルバービジネスが今後拡大してきます。また，プライベートプラクティスという，専門職による個人開業が増えてきました。個人の介護福祉士や社会福祉士が事業者となり，自分で開業するというケースがこれから次第に増えてくるでしょう。そのような場合，組織における規程であるとか，組織における約束事ではなく，自分

の行動を自分で律するということが必要となります。これは弁護士や医師も当然そうなのですが，今後個人開業の増加という局面を迎えると，やはり個人個人が倫理を体得することが必要になってきます。スローガンのように集団単位で規則を守ろうとか，会社や職場など共通の目的をもつ集団の規程などではないかたちで，自己内発的なかたちで倫理を遵守するということも必要になってくるのです。今後そのような面からも倫理というものが求められていく，ということなのです。

　また社会福祉専門職には，これから新しい理念をつくり出すこと，そして実践力と実務的手腕が求められます。その際に，社会に対する想像力や人に対する関心，想像力を喚起するということがきわめて大切です。私たちが当然のことと思っていた価値観が，限られた地域社会，仲間内でだけしか意味をもたないということが実は多いのです。「所変われば品変わる」ということわざもあります。私たちがよいと考えていることが必ずしも，別の社会，別の価値観をもった人からすればよいことではないということを学ぶこともきわめて大切です。社会に対する想像力，人に対する関心，想像力を喚起して新しい理念をつくり出し，そのなかでイマジネーションをもちながら仕事をしていくためには，日頃から倫理について深い考察をしておかなければいけないということなのです。

⑤　日常生活のなかの倫理

　具体的に倫理といった場合に，いくつかの段階を考えて議論していかなければいけません。最初は人としての倫理という部分。その次が職業倫理という部分です。一般的に私たちは「人の道」という言い方をしますが，日常生活を送るなかで，事をあげて倫理ということをいわなくても，日常生活のなかで求められる行動規範というものがあります。それは別の言い方をすると規範であり，価値ということにもつながります。具体的には，責任感をもつ，勤勉であること，約束を守る，嘘をつかない，などが一般的な倫理です。老若男女貧富を問わず誰もがこの倫理をできる限り守る，ということになっています。そして倫理を守らなければ周りから相手にされない，無視される，ということもあり得ます。著しい場合は批判され，日常生活にたいへん不便を被る，支障が生じるということもあるわけです。

　人は一人で生きているのではなくて，集団のなかで生活をしています。そして他者とのかかわりのなかで生きている場合，当然他者に対して，また社会に対してどういう行為をなすかということが，道徳などとはいわな

くても求められています。それを一つの名称で表すと「倫理」ということになります。つまり責任感，勤勉，約束を遵守する，契約に則る，嘘をつかないというものをもう少し概念として示した場合に倫理的な規程ということになるわけです。

これは職業上に限らず，一般的な人々の生活のなかで求められるものです。ただし皆さんが感じられるように，日常生活のなかではこのような倫理，約束事，本来行うべきことが，守れないということがあると思います。

そのとき重要なことは，守れないことを自覚すること。それと同時に守ろうとする努力を続けること。また，守れなかった自分を，これからは守ろうというかたちに変えていくということが重要です。

したがって倫理というものは初めからそこにあるものではなく，日常の実践のなかで自分の倫理を自覚し，それに基づいて自分の行為を直していく，試していくということが求められるわけです。

⑥ 専門職への期待

最後に，介護福祉士に対して，人は何を期待しているのかということも考えることが必要です。期待されている内容については仕事の種類によって濃淡があると思います。しかし，専門職の場合，きわめて多くのことが期待されています。専門職に求められているものは，一般の人々が生活のなかで求められる倫理以上であるということを私たちは意識する必要があります。

4. 専門職の職業倫理

① 専門職の職業倫理とは

次に専門職の職業倫理ということについて述べておきたいと思います。専門職の職業倫理として取り上げられるものに「ヒポクラテスの誓い」(24頁参照)があります。また「ヒポクラテスの誓い」から派生した「医師としての倫理（医の倫理綱領）」(25頁参照)があります。また「ナイチンゲール誓詞」(25頁参照)は看護職の職業倫理として有名です。看護師の専門教

育のなかでは必ず「ナイチンゲール誓詞」を読み上げるということになっているはずです。また弁護士においては「弁護士倫理」というものがあります。

　例えば「ヒポクラテスの誓い」は古代ギリシャ時代に形成されたものです。それぞれの職業倫理も，社会のなかで人々が求め，そして専門職自身が自分を律するものとして年月をかけて定めてきたものなのです。それらに共通しているのは，公平・公正・正義から照らし合わせて自分の行動を律するということです。また，無差別（差別をしない）ということも医師や看護師や弁護士の規程のなかに含まれています。これら，公平・公正・正義・無差別ということは当然ながら社会福祉専門職にとっても求められることです。また社会福祉を実現するという目的においても，この四つの基準というものは社会福祉関係職にとってはかかわりの深いものです。

　この専門職の職業倫理である「ヒポクラテスの誓い」，「ナイチンゲール誓詞」などは，別の視点からみれば，人間を超えた存在とやり取りをしています。それは宗教であったり道徳であったり哲学であったりとそれぞれですが，人間を超えた存在とやり取りし，その観点から自分の行為は公平なのか，公正なのか，正義なのかということを確認しているのです。そのやり取りによって自信をもって迷いなく行為が行えるわけです。もし，そのような倫理規程がなければ，人々は選択の際に躊躇するはずです。また思い悩むはずなのです。それを思い悩むことなく行為がなせるということからも，この倫理規程というものは大切だといわれています。宗教・道徳といった場合なら天の声であるとか，何か超越したものが存在する。自己中心的な視点からではなく，自分を超えた視点から，これは妥当なのかどうかということを判断してみることが，いついかなる場合でもこの専門職には求められているということです。これは別の言い方をすると，自分の心に聞いてみるということでもあります。専門職の職業倫理にはさまざまな規程や誓いがあります。それらに共通するものが何かということを理解することも必要だと思います。

② 規範とは

　規範は倫理と非常に重なる部分が多いものです。先ほどの勤勉とか，約束を守る，嘘をつかないというのは，ある意味では社会の規範です。

　社会の規範から倫理というものを考えた場合，二つの規範があります。一つは他律的規範というもの。もう一つが自律的規範といわれるものです。

他律的規範というのは，一般人がその職業に対して期待する規範です。「弁護士だったらこれをしてくれるはずだ」，「看護師さんだったらこうしてくれるはずだ」，「福祉をやる人だったらこうしてくれるはずだ」ということです。利用者や患者やその家族から見られている職業に対しては，このような他律的規範が存在していることを認識しておくことはきわめて重要です。

　もう一つの自律的規範とは，内面化され，誰が見ていようがいまいが，自分の行動原理としてそれを守るということです。

　そして，他律的規範と自律的規範の両方が合わさったかたちで倫理は求められています。

　専門職の場合，特に自律的規範というものが重視されます。例えば，医師や看護師であれば，一般の人がその職業に対して期待する規範には思いやりや慈しみというものがあります。これは医師や看護師の本来もっている責務や行おうとする行為からすれば，自律的規範でもあるわけです。例えば，弁護士に対して一般人が期待するものは，誠実，清廉潔白，熱意，愛情，専門性，公共性，といったものです。これらはクライエントがその職業に対して期待する規範でもあります。また弁護士は公平・公正・正義を実現するための専門職ですから，これらは弁護士自らを律する規範として内面化された自律的規範であるはずなのです。規範にはそのような二面性があることについても理解しておくことが必要だと思います。

　介護福祉士は，日々介護を要する利用者とその家族に接するわけです。その際，他律的規範と自律的規範の両方から自分の行為を見定めるということも必要なことだと思います。

③ 規程されている倫理

　今日多くの場合専門職は，国家資格として法律により資格が定められています。ご存じのように専門職によっては名称独占や業務独占がありますが，これも法律で定められています。さらにそれぞれの専門職については，それぞれ法律のなかで，守秘義務などのかたちで倫理に関する規程が設けられています。倫理に関する規程は，医師法，保健師助産師看護師法，弁護士法などでも設けられています。また，教員は教育基本法のなかに設けられています。

　また，法令などをみてみると，専門性や公共性が高ければ高いほど，倫理性も高いものが求められていることに気がつくと思います。それは一体

なぜかということを考えてみることが必要です。専門性が高いということは言い換えれば，多くの人が知らないことをも知っているということでもあります。また，公共性が高いということは，社会的な観点から物事をなしてもらわなければ困るということです。社会的な観点から専門家が斯くあるべき，ということを決めるわけですから，ときには多くの人たちの命運を左右することもあるでしょう。単に倫理を求められているだけではなく，その役割が重要性に応じて，より高い倫理性が求められているということです。

　介護福祉士については，秘密保持義務や信用失墜行為の禁止（「社会福祉士又は介護福祉士は，正当な理由がなく，その業務について知り得た人の秘密を漏らしてはならない。社会福祉士又は介護福祉士でなくなった後においても，同様とする」，「社会福祉士又は介護福祉士は，社会福祉士又は介護福祉士の信用を傷つけるような行為をしてはならない」）が法律上規定されていますが，それに加えて2007（平成19）年の法律改正案では，新たに「誠実義務」が条文にされました。誠実義務については「その担当するものが個人の尊厳を保持し，その有する能力及び適性に応じ自立した日常生活を営むことができるよう，常にその者の立場に立って，誠実にその業務を行わなければならない」とされています。また「資質向上の責務」として「社会福祉及び介護を取り巻く環境の変化による業務の内容の変化に適応するため，相談援助又は介護等に関する知識及び技能の向上に努めなければならない」も新たに介護福祉士に求められるものとして規定されています。

　このように，新たに介護福祉士について倫理的にも求められるものが追加されています。新たに加わった「資質向上の責務」はまさにすでに述べたように専門職に求められる倫理を法律上も明記したものといえますし，「誠実義務」は英語でいうintegrityですが，この言葉も「国際ソーシャルワーカー連盟」の採択した「ソーシャルワークの定義」にならって策定された「ソーシャルワーカー」の価値と原則に掲げられている「誠実」にならったものともいえるでしょう。さらに，「誠実義務」の条文のなかの「尊厳」は，介護保険法第1条にも2005（平成18）年の改正で盛り込まれた「高齢者の尊厳」と同様に，「個人の尊厳の保持」として介護福祉士に求められるものです。この「尊厳」とは英語ではhuman dignityと言い表され，国際的に用いられる言葉として，重視される概念・理念といえるでしょう。

④ 倫理性を求められる理由

なぜ専門職に高い倫理性が求められているのでしょうか。

専門職には専門的知識があります。普通の生活のなかでは知り得ないような知識・技術をもっているわけです。したがって，専門的知識をもし悪用した場合の社会に対する影響，人々に対する不安感というものはたいへんなものになるでしょう。極端にいえば，社会にとって危険な存在となってしまうのです。専門職は，人の命，人の財産，人の将来というものを左右し，奪うこともできる，普通の人にはできないことを行うことが許された業務だからなのです。

専門職は，ある意味ではきわめて危険な存在になり得るということですから，その知識・技術を悪用しないで善用するということが，社会のために求められていることなのです。いわば，社会にとって危険な存在だからこそ，それが高い専門性や公共性に結びついているので，高い倫理性が求められるということになるわけです。

例えば，医師の場合，守るべき倫理が普通の人と同程度で済むのであったら，これはある意味ではたいへんなことになります。高度な医療的知識・技術をもった人が，ごく普通のかたちで日々患者に接するということは，場合によっては非常に危険な存在になる可能性があります。一般人では得られない，生殺与奪にかかわる技術を身につけているからこそ，その運用にあたっては自律的にも他律的にも行動の枠，つまりは高い倫理性が求められるということなのです。

福祉職の場合はどうでしょうか。先の「2．介護福祉士の専門性」であげたとおり，対象者・利用者との接近性が高く，他人に直接触れる職だということなどから倫理が求められるということなのです。なお，ソーシャルワーカーの倫理綱領（26〜29頁参照）などについては，さまざまなかたちで倫理の規程というものがなされています。これは介護福祉士にきわめて近い職業倫理規程ということで，よく理解しておくことが必要です。

5. 歴史にみる倫理的公準

これまでのなかで，自分が守るべき倫理・道徳律について，いやしくも一般人であれば日々のなかでどう行動するか，それを律するものが倫理で

あるということをいくつか述べました。また職業倫理の場合，特にそれは高いものが求められる，自分の行動を律するという意味で求められるということを述べました。それに加えて，医療の場合に顕著にみられるように，複雑な価値観のなかで，どの価値を重視して行為をなさなければいけないのかというような，判断に迷った際の基準として倫理的公準というものが求められる場合があります。これはギリシャ・ローマ時代から，またその後の哲学の歴史から，また宗教的にもギリシャ哲学などからもさまざまなかたちで，倫理的公準というものが示されています。本項では倫理的公準について紹介し，倫理の具体的な中身，行動を律する場合ないし物事を判断する場合何を重視したらよいか，いくつか考えるべきポイントがあるのだということを知っていただきたいと思います。

１　カント「純粋理性批判」

　かつて，カントが『純粋理性批判』を著しました。そのなかに「倫理で問題となるのは結果ではなくて義務である」，「行為が正しい心からなされるか，自分の道徳的義務を果たしているか。正しい感情や欲求を持つこと自身や，同情心からの行動は賞賛されない」とあります。これは，道徳的な行為を行うとき，理性が感情に対して何をなすべきかを命じるということなのです。つまり，かわいそうだから何かをやるとか，いたたまれないから何かをするという同情心からの行動は決して賞賛されないということを示しています。

　世間一般では，「よかれと思ってやった」，「いてもたってもいられないから何かをした」ということが賞賛される傾向がありますが，カントは「注意深く道徳的行為を行うときは，理性が感情に対して何をなすべきかを命じる」としています。つまり客観的な意識というものを重視していることがわかると思います。

　また，「正しい行為は普遍化可能な確率を持つ」とあります。ある行動に際して誰もが規則を採用するべきと欲することができる場合は，正しい行為であると考えます。そしてそれは普遍化可能な確率をもつということになるわけです。

　カントはこのようなことも書いています。「正しい行為は常に他の人間を目的自体として扱い，決して単なる手段としては扱わない」。つまり，絶対的な道徳的価値をもったものとして人を扱うということ。そして，「人の利益を他の人の利益や私(わたくし)の要求実現のための犠牲としてはならない」とあり

ます。例えば現代社会において，がんの告知をするために真実を告げるという例を考えてみると，告知をすべきかどうかの判断は，今いくつか説明したカントの公準から導き出すことができるのです。一つの基準として，この倫理的公準をみていくということが重要です。

そしてカントは，「人は理性に従って行為するときのみ自由である」といっています。つまり感情の赴くままというのは本当は自由ではなく，理性に従って行為するときのみ自由であるということをいっているわけです。「人々が当然視し日常的に機械的に行為している行為は，真に道徳的行為ではない」ともいっています。道徳的に行動するためには，理性的で自由な意志を行使して，それに自分の行動を従わせるという能力，それが自律である，といっています。これは社会福祉関係者にとって，ある種新鮮な驚きではないかと思います。

② 功利主義

また，倫理学の歴史からみれば，功利主義もかなり重要な倫理的公準といえます。従来，倫理といえば常に宗教や人間の価値と結びつけて考えられることが多いといえるでしょう。多くの世界宗教の場合は必ず行動を律する基準や「徳」についての教えといった項目をもっています。したがって倫理といえば宗教と密接に関係があるということがいわれるのですが，この功利主義では，宗教とは別なかたちで倫理や道徳を説くことができるのです。

道徳はしばしば神の存在と必然的に結びついています。しかし，功利主義者にとっては神を必要としません。グレゴリー・ペンスは，「頬を打たれたらもうひとつの頬を差し出して，その後，来世での正義の実現に期待するようにと勧める論理は倫理ではない」と述べています。

功利主義では「正しい行為は最大多数の存在にとっての最大量の望ましい結果を生み出す」としています。

例えば，10人の病人が列をつくっているが，病人を救う薬が五つしかないとき，どの人に薬を提供すべきでしょうか。長年社会のために貢献して高齢になった人にその薬を配るべきなのか。いやそうではなくて，未来を長く生きられる小さい子どもに配分すべきなのか。ないしは，今まで社会的に不利益を被っていた人にこそ，この際五つの薬を分けるべきか。さらには，これからの社会に有用な人材かどうかで五つの薬を配ることを考えるべきか。そして，それらはすべてくじ引きで決めるべきか。

上にあげた五通りの考え方は，それぞれがさまざまな宗教上ないし倫理の公準上主張され得るものなのです。私たちは多くの場合，物事を一つの観点からみます。それが正当だと考えてしまいがちなのですが，実は倫理の公準というのは，今述べたように，この五つの薬の配り方についてもいくつか考え方があり，功利主義ではどれもが倫理的公準から照らし合わせて妥当だといえるものなのです。そのようなことについて知っておくことも必要です。そういう意味では「最大多数の最大幸福」というようなことも，やはり功利主義の倫理といえます。

　また，前述のカントとは違い功利主義では，帰納主義，つまり動機や意図ではなくて結果が重視されます。「最大化原理というのは結果によって影響を受ける人の数が重要である。より多くの人が影響を受けるなら，その結果はより重要なものとなる」ということをいっています。またその一方で，「どの存在の幸福も一つとして数えられるべきであり，それを超える重要性はない」というふうにいっています。つまり前提として，社会的に重要な人であっても投票では一人で5票をもつのではなく，1票としてカウントするということです。このようなこともいっているのです。

③ グレゴリー・ペンスのあげる「四つの倫理原則」

　医療の世界において，グレゴリー・ペンスは「四つの倫理原則」を掲げています。四つとは，「自律・善行原理・無危害原理・正義」です。医療の世界には医療倫理学，生命倫理学などがありますが，その行為が妥当かどうかを判断する際に，この四つの倫理原則に照らし合わせることによって，悩みなく合理的に判断がなし得るということです。

　「自律」というのは，パターナリズムと対立するものです。パターナリズムというのは，親が全部考えるのだからすべて任せて従いなさいというものです。医療の世界では，自律というものがその考え方や行為によって満たされるのかどうか，その医療の公準を満たしているのかということが関門になるということです。宗教，非宗教を問わず，自律というのは徳の倫理でもあります。それを無視すると，多くの場合パターナリズムに陥りがちになるのです。

　次の「善行原理」は他人へ善をなすことということです。専門職の場合，それは義務でもあります。その行為が他人に善をなすことであれば，たとえ他人を切開してもいいということになります。

　三つ目の「無危害原理」は危害を加えてはならないということです。こ

こから面白いことが導き出されます。

　医師が治療をするといった場合，先の善行原理で，善をなす意志でやっているのかどうか。そして利用者にとって自律につながるのか，自律を実現できるのかどうか，自律に照らして妥当な行為なのか。「あなたはこれです」と，医師だから全部決めるというのは利用者の自律に反するのでふさわしくないといえます。それと同時に，無危害原理では危害を加えないということです。単純なことのように思えますが，これは専門職としての応用問題にかかわる非常に重要なことといえます。この場合，何らかの処置や処遇を行うのに十分な技術的能力をもっていないならば行うべきではない，ということなのです。

　福祉の場合はどうでしょうか。例えば「自分はまだ力不足だけど，利用者にそれを理解してもらいながらやりましょう」ということが往々にしてありますが，この無危害原理に照らし合わせれば，十分な技術的能力をもっていなければ行うべきではないといっているわけです。また，能力のない者による治療，治療を目的としない危険な実験というものは，当然この無危害原理によれば禁止されます。また無危害原理では，ある世界観から出てくる目標実現のために市民全体の生活を支配しようとすることを禁止します。つまり，第一の基本的義務は干渉しないこと，ということになるのです。

　普通我々社会福祉関係職は，人に優しいことや人に関心をもつということが，美徳であると思いがちです。先ほどのパターナリズムが陥りがちな部分もこの部分です。寂しそうな顔をしていたらすぐ声をかけたり，関心をもってあげたりすることは人間の徳目として重要なことなのだと考えがちですが，必ずしもそうではありません。これは観点を変えれば他人に危害を加えている，他人を侵害していることになるのです。つまり，援助や助言，気遣いを求めていない人には干渉するべきではない，ということなのです。この部分などは，およそ福祉に携わる人からみれば意外であったり，わかりにくいことかもしれません。しかし，これからの時代は，援助や助言，気遣いを求めていない人には干渉しないという接し方も大切なことです。

　ただし，援助や助言をしなければ当人や社会にとって危害が加わる場合，善行原理や自律や正義に反することになる場合などにはこの限りではありません。この四つの倫理原則は相互規定的な役割をもっており，一つの基準を満たすことによって別の部分を照らし合わせ，それによって行動を律するというものなのです。したがって，みな一律に援助や助言や気遣いを求めていない人には何もしてはならないということではありません。

逆に紹介した三つの基準から照らして，これは必要であるという場合には，危害を加えたことにならないとなるわけです。

四つ目の「正義」というのは，誰でも同じように接するということです。例えば，似たような症状をもつ人にはすべて同様の治療を行うということになります。「②功利主義」のところであげた分配の例においての「正義」とは，最下層の人を優先する，誰もが平等に受けられるような状態にもっていくというようなことです。また自由尊重主義の正義といった場合には，支払いに応じて対応を変えるということも考えられます。これも選択肢として可能なのです。そのようなことも含めて正義が倫理原則として取り上げられています。

④ その他

これ以外にも，社会契約説，ケアの倫理，フェミニズム倫理というものがあります。これらは介護福祉士も一定の知識として身につけておくべきものだと思います。

例えば社会契約説は，人間は基本的に自分勝手である，自己利益中心が普通の姿であると考えます。よって道徳規則は共存の方法として生まれたのであり，したがって道徳規則に合意することは合理的であるとする考え方です。

また，ロールズの「無知のヴェール」も，20世紀によく取り上げられた社会哲学であり，倫理の公準です。無知のヴェールとは，仮定として，自分の地位や資産，知力，体力などあらゆることを自分が知らされてないという状況であれば，そのときに何を選択するかということで人に判断させようということなのです。このような考え方もあります。

6. おわりに

これまでいくつか述べてきたように，社会福祉の倫理規程に活用できるような倫理の公準というのは，倫理学や道徳，哲学の歴史のなかでは，多様な判断基準があるということも理解しておく必要があります。それらを理解すると，社会福祉のなかで倫理とされてきたものは，倫理学や哲学か

らみるときわめて部分的なものであるということがわかります。

　医療やその他の専門職と連携して行動する際に，ときとしてそれぞれのもつ専門性の違いから，ものの考え方が異なってしまうこともあります。そのとき，自分たちの専門性が何であるか，道徳的公準，倫理的公準ということに照らし合わせて考えることは，必ずプラスになると思われます。

　繰り返しになりますが，よかれと思ったことだから許される，ということは倫理の規程上は許されません。倫理および倫理学というものは，自分の行動を律するということと同時に社会のルールです。特に高度な知識・技術をもち，人の生命や財産に関係する専門職にとって倫理および倫理学は，物事の選択に迷ったときの判断基準ともなります。何を判断し，何を選ぶべきかといった際に，判断する際の問題点を列挙したうえで何かを合理的に選び取るといった場合，倫理および倫理学というものを理性的なツールとして考えていかなければいけないということなのです。

　多くの介護福祉士の方は，一般的な倫理と職業倫理の知識は程度の差こそあれ，身につけていらっしゃることと思います。しかし，ここで述べてきたようなことこそが，専門職の倫理として最も必要とされるものです。人々の生命や財産に触れ，そして人々の幸せにつながっていくような行為をなす立場にある介護福祉士は，ここで述べた医療倫理，生命倫理に密接しており，常日頃の実践のなかで倫理性が問われているということを理解していただきたいと思います。

ヒポクラテスの誓い

　医師アポローン，アスクレーピオス，ヒュギエィア，パナケィアをはじめ，すべての男神・女神にかけて，またこれらの神々を証人として，誓いを立てます。そしてわたしの能力と判断力の限りをつくしてこの約定を守ります。この術をわたしに授けた人を両親同様に思い，生計をともにし，この人に金銭が必要になった場合にはわたしの金銭を分けて提供し，この人の子弟をわたし自身の兄弟同様とみなします。そしてもし彼らがこの術を学習したいと要求するならば，報酬も契約書も取らずにこれを教えます。わたしの息子たち，わたしの師の息子たち，医師の掟による誓約を行って契約書をしたためた生徒たちには，医師の心得と講義その他すべての学習を受けさせます。しかしその他の者には誰にもこれをゆるしません。わたしの能力と判断力の限りをつくして食養生法を施します。これは患者の福祉のためにするのであり，加害と不正のためにはしないようにつつしみます。致死薬は，誰に頼まれても，けっして投与しません。またそのような助言をも行いません。同様に，婦人に堕胎用器具を与えません。純潔に敬虔にわたしの生涯を送りわたしの術を施します。膀胱結石患者に截石術をすることはせず，これを業務とする人にまかせます。どの家に入ろうとも，それは患者の福祉のためであり，どんな不正や加害をも目的とせず，とくに男女を問わず，自由民であると奴隷であるとを問わず，情交を結ぶようなことはしません。治療の機会に見聞きしたことや，治療と関係なくても他人の私生活についての洩らすべきでないことは，他言してはならないとの信念をもって，沈黙を守ります。もしわたしがこの誓いを固く守って破ることがありませんでしたら，永久にすべての人々からよい評判を博して，生涯と術とを楽しむことをおゆるし下さい。もしこれを破り誓いにそむくようなことがありましたならば，これとは逆の報いをして下さい。

（出典：ヒポクラテス，小川政恭訳：古い医術について，岩波文庫，1963年）

医の倫理綱領

2000年4月2日・社団法人日本医師会の倫理綱領として採択

医学および医療は,病める人の治療はもとより,人びとの健康の維持もしくは増進を図るもので,医師は責任の重大性を認識し,人類愛を基にすべての人に奉仕するものである。

1. 医師は生涯学習の精神を保ち,つねに医学の知識と技術の習得に努めるとともに,その進歩・発展に尽くす。
2. 医師はこの職業の尊厳と責任を自覚し,教養を深め,人格を高めるように心掛ける。
3. 医師は医療を受ける人びとの人格を尊重し,やさしい心で接するとともに,医療内容についてよく説明し,信頼を得るように努める。
4. 医師は互いに尊敬し,医療関係者と協力して医療に尽くす。
5. 医師は医療の公共性を重んじ,医療を通じて社会の発展に尽くすとともに,法規範の遵守および法秩序の形成に努める。
6. 医師は医業にあたって営利を目的としない。

ナイチンゲール誓詞

われはここに集いたる人々の前に厳かに誓わん
わが生涯を清く過ごし,わが任務を忠実に尽くさんことを
われはすべて毒あるもの,害あるものを絶ち,
悪しき薬を用いることなく
また,知りつつこれをすすめざるべし
われはわが力の限り,わが任務の標準を高くせんことを努むべし
わが任務にあたりて,取り扱える人々の私事のすべて,
わが知り得たる一家の内事すべて,われは人に洩らさざるべし
われは心より医師を助け,わが手に託されたる人々の
幸のために身を捧げん

ソーシャルワーカーの倫理綱領

```
2005年5月21日   特定非営利活動法人日本ソーシャルワーカー協会承認
2005年5月28日   社団法人日本医療社会事業協会可決承認
2005年6月3日    社団法人日本社会福祉士会採択
2005年6月10日   社団法人日本精神保健福祉士協会承認
```

前　文

　われわれソーシャルワーカーは，すべての人が人間としての尊厳を有し，価値ある存在であり，平等であることを深く認識する。われわれは平和を擁護し，人権と社会正義の原理に則り，サービス利用者本位の質の高い福祉サービスの開発と提供に努めることによって，社会福祉の推進とサービス利用者の自己実現をめざす専門職であることを言明する。

　われわれは，社会の進展に伴う社会変動が，ともすれば環境破壊及び人間疎外をもたらすことに着目する時，この専門職がこれからの福祉社会にとって不可欠の制度であることを自覚するとともに，専門職ソーシャルワーカーの職責についての一般社会及び市民の理解を深め，その啓発に努める。

　われわれは，われわれの加盟する国際ソーシャルワーカー連盟が採択した，次の「ソーシャルワークの定義」(2000年7月) を，ソーシャルワーク実践に適用され得るものとして認識し，その実践の拠り所とする。

> **ソーシャルワークの定義**
>
> 　ソーシャルワークの専門職は，人間の福利（ウェルビーイング）の増進を目指して，社会の変革を進め，人間関係における問題解決を図り，人々のエンパワーメントと解放を促していく。ソーシャルワークは，人間の行動と社会システムに関する理論を利用して，人びとがその環境と相互に影響し合う接点に介入する。人権と社会正義の原理は，ソーシャルワークの拠り所とする基盤である。
>
> （IFSW；2000.7.）

　われわれは，ソーシャルワークの知識，技術の専門性と倫理性の維持，向上が専門職の職責であるだけでなく，サービス利用者は勿論，社会全体の利益に密接に関連していることを認識し，本綱領を制定してこれを遵守することを誓約する者により，専門職団体を組織する。

価値と原則

Ⅰ　（人間の尊厳）

　　ソーシャルワーカーは，すべての人間を，出自，人種，性別，年齢，身体的精神的状況，宗教的文化的背景，社会的地位，経済状況等の違いにかかわらず，かけがえのない存在として尊重する。

Ⅱ （社会正義）

　ソーシャルワーカーは，差別，貧困，抑圧，排除，暴力，環境破壊などの無い，自由，平等，共生に基づく社会正義の実現をめざす。

Ⅲ （貢　献）

　ソーシャルワーカーは，人間の尊厳の尊重と社会正義の実現に貢献する。

Ⅳ （誠　実）

　ソーシャルワーカーは，本倫理綱領に対して常に誠実である。

Ⅴ （専門的力量）

　ソーシャルワーカーは，専門的力量を発揮し，その専門性を高める。

倫理基準

Ⅰ　利用者に対する倫理責任

1　（利用者との関係）

　ソーシャルワーカーは，利用者との専門的援助関係を最も大切にし，それを自己の利益のために利用しない。

2　（利用者の利益の最優先）

　ソーシャルワーカーは，業務の遂行に際して，利用者の利益を最優先に考える。

3　（受　容）

　ソーシャルワーカーは，自らの先入観や偏見を排し，利用者をあるがままに受容する。

4　（説明責任）

　ソーシャルワーカーは，利用者に必要な情報を適切な方法・わかりやすい表現を用いて提供し，利用者の意思を確認する。

5　（利用者の自己決定の尊重）

　ソーシャルワーカーは，利用者の自己決定を尊重し，利用者がその権利を十分に理解し，活用していけるように援助する。

6　（利用者の意思決定能力への対応）

　ソーシャルワーカーは，意思決定能力の不十分な利用者に対して，常に最善の方法を用いて利益と権利を擁護する。

7　（プライバシーの尊重）

　ソーシャルワーカーは，利用者のプライバシーを最大限に尊重し，関係者から情報を得る場合，その利用者から同意を得る。

8　（秘密の保持）

　ソーシャルワーカーは，利用者や関係者から情報を得る場合，業務上必要な範囲にとどめ，その秘密を保持する。秘密の保持は，業務を退いた後も同様とする。

9　（記録の開示）

　ソーシャルワーカーは，利用者から記録の開示の要求があった場合，本人に記録を開示する。

10 （情報の共有）

　　ソーシャルワーカーは，利用者の援助のために利用者に関する情報を関係機関・関係職員と共有する場合，その秘密を保持するよう最善の方策を用いる。

11 （性的差別，虐待の禁止）

　　ソーシャルワーカーは，利用者に対して，性別，性的指向等の違いから派生する差別やセクシュアル・ハラスメント，虐待をしない。

12 （権利侵害の防止）

　　ソーシャルワーカーは，利用者を擁護し，あらゆる権利侵害の発生を防止する。

Ⅱ　実践現場における倫理責任

1 （最良の実践を行う責務）

　　ソーシャルワーカーは，実践現場において，最良の業務を遂行するために，自らの専門的知識・技術を惜しみなく発揮する。

2 （他の専門職等との連携・協働）

　　ソーシャルワーカーは，相互の専門性を尊重し，他の専門職等と連携・協働する。

3 （実践現場と綱領の遵守）

　　ソーシャルワーカーは，実践現場との間で倫理上のジレンマが生じるような場合，実践現場が本綱領の原則を尊重し，その基本精神を遵守するよう働きかける。

4 （業務改善の推進）

　　ソーシャルワーカーは，常に業務を点検し評価を行い，業務改善を推進する。

Ⅲ　社会に対する倫理責任

1 （ソーシャル・インクルージョン）

　　ソーシャルワーカーは，人々をあらゆる差別，貧困，抑圧，排除，暴力，環境破壊などから守り，包含的な社会を目指すよう努める。

2 （社会への働きかけ）

　　ソーシャルワーカーは，社会に見られる不正義の改善と利用者の問題解決のため，利用者や他の専門職等と連帯し，効果的な方法により社会に働きかける。

3 （国際社会への働きかけ）

　　ソーシャルワーカーは，人権と社会正義に関する国際的問題を解決するため，全世界のソーシャルワーカーと連帯し，国際社会に働きかける。

Ⅳ　専門職としての倫理責任

1 （専門職の啓発）

　　ソーシャルワーカーは，利用者・他の専門職・市民に専門職としての実践を伝え社会的信用を高める。

2 （信用失墜行為の禁止）

　　ソーシャルワーカーは，その立場を利用した信用失墜行為を行わない。

3 （社会的信用の保持）

　　ソーシャルワーカーは，他のソーシャルワーカーが専門職業の社会的信用を

損なうような場合，本人にその事実を知らせ，必要な対応を促す。
4 （専門職の擁護）
　　ソーシャルワーカーは，不当な批判を受けることがあれば，専門職として連帯し，その立場を擁護する。
5 （専門性の向上）
　　ソーシャルワーカーは，最良の実践を行うために，スーパービジョン，教育・研修に参加し，援助方法の改善と専門性の向上を図る。
6 （教育・訓練・管理における責務）
　　ソーシャルワーカーは教育・訓練・管理に携わる場合，相手の人権を尊重し，専門職としてのよりよい成長を促す。
7 （調査・研究）
　　ソーシャルワーカーは，すべての調査・研究過程で利用者の人権を尊重し，倫理性を確保する。

社団法人日本介護福祉士会倫理綱領

1995年11月17日宣言

前文

　私たち介護福祉士は，介護福祉ニーズを有するすべての人々が，住み慣れた地域において安心して老いることができ，そして暮らし続けていくことのできる社会の実現を願っています。

　そのため，私たち日本介護福祉士会は，一人ひとりの心豊かな暮らしを支える介護福祉の専門職として，ここに倫理綱領を定め，自らの専門的知識・技術及び倫理的自覚をもって最善の介護福祉サービスの提供に努めます。

（利用者本位，自立支援）
1．介護福祉士は，すべての人々の基本的人権を擁護し，一人ひとりの住民が心豊かな暮らしと老後が送れるよう利用者本位の立場から自己決定を最大限尊重し，自立に向けた介護福祉サービスを提供していきます。

（専門的サービスの提供）
2．介護福祉士は，常に専門的知識・技術の研鑽に励むとともに，豊かな感性と的確な判断力を培い，深い洞察力をもって専門的サービスの提供に努めます。
　また，介護福祉士は，介護福祉サービスの質の向上に努め，自己の実施した介護福祉サービスについては，常に専門職としての責任を負います。

（プライバシーの保護）
3．介護福祉士は，プライバシーを保護するため，職務上知り得た個人の情報を守ります。

（総合的サービスの提供と積極的な連携，協力）
4．介護福祉士は，利用者に最適なサービスを総合的に提供していくため，福祉，医療，保健その他関連する業務に従事する者と積極的な連携を図り，協力して行動します。

（利用者ニーズの代弁）
5．介護福祉士は，暮らしを支える視点から利用者の真のニーズを受けとめ，それを代弁していくことも重要な役割であると確認したうえで，考え，行動します。

（地域福祉の推進）
6．介護福祉士は，地域において生じる介護問題を解決していくために，専門職として常に積極的な態度で住民と接し，介護問題に対する深い理解が得られるよう努めるとともに，その介護力の強化に協力していきます。

（後継者の育成）
7．介護福祉士は，すべての人々が将来にわたり安心して質の高い介護を受ける権利を享受できるよう，介護福祉士に関する教育水準の向上と後継者の育成に力を注ぎます。

第 2 章
介護福祉士の法律と関連する制度政策

1. 介護福祉士の資格制度成立まで

① 福祉専門職の資格制度成立に至るまで

　我が国における初めての福祉専門職である介護福祉士の資格制度が制定されたのは，1987（昭和62）年のことです。この資格制度成立にあたっては，当時の厚生大臣をはじめとする厚生省の強力なリーダーシップがあったといわれますが，資格の法制化はそれを受け入れる環境が整わなければ実現することはありません。制度化の背景には，介護現場の強い期待があったといえます。

　それ以前の福祉の専門職資格に関する動きを振り返ると，まず，福祉関係者の強い要請があった社会福祉専門職の資格制度創設に関して，1971（昭和46）年に厚生省社会局長の私的諮問機関である社会福祉専門職懇談会で「社会福祉士法制定試案」が構想されましたが，法案化にはいたりませんでした。

　一方，介護福祉士の資格制度化に向かって，介護およびその関係機関ではさまざまな取り組みがありました。1979（昭和54）年には全国老人福祉施設協議会（以下，老施協）が，老人ホーム等で働く寮母の資質向上を図るため，独自に「福祉寮母」の講習会を開催しました。また，「福祉寮母」の講習会が全国的に定着するまでには，兵庫県などで老人福祉施設に働く寮母たちから強い要望があり，介護士の養成の実験的取り組みが行われました。1986（昭和61）年に老施協が実施した「寮母職の養成資格に関する研究」によれば，寮母職の7割強，施設長の約9割が「寮母に資格は必要」と答えています。

　また，1985（昭和60）年には，国が在宅で働くホームヘルパーを対象とした「主任家庭奉仕員」の現任研修制度を創設していますし，1987（昭和62）年には，日本学術会議社会・福祉保障研究連絡委員会が，2年にわたる介護職員の専門性と資格制度について研究調査した結果を「社会福祉におけるケアワーカー（介護職員）の専門性と資格制度について」の報告書にまとめ，厚生大臣に提出しています。

　こうしたなかで，1987（昭和62）年1月に当時の斎藤十朗厚生大臣が社会福祉サービス従事者の国家資格化を表明しました。同年3月23日には中央社会福祉審議会等福祉関係三審議会の合同企画分科会が「福祉関係者の資格制度の法制化について」（意見具申）を提出し，これに基づき，「社会福祉士及び介護福祉士法」（昭和62年法律第30号）が第108国会において5

月21日に成立，5月26日に公布され，翌年（昭和63年）4月から施行されました。

② 介護福祉士資格創設の必要性とその理由

　介護を専門的に行う人たちを法律で資格化する必要性については，次の三つの理由があげられます。

　第一に，高齢社会の進展に伴い，多様化・高度化する介護ニーズへの専門的対応が求められるようになってきたことです。

　我が国の高齢化率（総人口に占める65歳以上の高齢者人口の割合）は，「高齢者保健福祉推進十か年戦略（ゴールドプラン）」が策定された1989（平成元）年においては11％強でしたが，1996（平成8）年では15.1％，2005（平成17）年では20.4％となっています。一般的に高齢化率が7％を超えた社会を「高齢化社会」，14％を超えた社会を「高齢社会」，20％を超えた社会を「超高齢社会」といいますが，世界に先例のない速さで社会が高齢化していることがわかります。しかも，我が国の場合は，高齢者のなかでも特に心身機能の低下が目立つ75歳以上の後期高齢者の増加が見込まれており，さらに，これから高齢者となるのは，豊かな社会で権利意識をもち暮らしてきた人たちです。

　重度化する高齢者，質の高いサービスを求める高齢者に対応するためには，相当の専門性が必要になります。利用者の心身の機能，家庭環境，社会環境等について総合的に判断し，多様な介護福祉ニーズに対し，適切なサービスの提供やその選択の援助，身体的介護に加え，心理的な面でも自立に向けた援助をすることが求められます。こうした専門的対応の必要性が資格法制化の一因であったといえます。

　第二に，国際的な観点からも福祉専門職の養成が求められたことです。

　1986（昭和61）年8月，「第23回国際社会福祉会議」が東京で開催されました。この会議では，我が国の社会福祉の水準や公的扶助や保育所および社会福祉施設の建物等については，ほとんど国際的にも遜色ない水準に達しているが，他方，社会福祉主事や保母以外には専門職といえる資格がないという欠陥や矛盾などが指摘され，我が国においても福祉専門職を養成していく必要性が認識されるようになりました。

　第三の理由として，シルバーサービスの進展への対応があげられます。

　我が国においては，福祉サービスの提供は公的機関が中心的に担ってきていましたが，社会が豊かになり，高齢者の急増が見込まれるようになる

(人)

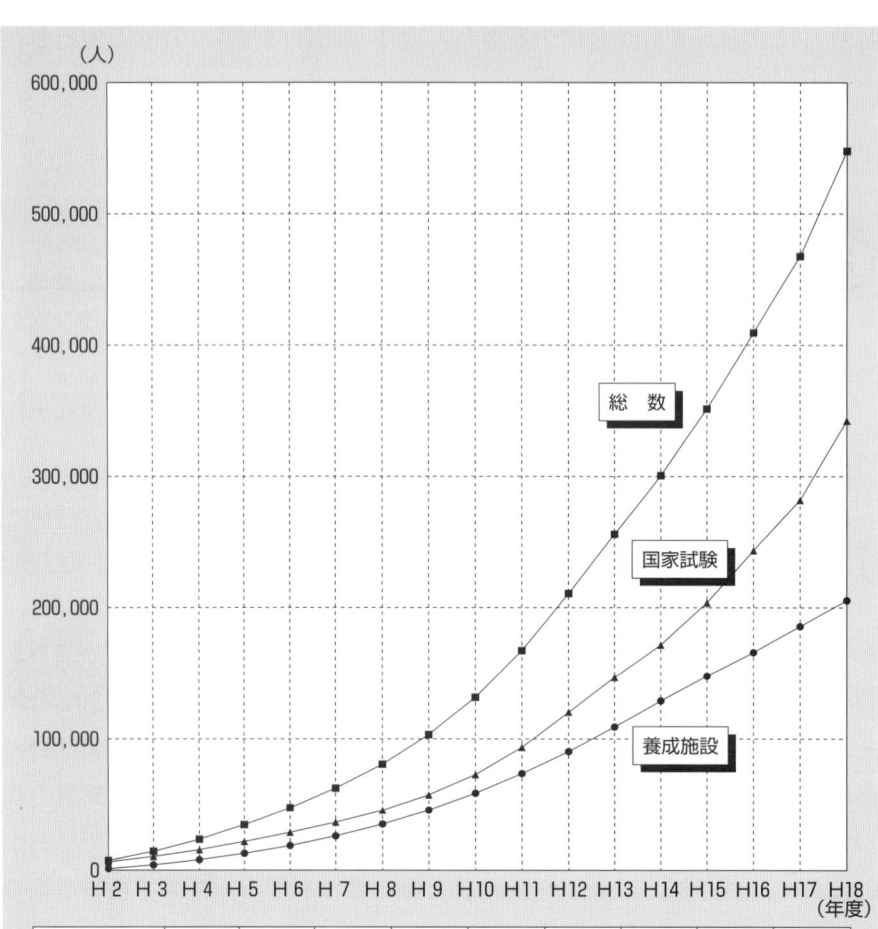

	H1	H2	H3	H4	H5	H6	H7	H8	H9
国家試験	2,623	6,202	10,372	15,568	21,785	28,800	36,464	45,699	57,443
養成施設	8	1,121	3,930	7,904	12,762	18,667	26,039	35,100	45,803
総　数	2,631	7,323	14,302	23,472	34,547	47,467	62,503	80,799	103,246
	H10	H11	H12	H13	H14	H15	H16	H17	H18
国家試験	72,905	93,607	120,315	146,845	171,668	203,710	243,445	281,998	342,290
養成施設	58,731	73,715	90,417	109,108	128,959	147,557	165,924	185,703	205,421
総　数	131,636	167,322	210,732	255,953	300,627	351,267	409,369	467,701	547,711

＊人数は，各年度9月末の登録者数。なお，平成19年3月末現在の登録者数は564,806人である。

	H1	H2	H3	H4	H5	H6	H7	H8	H9
受験者数(人)	11,973	9,868	9,516	9,987	11,628	13,402	14,982	18,544	23,977
合格者数(人)	2,782	3,664	4,498	5,379	6,402	7,041	7,845	9,450	12,163
合　格　率(%)	23.2	37.1	47.3	53.9	55.1	52.5	52.4	51.0	50.7
	H10	H11	H12	H13	H14	H15	H16	H17	H18
受験者数(人)	31,567	41,325	55,853	58,517	59,943	67,363	81,008	90,602	130,034
合格者数(人)	15,819	20,758	26,973	26,862	24,845	32,319	39,938	38,576	60,910
合　格　率(%)	50.1	50.2	48.3	45.9	41.4	48.0	49.3	42.6	46.8

＊総計：受験者数740,089人，合格者数346,224人，合格率46.8％

図2－1　介護福祉士の登録者数の推移

と，民間部門においてもサービスとしての「福祉」に関心が高まってきました。民間部門のシルバーサービスの育成は行政も期待するところでしたが，健全な発展のためには，サービスの質と倫理を確保していくことが重要となります。そのための最も有効な方策として，従事者の資格制度が考えられたといえます。

③ 介護福祉士の現状

　介護福祉士の登録者数の状況は，制度が創設された1989（平成元）年では2631人でしたが，2007（平成19）年3月末現在で56万4806人となっています。これについては，介護保険制度の導入に伴う労働環境の変化もあり，大きく発展してきたといえるでしょう。

　また，介護職員に占める介護福祉士の割合は，介護保険事業における施設サービスでは，2004（平成16）年時点において，介護老人福祉施設では41.9%，介護老人保健施設では44.4%，介護療養型医療施設では19.9%です。また，在宅サービスでは，訪問介護に従事する介護職員のうち，介護福祉士は16.7%であり，介護保険の在宅サービス全体では17.9%です。

　介護福祉士は介護を支える人材の中核的存在となっているといえます。

2. 社団法人日本介護福祉士会設立に向けて——職能団体と介護福祉士の役割

① 介護福祉を取り巻く現状と課題

　介護福祉士の資格取得者数は，1987（昭和62）年に社会福祉士及び介護福祉士法が制定されて以来，順調に増加し，2006（平成18）年6月において約54万人に達しています。

　2006（平成18）年4月の介護保険法改正のなかで介護福祉士の位置づけが明確化されつつあること，さらには，近年における介護の理念や概念の変化，介護対象者のニーズの多様化などに伴い介護の現場では質の高い介護サービスが求められるようになり，介護職の養成が量から質へと転換する方向性にあります。なかでも，介護職員の中核的な存在である介護福祉士の質の向上が強く求められてくることになります。

なお，介護の現場も大きく変わってきています。なかでも，「利用者本位の介護」，「自立支援」がキーワードになり，お世話を中心とした保護的な介護，介護を提供する側からの一方通行的な介護，集団的介護というものから，一人ひとりの個別性を重視した利用者本位の介護，より生活の質を高めて自立に向けた介護を行うことが求められ，介護の理念を含め介護のあり方は変わってきました。同時に，利用者側の意識および介護者側の意識も大きく変わりました。つまりは，新たな理念に対応する介護を提供するためには，より，質の高い介護を行うことが求められてきたということです。

　このように介護を取り巻く環境の変革のなかで，介護の理念が「利用者本位」，「自立支援」であるということが明確化されることにより，介護サービスの質の向上が求められ，介護サービスを担う人材の育成と資質の向上が最も重要な課題となってきています。

② 日本介護福祉士会設立に向けて

　多様な福祉現場で実践活動を行う介護専門職は，一定の資格を取得したことでその地位に甘んじてはいけません。実践のなかで自らの専門性と職業倫理を高め，自己成長を継続していかなければならないものです。そのために，専門職として自らの生涯学習への取り組みを体系的に行い，職業倫理を高め，同一職種の仲間の身分保障，専門性の確立および自己研鑽などを目的とする組織が職能団体です。

　1989（平成元）年に第1回目の介護福祉士が誕生し，その年の7月に全国で初めて香川県で介護福祉士の職能団体である香川県介護福祉士会が設立されました。その後，徐々に各都道府県でも介護福祉士会が設立されるようになりました。この間，介護福祉士会の全国組織に必要性の声が各地からも上がるようになり，1993（平成5）年7月13日に21府県の代表29人を集めて，当時の厚生省の社会福祉専門官である栃本一三郎氏，介護技術専門官の丸山美智子氏が担当となり，ヒアリングが行われ，全国組織設立の合意がなされました。この後，岩手，富山，長野，滋賀，山口，香川，福岡の7県が幹事県となり，全国組織設立の準備にとりかかりました。

　このような経過を踏まえ，介護福祉士のさらなる専門性の確立や職業倫理の向上などをめざして，1994（平成6）年2月12日に日本介護福祉士会が設立されました。その後，第1回の全国大会が兵庫県宝塚で開催されました。1995（平成7）年には資格を有するすべての介護福祉士がめざすべ

き専門性と職業倫理を明文化し,「日本介護福祉士会倫理綱領」を宣言しました。そして，2000（平成12）年6月には社団法人として認可を受けることになりました。なお，介護の専門性を確立することも職能団体としての使命であり，2004（平成16）年3月に日本介護学会を設立しました。

③ 生涯研修体系の構築

今後，介護福祉士は高い理念や倫理観をもってさまざまな個々のニーズに対応した介護を行うことが必要となります。また，介護福祉士の役割は高齢者のみならず，障害者に対しても同様の理念をもって，各障害別に対応した介護を提供することが求められます。さらには，今後も時代の変化に対応した介護を提供していくことを踏まえると，ますます介護福祉士の役割は多様化し，広がることが予測されます。

したがって，資格取得後，すべての介護福祉士資格取得者は，自分が将来，どの方向に向かって，より専門的な知識・技術を身につけていくか目標をもって，研鑽を積み重ねていけるようなキャリアアップの仕組みの生涯研修体系の構築が必要になります。なお，それぞれの専門分野において，臨床と研究を積み重ね，介護学，介護福祉学への構築にも貢献し，専門性の確立および介護福祉士の社会的評価を高めていくことも必要です。

介護福祉士の専門性の確立，社会的評価の確立など介護福祉士制度発展のためにも生涯研修体系の確立は必要なものです。

④ 介護福祉士の役割

高齢者介護や障害者介護を取り巻く状況は大きく変わり，介護システムの変革や介護の理念の変化とともに，介護の内容もより専門的で広範囲となり，介護福祉士の業務や役割はますます多様化し重要になってきます。

これからの介護福祉士は，高齢者や障害者等の自立を支援するために，単なる入浴，排泄，食事等といった身体的な介護だけではなく，医療や認知症の症状を併せ持った複合的なニーズに対する介護，施設・在宅問わず生活者としての視点をもち，利用者の生活全般を支援するような介護や心理的，社会的ケアも行うなど，時代の流れとともに変化する幅広い介護を行うことが求められています。

なお，利用者，家族，関係者等に対して介護に関する相談・助言等を行

う力量を備えた専門職といえます。したがって，単なる介護技術のみではなく，介護行為を通して利用者の意欲を引き出したり，生活改善を行い態度変容をもたらす介護福祉士独自の個別援助技術も十分に活用できることが必要です。そして，常に利用者の視点で介護過程を展開していく技術も必要となるでしょう。そのためには，高い倫理のもと，利用者とのコミュニケーション能力を発揮し，利用者の心身の状況把握，安心・安楽な介護技術の展開，創意工夫，状況判断，自己評価が適切に行えることが必要です。

さらには，職場，職域のみならず，地域のなかで，地域福祉の推進役としての役割を果たしていくことも大切な役割です。

今後は高い倫理のもと，利用者の人権を尊重し，潜在能力の活用，精神的支援，生活支援などを含め，状況に応じた幅広い介護を提供し，高齢者や障害者等の自立を支援すること，そして一人ひとりのニーズの異なる利用者に対して専門的で質の高い介護サービスを行えることが望ましい介護福祉士の役割といえます。なお，介護学，介護福祉学の構築に寄与することも忘れてはなりません。

介護福祉士制度の歴史は，医療などのほかの専門職と比較するとまだ浅いですが，一人ひとりの介護福祉士が，このような役割を認識し，実現することによって，介護福祉士は社会から信頼される職業となり，介護を魅力ある職業として確立することが可能になります。

3. 法律上定められた介護福祉士の位置づけと義務について

① 社会福祉士及び介護福祉士法について[※1]

改めていうまでもないことですが，介護福祉士の資格の根拠となっているのは1987（昭和62）年に制定された「社会福祉士及び介護福祉士法」です。この法律では，まず第1条において「この法律は社会福祉士及び介護福祉士の資格を定めて，その業務の適正を図り，もって社会福祉の増進に寄与することを目的とする」と定めています。

そして，社会福祉の増進に寄与すべく介護福祉士がいかなる業務を専門

※1　第166国会に提出された法律改正案については，巻末資料参照。

的に行っていくかについては，第2条第2項で「介護福祉士の名称を用いて，専門的知識及び技術をもって，身体上又は精神上の障害があることにより日常生活を営むのに支障がある者につき入浴，排せつ，食事，その他の介護を行い，並びにその者及びその介護者に対して介護に関する指導を行うことを業とする者をいう」と定義しています。つまり，介護福祉士とは法律上，自らが専門的な介護を行うだけではなく，介護指導をできる力量を備えていなければならないと規定されているのです。近年の介護・福祉ニーズの多様化・高度化，さらには認知症高齢者の増加等といった環境変化を踏まえ，介護福祉士の資質のいっそうの向上が求められています。

ところで，このなかの「専門的知識及び技術」がどのようなものを示すのかまでは，法律に具体的に書かれているわけではありません。また現実的にも，それを国が法律で決めることではないでしょう。専門職における専門性とは，教育・研究・実践の三つが相まって，それを深化させていくべきものです。だからこそ，「専門的知識及び技術」に関する内容および水準については，日本介護福祉士会といった職能団体，あるいは学術研究団体等を通じ，介護福祉士自身が時代の要請に応えつつ議論を深めていくことが求められるのです。

さて，法律上も専門職として位置づけられている介護福祉士には，どのような禁止事項や義務があるのでしょうか。「社会福祉士及び介護福祉士法」のなかでは，「第4章　社会福祉士及び介護福祉士の義務等」として，以下のように規定されています。

（信用失墜行為の禁止）

第45条　社会福祉士又は介護福祉士は，社会福祉士又は介護福祉士の信用を傷つけるような行為をしてはならない。

（秘密保持義務）

第46条　社会福祉士又は介護福祉士は，正当な理由がなく，その業務に関して知り得た人の秘密を漏らしてはならない。社会福祉士又は介護福祉士でなくなった後においても，同様とする。

（連携）

第47条　社会福祉士及び介護福祉士は，その業務を行うに当たっては，医師その他の医療関係者との連携を保たなければならない。

（名称の使用制限）

第48条　略

2　介護福祉士でない者は，介護福祉士という名称を使用してはならない。

国家資格の対人援助の専門職である介護福祉士に（信用失墜行為の禁止）が義務づけられているのは当然のことです。仮に，たった一人の不心得者がいただけでも，介護福祉士に対する社会的信用は揺らぎかねません。専門職には，それだけの自覚と責任感が必要であるということを，資格を有するすべての介護福祉士に知っていてもらいたいと思います。

　また，対人援助の専門職としての介護福祉士はその業務の性格上，利用者個人やその家族の家庭生活・プライバシーに深く立ち入ることになります。そのため，専門的な知識や技術とともに専門職倫理としての（秘密保持義務）が法律上も明確に規定されています。特に，このことに関しては，介護福祉士でなくなった後も課せられておりますし，さらに違反した場合には法律上の罰則（第50条）もかけられます。秘密保持に関しては，日本介護福祉士会倫理綱領にも規定されているものですが，このことは対人援助の専門職が守るべき最も重要な事柄であることを心しておくことが必要です。

　第47条（連携）は，介護福祉士がその業務を進めていくうえで重要となる医師・看護職等医療関係者との連携について，法律上も入念的に規定したものです。介護保険制度における各種サービスのあり方等からもわかるように，介護サービスを必要とする利用者の多くは，併せて保健医療ニーズを有することが少なくありません。どこまでが通常の生活であり，どこからは医療職に委ねるべきであるかを判断する知識を必要とします。利用者本位のより優れた介護サービスを生活支援の観点から提供していくためにも，医師・看護職等医療関係者と十分な連携を図っていくことが大切です。

　第48条第2項は，「介護福祉士」の資格称号そのものが法律によって守られたものであることを意味しています。こうした資格制度のあり方を名称独占資格といいます。このことは有資格者が「介護福祉」に関しての知識・技術について，国が認めた一定の教育訓練を受けたか，あるいは一定レベル以上の知識・経験を有して国家試験に合格した者として「介護福祉士」を名乗ることが許されていることを意味します。それに対し，その資格を有する者にしか特定の行為・業務が許されない資格制度があります。それを業務独占資格といい，代表的なものが医師の国家資格です。

② 介護保険法において

　介護福祉士の資格は介護保険法のなかで,「訪問介護」について次のように規定されています。それは，この専門的サービスについては，介護福祉士がそれを主として担うべきものであることを明確にしたものですが，今後こうしたかたちでの業務の広がりを期待していきたいところです。

> （定義）
> **第8条**　略
> 2　この法律において「訪問介護」とは，要介護者であって，居宅において介護を受けるものについて，その者の居宅において介護福祉士その他政令で定める者により行われる入浴・排せつ，食事等の介護その他の日常生活上の世話であって，厚生労働省令で定めるものをいう。

　まだ現在のところ，この「訪問介護」を担うのが「介護福祉士」だけには限定されず，「介護福祉士その他政令で定める者」となっているのは，現実のマンパワー問題等を考えれば仕方がないものです。しかし今後，介護福祉士制度がさらに充実し，介護福祉士の資格を有する者も全国的に十分確保できる時代が来れば，この辺りの規定も変更されるかもしれません。また，そのことにより，この資格制度も実質的な意味では業務独占資格と何ら変わらない事態を迎えることになるのでしょう。

　そうした時代を早く，そして確実に迎えていくためにも，一人でも多くの介護福祉士が日本介護福祉士会に参加し，介護福祉士全体の力量と専門性を高めるために，研修や研究活動等に積極的に取り組んでいくことが求められます。

4. 介護福祉士と社会保障の関連制度

　介護福祉士の仕事は，いざ介護が必要となった人々に専門的な介護サービスの提供を図っていくことで，国民生活の安定と安心をつくり出していきます。こうした国民生活の安定と安心の基礎として，日本国憲法第25条（国民の生存権，国の保障義務）に基づき制定された社会保障，社会福祉の各制度があることは，誰にも異存がないでしょう。

さまざまな社会保障，社会福祉の制度のうち，ここでは介護福祉士としての業務を進めていくうえで関連が深いと思われる，①所得保障，②医療保障，③老人福祉および介護保険，についてその概要を説明していきます。

1 所得保障

日々の暮らしを維持していくための所得確保については，高齢や障害によって要介護の状態にいたったときであっても，まず第一に心配しなければならない事柄です。この所得保障の問題は，社会保障，社会福祉制度の基本となっています。

所得を保障していく代表的な制度としては，「年金保険」と「生活保護」の各制度をあげることができます。「年金保険」と「生活保護」の違いは，年金保険はあらかじめ保険料を納めて所得の断絶に備える防貧的性格を有しているのに対し，生活保護は国の責任において国民の最低生活を保障していく救貧的性格を有していることです。

高齢者や障害者といった介護サービスを必要とする利用者にとっては，どちらの制度も日常生活の維持のために必要とされることが多い制度です。利用者の日常生活を支える所得保障の制度について，普段からよく理解しておくことが大切です。

1　年金保険制度

わが国の年金保険制度は，全国民（20歳以上60歳未満の者）が加入し，基礎的給付を行っていく国民年金（基礎年金）と，それに上乗せして報酬比例の年金を支給する，被用者の厚生年金保険および共済年金から成り立っています。サラリーマン等民間被用者は厚生年金保険に，公務員などは共済組合に加入しています。また，自営業者等に対する基礎年金の上乗せ年金としては国民年金基金制度があり，厚生年金保険の上乗せ年金としては厚生年金基金制度があります。

社会保険制度によって担われる公的な年金保険は，障害によって就労不能となった際や老齢により労働能力が減退することに伴う所得の喪失，家計維持者の死亡に際しての被扶養者の生活保障といった役割を担います。元来，年金保険制度は一定の年齢になれば退職し，それまで得ていた所得が急激に減じることとなる被用者を中心とした制度として組み立てられてきました。それに対し，自営業者や農林水産業等の第一次産業従事者にあっては，一般的には一定の年齢に達したからといって被用者のような急激な

所得減少は生じません。そのため，被用者については厚生年金を，その他自営業者等については基礎的給付を行う国民基礎年金を中心とした制度として組み立てられてきたという経緯があります。そのため年金の給付水準については，厚生年金は現役の賃金の一定割合を保障するという考え方に，基礎年金は高齢期の基礎的な生活を支えるという考え方に立って設定されています。2006（平成18）年度の年金額は，厚生年金が月額23万2592円（標準的な年金額），国民年金による老齢基礎年金は月額6万6008円となっています。

　年金給付に必要な財源は，被保険者からの保険料と国庫負担および積立金の利子収入によって賄われています。被用者年金（厚生年金および共済年金）の本人（第二号被保険者）の保険料は，その被保険者本人の給与に保険料率を掛けて計算され，保険料は本人と事業主が折半して負担することとなります。それに対し，自営業者等国民年金の第一号被保険者の保険料は全額被保険者の負担であり，その額は定額となっています。なお，第三号被保険者（サラリーマンの妻等）については，その属する被用者年金制度が拠出金というかたちで費用負担することから，独自の保険料負担はありません。国庫負担については2007（平成19）年現在，国民共通の給付である基礎年金の給付に要する費用の3分の1＋1000分の32を賄っていますが，2009（平成21）年度までに2分の1に引き上げることとされています。

　年金の受給額は，その者が被保険者であった期間にどのような職業に就き，どれくらいの保険料を納めていたかでその額が異なります。そのため，加入している年金制度の違いにより高齢者の生活設計やサービス購入等に際しての金銭感覚も当然，違ったものであることを知っておくことも必要です。

2　生活保護制度

　生活保護は，国が困窮するすべての国民に対し，その困窮の程度に応じて必要な保護を行い，健康で文化的な最低限度の生活を保障し，併せてその自立の助長を図ることを目的としています。これは，日本国憲法第25条（国民の生存権，国の保障義務）に定められた理念を具現化したものです。

　同じ所得保障制度である年金保険との違いは，生活保護では生活困窮者に対する必要な援助がその者の資力と需要を調査したうえで，必要の度合いに応じて一般財源（税）から支出されることです。つまり，保険料といった事前の拠出は要件としていません。こうした制度は，一般的に公的扶助とも呼ばれています。

生活保護は，憲法に定める国民の生存権を保障する最後の拠り所となる制度であるため，その運用が担当者等により恣意的になることがないよう，法律上も「原理」と「原則」を厳格に定めています。原理とは，「国家責任による最低生活保障の原理（生活保護法（以下，法）第1条）」，「保護請求権無差別平等の原理（法第2条）」，「健康で文化的な最低生活保障の原理（法第3条）」，「保護の補足性の原理（法第4条）」の4点です。また，原則は，「申請保護の原則（法第7条）」，「基準および程度の原則（法第8条）」，「必要即応の原則（法第9条）」，「世帯単位の原則（法第10条）」の4点です。こうした「原理」「原則」が厳格に定められてこそ，国民生活の安心を担う社会保障としての機能を果たすことができるといえます。

　生活保護制度は，厚生労働大臣の定める基準（保護基準）によって最低生活費を計算し，これとその者の収入を比較して，その者の収入だけでは最低生活に満たないと認められた場合，その適用を受けます。生活保護の実施機関は，都道府県および市に設置された福祉事務所です。また，その具体的な保護基準額は，年齢別，世帯構成別，所在地別に定められています。保護の内容としては，生活扶助，住宅扶助，教育扶助，医療扶助，介護扶助，出産扶助，生業扶助，葬祭扶助の8種類があり，要保護者の必要に応じ，単給または併給として行われます。さらに，生活保護制度による福祉施設としては，救護施設，更生施設等があります。

　2004（平成16）年時点において，全国で生活保護を受給している被保護者数は142万人超，世帯数では約100万世帯です。扶助の種類別に被保護人員をみると，住宅扶助，医療扶助を受給している者はそれぞれ8割程度，生活扶助を受給している者は約9割となっています。また，世帯類型別被保護世帯数の構成比については，高齢者世帯，母子世帯，傷病・障害者世帯で総数の9割を超えていますが，近年は特に高齢者世帯の比率が高くなってきています。2004（平成16）年の統計では，過去には最も多かった傷病・障害者世帯が35.1％であるのに対し，高齢者世帯が46.7％となっています。

② 医療保障

　医療保障といった場合，それは医療供給体制や医療サービスの質といった問題と医療サービスを利用した際の医療費保障の問題とに大きく分けて考えることができます。ここでは，医療費保障としての制度である「医療保険制度」と，高齢者介護問題とも大きな関連を有する「老人保健制度」

について概観していきます。

1　医療保険制度

　公的な医療保険制度は本来，公的年金と同じように防貧対策である側面をもっています。わが国でも医療保険制度が整備されていない時代，疾病が最大の貧困原因でもありました。

　病気やけがをして働けなくなり収入が途絶えたり，治療費の支出により家計に負担がかかり家計の維持が困難になったりすることは，だれにでも考えられます。医療保険制度は，社会を構成するメンバーがふだんから公平に保険料を負担し，だれもがもっている危険の可能性を分散し，病気やけがをした際の負担を軽減する考えで組み立てられています。いわば，病気やけがをしても安心して医療を受けることができるよう，自分自身は元気であっても社会全体で必要となる医療費を負担していく制度です。

　また，わが国の医療保険は公的年金と同様，社会保険の仕組みで運用されており，その制度は被用者による健康保険と，農業者や自営業者等の住民を対象とする国民健康保険に大別されます。さらに健康保険は，大企業等による健康保険組合，中小事業所を対象とした政府管掌健康保険，公務員等による共済組合の各制度があり，その者が所属する組織により加入できる制度が異なっています。これは職域ごとに構成員が保険者集団を構成し，共通の基盤のもとで健康管理や組織運営できる制度となっているためです。

　わが国の医療保険制度は，国民だれでもが保険証さえ有していれば，どのような病気にかかったとしても，病院の窓口で必要な一部負担金さえ支払えば，安心して医療サービスを受けることができる世界でも有数の制度です。しかし，医療技術の高度化，専門化に対応しつつ，個々の患者のニーズに応じた適切な医療の提供，さらには高齢化の進展に伴い増大する国民医療費の問題等，医療保険制度が抱える課題は少なくありません。特に，老人医療費の問題については介護問題とも密接な関係を有しており，今後，さらに大きな制度改正等も必要となってくることが見込まれます。

　なお，定年退職によって被用者保険から国民健康保険に移ってきた人に対しては，退職者医療制度を設け，一般の国民健康保険加入者とは異なる特別の給付と財源負担の仕組みとなっています。

2　新たな高齢者医療制度の創設

　高齢者1人当たりの医療費は，若人の約5倍となっています。こうした高齢者医療を適切で効率的なものとしていくためには，高齢者の心身の特

性を踏まえた医療や介護サービスとの連携・調整，終末期における医療・ケアのあり方などについて議論を深めていくことが必要です。こうしたことを背景に，壮年期からの疾病の予防から治療，機能訓練にいたる総合的な保健医療サービスの提供と高齢者医療に必要な費用を国民全体が公平に負担していくことを目的に，1982（昭和57）年に老人保健法が定められました。

老人保健法が制定される以前，老人の医療費は医療保険各制度の仕組みのなかで賄われてきました。しかし，被用者保険である健康保険の適用を受けていたサラリーマンは，病気になりにくい若い年齢時には被用者保険である健康保険に加入しているにもかかわらず，退職後には国民健康保険に加入するのが一般的なかたちでした。その結果，国民健康保険の制度においては，若い人々に比べ病気になりやすい高齢者の占める比率が，ほかの制度よりずいぶんと高い比率を占めるようになっていました。

こうした事態を解決していくため，老人の医療費については，どのような医療保険制度に加入していても全国民が公平なかたちでその医療費を負担するよう，老人保健制度における老人医療費の仕組みがつくられました。しかし，着実に進展する高齢社会のなかで老人医療費は伸び続け，安定的で持続可能な医療保険の制度運営をしていくためには，大幅な見直しを避けられません。2006（平成18）年の通常国会では，「老人保健法」の目的や趣旨を踏襲しつつ，それを発展させるものとして，「高齢者の医療の確保に関する法律」へと改正され，2008（平成20）年4月からは新たな高齢者医療制度が創設されることとなりました。

健康保険法等の一部を改正する法律の概要　　　　（注）【　】内は施行期日
1　医療費適正化の総合的な推進
　(1)　医療費適正化計画の策定
　　　○　生活習慣病対策や長期入院の是正など中長期的な医療費適正化のため，国が示す基本方針に即し，国および都道府県が計画（計画期間5年）を策定【平成20年4月】
　(2)　保険者に対する一定の予防健診等の義務づけ
　　　○　医療保険者に対し，40歳以上の被保険者等を対象とする糖尿病等の予防に着目した健診および保健指導の実施を義務付け【平成20年4月】
　(3)　保険給付の内容・範囲の見直し等
　　　○　現役並みの所得がある高齢者の患者負担を2割から3割に引き上げ【平成18年10月】
　　　○　療養病床に入院する高齢者の食費・居住費の負担を見直し【平成18年10月】
　　　○　傷病手当金・出産手当金の支給率等を見直し【平成19年4月】
　　　○　70歳から74歳までの高齢者の患者負担を1割から2割に引き上げ【平成20

年4月】
- ○ 乳幼児に対する患者負担軽減（2割負担）の対象年齢を3歳未満から義務教育就学前まで拡大【平成20年4月】

(4) 介護療養型医療施設の廃止【平成24年4月】

2 新たな高齢者医療制度の創設

(1) 後期高齢者医療制度の創設【平成20年4月】
- ○ 75歳以上の後期高齢者の保険料（1割），現役世代（国保・被用者保険）からの支援（約4割）および公費（約5割）を財源とする新たな医療制度を創設
- ○ 保険料徴収は市町村が行い，財政運営は都道府県単位で全市町村が加入する広域連合が実施
- ○ 高額医療費についての財政支援，保険料未納等に対する貸付・交付など，国・都道府県による財政安定化措置を実施

(2) 前期高齢者の医療費にかかる財政調整制度の創設【平成20年4月】
- ○ 65歳から74歳までの前期高齢者の給付費および前期高齢者にかかる後期高齢者支援金について，国保および被用者保険の加入者数に応じて負担する財政調整を実施
- ○ 退職者医療制度について，平成26年度までの間における65歳未満の退職者を対象として，現行制度を経過措置として存続

3 保険者の再編・統合

(1) 国保の財政基盤強化
- ○ 国保財政基盤強化策（高額医療費共同事業等）の継続【公布日（平成18年4月から適用）】
- ○ 保険財政共同安定化事業の創設【平成18年10月】

(2) 政管健保の公法人化【平成20年10月】
- ○ 健保組合の組合員以外の被保険者の保険を管掌する全国健康保険協会を設立
- ○ 都道府県ごとに，地域の医療費を反映した保険料率を設定
- ○ 適用および保険料徴収事務は，年金新組織において実施

(3) 地域型健保組合【平成18年10月】
- ○ 同一都道府県内における統合を促進するため，統合後の組合（地域型健保組合）について，経過措置として，保険料率の不均一設定を認める

4 その他
- ○ 保険診療と保険外診療との併用について，将来的な保険導入のための評価を行うかどうかの観点から再構成【平成18年10月】
- ○ 中医協の委員構成の見直し，団体推薦規定の廃止等所要の見直しを実施【平成19年3月】 等

(出典：厚生労働省編：厚生労働白書 平成18年版，ぎょうせい，316～318頁，2006年)

③ 介護保険——制度の持続可能性に向けて

　介護保険制度施行後3年が経過し，最初の保険料見直しと介護報酬の改定という制度運営のワンサイクルが終了した後，厚生労働省老健局では有識者による「高齢者介護研究会」を設け，その検討結果の報告を2003（平成15）年6月に「2015年の高齢者介護～高齢者の尊厳を支えるケアの確立に向けて～」として発表しました。

　この報告書のなかでは，介護保険施行後にみえてきた課題として，①要介護認定者の増加，②在宅サービスの脆弱性，③認知症高齢者介護問題の顕在化，④新たなサービスの動き等があげられました。そして，引き続き人口の急速な高齢化が進むことを踏まえ，わが国の高齢化にとって大きな意味をもつ「戦後のベビーブーム世代」が65歳以上になる2015（平成27）年を見据え，高齢者介護のあり方を再検討していく必要性が指摘されました。具体的には，その目標として「高齢者の尊厳を支えるケアの確立」を掲げ，そのための方策としては①介護予防・リハビリテーションの充実，②生活の継続性を維持するための新しい介護サービス体系（(ⅰ)在宅で365日24時間の安心を提供，(ⅱ)新しい「住まい」，(ⅲ)高齢者の在宅生活を支える施設の新たな役割，(ⅳ)地域包括ケアシステムの確立），③新しいケアモデル確立：痴呆症（認知症）高齢者ケア，④サービスの質の確保と向上，といったことが謳われました。この報告を踏まえ，社会保障審議会介護保険部会において具体的検討がなされた後，2005（平成17）年6月に「介護保険法等の一部を改正する法律」が国会で成立しました。

Ⅰ　改正の概要

1　予防重視型システムへの転換

（1）新予防給付の創設
　要介護状態等の軽減，悪化防止に効果的な，軽度者を対象とする新たな予防給付を創設，介護予防ケアマネジメントは「地域包括支援センター」等が実施
（2）地域支援事業の創設
　要支援・要介護になるおそれのある高齢者を対象とした効果的な介護予防事業を，介護保険制度に新たに位置づけ

⇐ ・軽度者（要支援・要介護1）の大幅な増加
・軽度者に対するサービスが，状態の改善につながっていない

2　施設給付の見直し

（1）居住費・食費の見直し
　介護保険3施設（ショートステイを含む）等の居住費・食費について，保険給付の対象外に
（2）低所得者に対する配慮
　低所得者の施設利用が困難にならないよう，負担軽減を図る観点から新たな補足的給付を創設

⇐ ・在宅と施設の利用者負担の公平性
・介護保険と年金給付の重複の是正

3　新たなサービス体系の確立

（1）地域密着型サービスの創設
　身近な地域で，地域の特性に応じた多様で柔軟なサービス提供が可能となるよう,「地域密着型サービス」を創設
　（例）小規模多機能型居宅介護，認知症高齢者グループホーム，認知症高齢者専用デイサービス，夜間対応型訪問介護等
（2）地域包括支援センターの創設
　地域における i）介護予防ケアマネジメント，ii）総合的な相談窓口機能，iii）権利擁護 iv）包括的・継続的マネジメントの支援を担う「地域包括支援センター」を創設
（3）居住系サービスの充実
　・ケア付き居住施設の充実　　・有料老人ホームの見直し

⇐ ・一人暮らし高齢者や認知症高齢者の増加
・在宅支援の強化
・高齢者虐待への対応
・医療と介護との連携

4　サービスの質の確保・向上

（1）介護サービス情報の公表
　介護サービス事業者に事業所情報の公表を義務づけ
（2）事業者規制の見直し
　指定の更新制の導入，欠格要件の見直し等
（3）ケアマネジメントの見直し
　ケアマネジャーの資格の更新制の導入，研修の義務化等

⇐ ・指定取消業者の増加など質の確保が課題
・利用者によるサービスの選択を通じた質の向上
・実効ある事後規制ルール
・ケアマネジメントの公平・公正の確保

5　負担の在り方・制度運営の見直し

（1）第1号保険料の見直し
　①設定方法の見直し
　　低所得者に対する保険料軽減など負担能力をきめ細かく反映した保険料設定に
　〔政令事項〕
　②徴収方法の見直し
　　特別徴収（年金からの天引き）の対象を遺族年金，障害年金へ拡大
　　特別徴収対象者の把握時期の複数回化
（2）要介護認定の見直し
　・申請代行，委託調査の見直し
（3）市町村の保険者機能の強化
　・都道府県知事の事業者指定にあたり，市町村長の関与を強化
　・市町村長の事業所への調査権限の強化
　・市町村事務の外部委託等に関する規定の整備

⇐ ・低所得者への配慮
・利用者の利便性の向上
・市町村の事務負担の軽減
・より主体性を発揮した保険運営

6　被保険者・受給者の範囲　（附則検討規定）

　政府は，介護保険制度の被保険者および保険給付を受けられる者の範囲について，社会保障に関する制度全般についての一体的な見直しと併せて検討を行い，平成21年度を目途として所要の措置を講ずるものとする。

7　その他

（1）「痴呆」の名称を「認知症」へ変更
（2）養護老人ホーム，在宅介護支援センターにかかる規定の見直し
（3）社会福祉施設職員等退職手当共済制度の見直し
　介護保険適用施設等への公的助成の見直し，給付水準等の見直し

Ⅱ　施行期日　　平成18年4月1日
（7（1）の「痴呆」の名称の見直しについては公布日施行，2の「施設給付の見直し」については平成17年10月施行，5（1）②の特別徴収対象者の把握時期の複数回化については平成18年10月施行）

図2－2　介護保険法等の一部を改正する法律（概要）

（出典：厚生労働省編：厚生労働白書　平成18年版，ぎょうせい，254頁，2006年）

第 3 章
介護福祉士の仕事とコミュニケーション

1. コミュニケーションの目的

① コミュニケーションの重要性

　まず，介護とは何か，だれのために何のためにする仕事か，この点について明らかにしておきましょう。介護を必要としている人たちはどのような状態でしょうか。

　身体的精神的な機能低下を要因として，日常生活を営むことが困難な状態の人たちということになります。つまり，食事，排泄，清潔，睡眠生活行為の束が崩れている状態であり，他者の援助によって生活行為の束をつくり上げなければならなくなった人たちということになります。生活行為の束が崩れるということは，生命維持の危険につながり，また自分の力でやりたいことができない，行きたい所へ行くことができない，このことは，精神的欲求，社会的欲求，文化的欲求が充足されないことになり，生きる意欲の喪失に結びつくことになります。これらのことから，介護とは「食事，排泄，清潔，睡眠などのさまざまな生活行為の崩れている束をつくり直す援助を通して，命を護り，生きる意欲を引き出すこと」と定義づけることができます。

　この介護の目的を遂行するために最も重要なことは，利用者とよりよい人間関係をつくり上げることです。この人間関係をつくる技術においては，まず対象を理解することであり，そのためには，第一に，利用者の生きてきた時代背景を理解することが重要になります。次には，身体状況を正確に把握する力が求められます。生活障害の裏には疾病が存在し，疾病によって生活障害が拡大されていくことからも，身体状況におけるアセスメント能力が不可欠です。3番目としては高齢者や障害者の心理的な特質を理解することです。4番目には，こちらの思いを伝え，相手の思いを引き出すための言語能力，つまり話す技術，聴く技術が必要になるわけです。

　介護の特性は，介護を受ける人と介護をする人との関係から始まるということであり，双方が働きかける相手が人格をもった人であるということになります。人が人に対して直接働きかける行為が介護であり，介護という双方の目的を共有するために介在する相互作用がコミュニケーションです。

　人間関係，信頼関係の基本がコミュニケーション作用であり，人間関係における誤解は，このコミュニケーションのギャップによることが多いといわれています。

例えば、利用者の衣類の着替えを援助する場面を想定してみましょう。まず、「朝ですから、パジャマから日中の衣服に着替えましょうね」、または「今日はどんなお洋服にしましょうか」などと言葉をかけ、援助行為の目的と利用者の意思確認をして行います。もしも黙ったままぎゅっと相手の腕をつかみ、相手が着たいと思っている衣類の選択の機会も与えずに、介護職の考えだけで着替えをしたら、利用者はどのように思うでしょうか。利用者は驚き、不安に思い、さらに自分を否定されたと思うでしょう。そして、介護職に対して拒否の感情が生まれるでしょう。さらに、その後の援助関係に影響を与えることになります。この場面においては、「着替えましょうね」という言葉をかけることによって、利用者がその行為を了解するとともに、着替えをするという心構えをすることができます。また、「どの服を着るか」という問いかけによって、利用者は自分の意思を表出することになります。このことは、利用者の主体性に働きかけることであり、利用者が、「着替えをする」という自分の行動を自分で決めることになり、「される」のではなく、「する」という意欲を引き出す援助に結びつくことになります。こうした働きかけによって、利用者は介護職に信頼感をもち、利用者と介護職の間に信頼に基づいた人間関係が成立することになります。

② コミュニケーションとは

　コミュニケーションとは、情報の伝達という機能と、人間の心の交流を促し、互いに理解を深めてかかわり合う機能を併せ持つ意思疎通という相互作用のことです。この意思疎通がスムーズにできるかできないかが、人間関係や信頼関係の構築にも影響を与え、さらに生命の質や生活の質をも左右することになります。
　介護職に、どんなに温かい思いやりがあったとしても、どんなに優しい気持ちがあったとしても、その思いが相手に伝わらなければ、相手の思いも返ってはきません。コミュニケーションとは、相手の思いを受け止め、こちらの思いを返すという、思いのキャッチボールであり、このキャッチボールが、心の触れ合いであり、よりよい人間関係の基本になる行為です。その関係は主体と主体という対等性ですが、しかし、人格としては対等であっても、介護を必要としている人は、何らかの理由で生活障害をもっている人であることを見落としてはならないということです。

③ コミュニケーションの内容

　コミュニケーションの方法の中身としては，言葉による表現と，言葉以外の表情，目つき，態度，姿勢，振る舞い，服装などによる表現との二つの要素があります。言葉による表現を言語的コミュニケーションといい，言葉以外の表現を非言語的コミュニケーションと呼びます。この二つの方法を用いて，意思疎通を図り，信頼関係をつくり上げていくことが求められますが，対面する人から人への伝達では，言語的コミュニケーションの占める割合は7％にすぎず，残りの93％は非言語的コミュニケーションが占めるという報告があります。

　介護職は，たとえ感情の表現も乏しく，要求の発露も少ない人であっても，あらゆる身体的諸器官を使って，例えば手振り，身振り，ただ口をぱくぱくさせる，首を振る，瞬きをするなどの方法で自分の感情や欲求の叫びをあげていることを見逃さず，その人の訴えは何か，どういうかたちで表現しようとしているかを発見しなければならないわけです。また，暴力的な行動や，攻撃的な言動であったとしても，それはその人のある種の自己表現のかたちかもしれないのです。このように，さまざまなかたちで表現される内的な思いを受け止め，こちらの思いを返すことであり，どのようにすれば伝わるかを相手に合わせて選択していく必要があります。

④ コミュニケーションの過程

　コミュニケーションのプロセスとしては，「送り手と受け手」，その間で行き交う「メッセージ」，そのメッセージを伝える「伝達経路」。この三つの要素から成り立っています。また，メッセージの送り手と受け手は，それぞれ置かれている環境と，コミュニケーションを阻害する「雑音」という要素が含まれています。この「雑音」と呼ばれる阻害要素には，物理的，身体的，心理的な3種類があるといわれています。

　コミュニケーションは，送り手と受け手との環境の違いや，さまざまな阻害要因を理解し，乗り越えたところに成立するものであり，送り手と受け手との双方向の意思のキャッチボールが可能になるのです。

図3-1　コミュニケーション過程

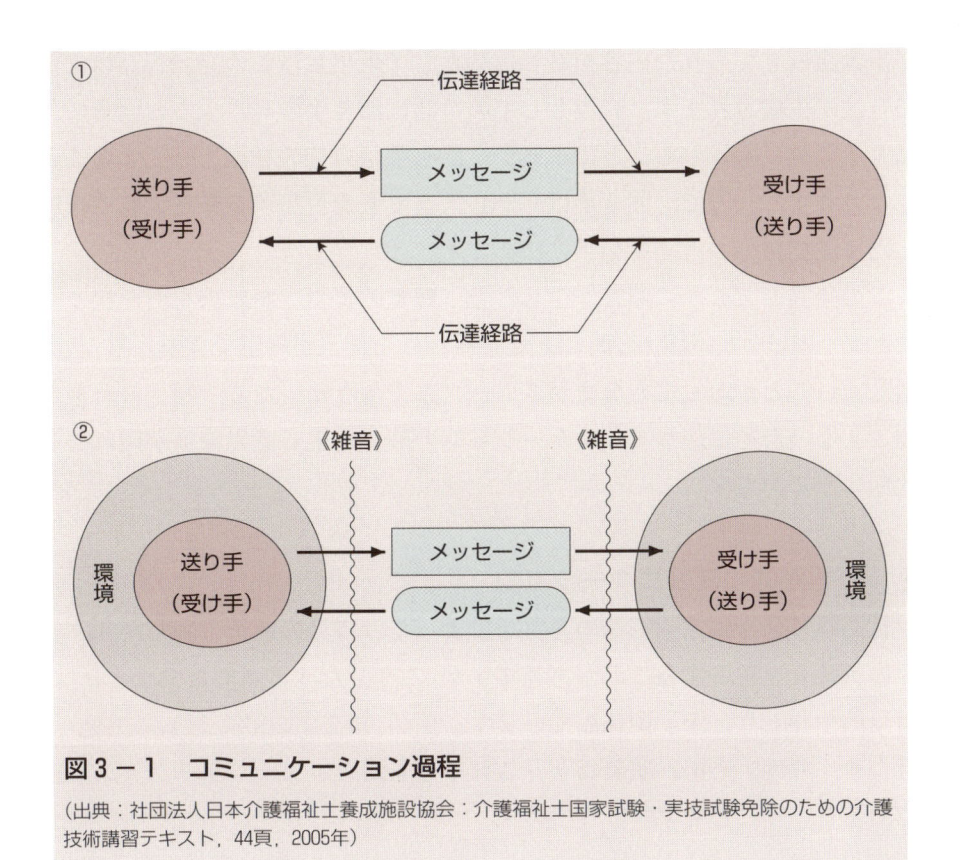

（出典：社団法人日本介護福祉士養成施設協会：介護福祉士国家試験・実技試験免除のための介護技術講習テキスト，44頁，2005年）

2.コミュニケーションの基礎知識

① コミュニケーションの手段

1　言語的コミュニケーション

　言語には音声言語と，書字言語があり，聞く・読むという様式は言語を理解することであり，話す・書くということは言語を表出するという機能をもつことになります。言語的コミュニケーションの過程は，言葉を通じて，送り手は自分の考えや気持ちを話し，受け手はその内容を理解し，送り手に自分の意思を言葉で送り返すという作業です。手段としては，言葉を聞く，話す，読む，書く，という四つの様式の言語によって自分を表現し，相手を理解しながらものごとを理解したり，考えたりすることです。

　具体的には，話し手は，自分の考えを一定の単語や文章を使って組み立てるという作業をします。これは，大脳による神経活動です。さらに，話

し手は組み立てられた内容を話し言葉として表出し，この発語行為によって音波が生成されます。音波としての言語は聞き手の耳に入ると同時に，話し手の耳にも伝わることによって，話し手は自分の発語を確認することになります。一方で，聞き手は耳から入ってきた言語の意味を大脳で理解したうえで自分の考えを相手に伝えます。

　この過程のどこかに障害が生じると，聴覚障害や言語障害を引き起こすことになります。例えば，聞こえても言われたことが理解できなかったり，話したいことがあっても発語がスムーズにできなかったり，相手の言葉が聞こえないために，コミュニケーションの障害が生じ意思疎通が図れない状態になるのです。

2　非言語的コミュニケーション

　言語以外に身振りや表情の非言語によって，自分の感情を表したり，相手の気持ちを理解することがありますが，こうした非言語的なやりとりは，言語的やりとりと深く関係しています。手話，指文字，点字，ジェスチャー，目つき，態度，姿勢，服装など，これらも有用なコミュニケーション手段であるということです。

② コミュニケーションの障害

　人間社会におけるコミュニケーションの手段は，言語によるコミュニケーションが基本です。したがって，言語によるコミュニケーションのどこかに障害が生じると，言語によるやりとりが不自由になるばかりでなく，非言語によるコミュニケーションにも障害が発生します。その事態はその人の心理や社会生活に大きな影響を与えることになります。コミュニケーションを阻害する要因は言語障害といえます。

③ 言語障害の原因

　言語障害の原因は次の三つに分けられます。
① 　聴覚障害
　　聴力機能の低下が原因です。
② 　発声発語器官の障害
　　発声発語に関与する身体の諸器官構造や機能が損なわれることによっ

て構音障害が引き起こされるのです。
③　言語知識の障害
　　言語を理解する大脳の構造が損傷されることにより，聞き取れても意味が理解できなくなったり，自分の言おうとしていることを言葉で表現できなくなるなど，記号としての言葉を思うように操れなくなり，失語となります。

④　言語障害と大脳との関係

　言語機能は大脳との関係が深く，言語に障害を生じる原因は，言語機能を司る大脳が侵されることによるといわれています。そこで大脳との関係を理解しておきましょう。
①　左半球は言語や行為に関係があり，左半球の病変は失語，失読，失書，などの言語障害を引き起こします。また，言語障害に関しては，右半球に比較して左半球が優位性をもっています。
②　右半球も，言語機能には重要な役割を果たしており，状況に即した言語の理解やリズム，抑揚などの理解や表出の機能に影響を与えるなど，特に注意や視空間に高い関係性をもっています。右半球の病変では，文字を紙面に順序よく配列ができなかったり，桁を把握できなくなるなどの書字や計算における空間的側面が障害されることになります。また，よくわかっているはずの道順がわからなくなったり，道順が覚えられなくなったり，着衣がわからなくなるなどの障害が生じることが知られています。さらに，家族や知人などのよく知っている人の顔が認知できなくなることや，見慣れた風景がわからなくなるなどの失認症状が出現することもあります。

⑤　大脳と運動・感覚機能との関係

　運動・感覚機能は，大脳から交叉性の神経支配を受けていることから，身体の右半分は左半球，左半分は右半球が支配しています。したがって，右片麻痺の場合には言語障害を伴うことが多いということを理解しておく必要があります。

6 コミュニケーション技術におけるアセスメントのポイント

スムーズにコミュニケーションを図るためには，コミュニケーションの手段が適切に選択されているということが重要なことです。利用者の状態に適したコミュニケーション手段を活用するためには，アセスメントが不可欠です。

1　身体状況の把握

① 聴力の有無

　左右どちらの耳に聴力が残っているか，聞き取れる声の大きさ，早さの確認。

② 視力の有無

　全盲なのか，弱視なのか，生まれつきの視覚障害なのか，中途障害なのかの確認。

③ 四肢麻痺の状況

　麻痺側の左右を確認する。

④ 発語，発声能力の有無，言語の意味が理解できるか，言語能力の確認。

⑤ 失語状況の有無の確認。

⑥ 認知症の有無の確認。

⑦ 高次脳機能障害の有無の確認。

2　環境条件の確認

① 雑音の有無の確認。

② 屋内か，屋外かの確認。

③ 居室か，ホール，フロアーか，場所の確認。

④ 1対1，1対多勢か，などの人数の確認。

7 コミュニケーションにおける問題把握と確認方法

1　言語表現による問題把握と確認の方法

利用者が自分の欲求や感情を言葉によって表現したとしても，その人その人によって意味が異なったり，時には意味が逆の場合もあり得ます。また，相手は自分の欲求や感情を正確に表現していない場合があります。例えば「嫌いだ」といいながらも，そのなかには「好き」という気持ちが含

まれているのかもしれないのです。いやだと拒否しつつも，本当は希望している場合があります。また，意図的に歪曲した表現をしていることもあります。つまり，表現している言葉とは違った意思や感情をもっている場合があるということです。

　言語表現による意思や感情を理解するには，言葉だけによるコミュニケーションでは不十分であり，表現されている言葉の背後にあるものを知ることが重要である。そのためには，生活習慣，身体状況，教育や価値観，心理状態，これらの日常的な観察が不可欠になります。一方で，非言語的な表現に注意を向けることも重要であり，利用者の思いや願いを受け止め，理解した内容を利用者に返し，確認をし，双方で合意を得る作業が必要になります。介護職として注意しなければならないことは，粗野な言い回しや品のない言葉は，相手に警戒心を与えることになりかねないことからも，相手を尊重した正しい言葉を使い，声の調子を考え，静かな穏やかな調子で話していくことです。

2　非言語的表現による問題の把握と確認方法

　非言語的コミュニケーションとは，言葉以外の表現を通じて，意思や感情，欲求を伝え，受け止め，理解する行為のことです。ジェスチャー，目つき，態度，姿勢，などによって表現されている感情や欲求を読みとらなければなりません。感情表現が乏しくコミュニケーションがとりにくい利用者であっても，介護職の態度としては，握手をする，絵や写真を活用する，身振り，手振りなど，あらゆる身体的諸器官を活用して，利用者の訴えは何か，を把握することです。一方，介護職には，理解した訴えの内容をあらゆる身体的諸器官を活用して利用者に返していくという相互作用が重要になります。

3. コミュニケーション技能を展開するうえで必要な基本的態度

① 基本的態度

1　自己覚知

　良好な信頼関係をつくるためには，まず自分を知るという自己覚知と，利用者をよく知ることとが重要であり，基本です。

　自己覚知とは，自分の心理的，行動的傾向について意識するということである。利用者を理解しようとするとき，例えば介護職の目がくもっていれば，現実を正しく理解することは不可能です。

　人はだれしもそれまでの人生経験や受けてきた教育，また人間関係の影響などによって，物事の判断基準や感じ方，見方など独自の傾向をもっています。実際に相手の抱えている問題状況について，ありのままにとらえようとしても，知らず知らずのうちに自分の基準で判断したり，時には偏ったゆがんだ見方でとらえてしまったり，そのうえ，そのことに自らが気づかないことすらあります。介護職が自己の心理的傾向や行動的傾向について，覚知しているか否かは，利用者との関係づくりの成否を左右することになり，また問題解決のうえからも，利用者に与える影響は大きいことからも，自己覚知を深めることは重要であり不可欠です。介護職は実践を通して常にかかわり方を振り返り，自分の行動を客観的に理解することが求められることになります。

　次に利用者を知るためには，利用者の生きてきた歴史や，生活習慣，教育や価値観，身体状況，心理状態などを理解することが重要であり，そのためには，まず利用者の話や訴えを聞くという傾聴という技能が必要になります。

2　傾聴の重要性

　聴くということですが，利用者の話す言葉を聞くだけでなく，心の声に耳を傾けるということです。傾聴は，経験，行動，感情，ものの見方，これらを総合的に聴くことです。人間は自分の気持ちを話す場合，まず自分の経験したこと，行動したこと，感じたこと，価値観や考え方，これらの内容を含めて話しているものです。これらの内容は，語る言葉，声の調子や高低，間の取り方，表情や動作などを通して聴くことが可能になります。

3　共感的態度の重要性

　共感とは，利用者の示す感情表現や，または表出しない感情にも心を寄せ，その思いを共有することです。

　利用者の思いをともに感じ，受け止めるという共感をするためには，利用者がどのように感じているかを知ることが必要になります。そのためには，利用者の感情表現のあり方を理解することが重要になります。人によって得意な感情表現と不得意な感情表現があります。例えば，喜びやうれしさをみごとに表現できても，悲しみや怒りを表現することは苦手であったり，また逆に悲しみやつらさ，嘆きなどの感情を適切に表現できても，喜びやうれしさを表現しない場合があり，利用者の生きてきた環境によって，感情表現を抑制してしまうことが多くあります。表現しないからといって感情がないということでは決してないことを踏まえて，利用者の感情表現の特徴を把握して正しく受け止めることが重要です。同時に自分の感情表現のあり方を認識し，豊かな感情表現の方法を身につけることが望まれます。

4　洞察の重要性

　利用者は，心身機能の低下から，言語機能に障害が生じ，自分の感情や欲求を表出できない状況があります。したがって，表出できない思いや願いを傾聴や共感，観察の方法を用いて感じ取り，見抜かなければならないわけです。

② コミュニケーションにおける質問技術

　質問とは，相手の思いや感情を表出しやすいように，また相手のもっている情報を広げていくための機能です。

1　質問を用いる前の留意点

① 利用者との間に信頼関係ができていて，質問する状況の適否を確認すること。
② 性急で頻回な質問は避ける。あせらずに適切な時を見計らって質問をする。
③ 質問が尋問や詰問であってはならない。また，強い口調やとがめるような調子，必ず答えなければならないと感じさせる質問は避ける。
④ 答えを暗示したり，誘導しないように注意する。利用者自身が自分の

状況や価値観，感情をよりいっそう把握する手助けとなるよう，質問を工夫する。

2　質問の働き

質問は，相手が表現する過程で狭めてきた情報を，適切な質問をすることによって広げていくことを助ける機能です。

具体的な機能として，次の4点があげられます。
① 利用者が体験や思いを話すきっかけをつくる。
② 利用者の介護に大切な情報を追加する。
③ はっきり伝わらない話の内容や，遠慮やためらいのために曖昧に表出される感情を明確にする。
④ 利用者自身の力を生かし，現状を変えていく一歩を踏み出すための勇気づけ。

3　質問の種類と留意点

① 閉じられた質問

「はい」「いいえ」で答えられる質問や簡単に2～3の単語で答えられる質問をいいます。この質問方法は，何か特別な事柄や状況を明確にする場合には，短期間にはっきりとした状況が浮かび上がることから適しています。また，言語障害がある場合などは，コミュニケーションを進めるために役立つ方法です。しかし，この方法を頻回に行うと，利用者の意向を制限してしまう危険もあるので注意が必要です。

② 開かれた質問

相手の自由を認め，相手が自分自身の選択や決定による答えを促すことになり，利用者が話の展開をリードするような質問の仕方が必要になります。

③ 重複する質問

一つは，選択肢が二つに限られる場合と，もう一つは，二つの異なった質問を同時に尋ねるものです。前者は閉じられた質問と同様に相手の答える自由を制限しますが，答えを明確にする役目があります。後者は利用者のとまどいを増幅させる危険もあるので注意が必要です。

質問にはこれらの種類がありますが，重要なことは，相手の状況に合わせて質問の方法を選択することです。

③ 自己の役割を伝え，納得と合意を得る方法

1　自己の役割を伝える留意点

　まず，利用者は，自分の生活，生存にかかわる日常的な行為をゆだねなければならない介護職に対して，さまざまな願いや不安を抱いていることを理解しておくことが大切です。

　介護職は，この利用者のもっている不安を取り除き，安心を与えることがスタートです。

　それにはまず，優しい笑顔で，はっきりした口調で，「だれのために，何のために，何をするか」目的を伝えます。つまり，「あなたのために，現状より快適な生活へ近づけるために，あなたの気持ちに添いながら，あなたとともに努力をしたい」と介護の目的を伝えます。

2　納得と合意を得る方法

　相手の意思を尊重することが重要になります。しかし，利用者の言うがままになることではありません。現状より状態をよい方向にするためには，こうした方法のほうがより効果がある，とその理由を明確にし，方向や方法を指し示し，利用者が適切な選択ができるように先見性とリード性をもつことが重要になります。

① これから行う行為についてわかりやすく説明する。
② なぜそうするのか，その理由を明らかにする。
③ そのことが現状より，よい方向へ変化する可能性について，見通しをイメージできるように説明する。
④ 利用者の意思を確認する。
⑤ 利用者の意思を理解したことを伝える。
⑥ 言語だけではなく，言語以外のコミュニケーション手段も使いながら，双方の意思確認を積み上げていく。

　以上の基本的知識を習得したうえで，具体的にコミュニケーションを展開してみましょう。

4. 介護職のコミュニケーション技法

　介護職がコミュニケーションをとる相手は，介護を必要としている人たちであり，何らかのコミュニケーション障害を抱えているという特性があります。したがって，非言語的コミュニケーションが重要になってきます。

① 介護職の態度

1　利用者と向き合う
　自分の顔や身体を相手のほうに向ける行動は，「私はあなたのためにいますよ」という相手への関心のメッセージを表しています。相手に対して，身体をまっすぐに向き合うことが原則ですが，相手も相対して見つめられるという感じを少なくするためには，状況に合わせて少し斜めに位置するほうが緊張を和らげることになります。

2　適切に視線を合わせる
　相手に視線を向けることは，「私はここにいますよ」と，相手とかかわるというメッセージを表しています。視線の交錯は相手に対して親しみを伝えるメッセージですが，視線を合わし続けることは，ごく浅い関係では，相手に警戒心を強めさせてしまう危険もあります。相手との関係の進展に合わせて相手が快く感じることのできるタイミングをとらえて視線を利用者に向けることが重要になります。

3　相手へ少し身体を傾ける
　相手のほうへ上体を傾ける姿勢は「あなたのことをもっと知りたい，あなたが必要とするときはいつでもここにいますよ」というメッセージを伝え，相手への関心の高さを表しています。相手の話に夢中になる場合，「身を乗り出して聴く」という言葉が表しています。

4　身体的タッチング
　介護場面では，タッチング（身体接触）が日常的に行われています。こうしたタッチングは人が母親に抱かれることで安心を保つという「コミュニケーション行動の最も原初的な形態」であり，人が相手と親密になる基

本的な欲求の姿勢であるといえます。

5　身体的タッチングのとらえ方

　介護場面では，関係をつくる目的以外にも，介護を行ううえで身体的タッチングが日常的に行われています。こうした場面でも，意識されないままに，タッチングの効果で利用者との関係形成を促進していることにもなります。しかし注意をしなければならないことは，文化によって，あるいは異性間によって感じ方が異なります。介護職が思いやりや言葉で伝えきれないことをタッチングを通して行ったとしても，受け手によっては不快感や上下関係を感じることになる可能性があります。

　介護場面ではタッチングを専門的な行為の一つとして意識し，その効果を認識していくことがより必要になります。

5. コミュニケーションの具体的展開

① 挨拶

「お早うございます」「こんにちは」の挨拶を元気よく，明るく行います。

② 観察

　利用者の居宅を訪問した場合，玄関に立った時点から観察はすでに始まっています。居室に入って利用者と対面し，「元気がない」「顔色がいつもよりよくない」など利用者の身体の様子をはじめ，部屋の臭い，明るさなどの環境に気を配ります。この場合，介護職の関心の所在によって，それぞれの介護職にみえてくるものは異なってきます。介護職は気づきによって，次にかける言葉の内容，タイミング，声の調子を考える必要があります。

③ 質問

　利用者と顔を見合わせ，直接的な挨拶をした後は，まず決まって何らかの質問をします。この質問には前述したように2種類の方法があります。
「夕べはよく眠れましたか」「はい」
「ご飯は食べましたか」「はい」
など，これらは考えなくても答えが決まっています。この質問は閉ざされた質問といいます。もう一つは，
「最近楽しみにしていることは何ですか」「週末ですね」
「なぜですか」
など，考えながら自由に考えられる質問を開かれた質問といいます。
　介護を効果的に行うためには「閉ざされた質問」は欠かせませんが，質問によって利用者から語られることから，話題を広げる，もしくは介護職が利用者をより理解する機会になり，自由に語ってもらえる「開かれた質問」も大切です。

④ 受容

　受容は，相手をあるがままに受け入れることであり，批判をしたり，疑ったりせずに受け止める態度をいい，長所と短所を持ち合わせている利用者を丸ごと受け止めることです。介護職が質問して，利用者から答えが返ってきたとき，首を縦に振ってうなずきを示したり，「そうですか…」と相づちを打ったり，「～ですね」と利用者の言葉を繰り返したり，反応を示しながら聴くことが重要になってきます。

⑤ 傾聴

　介護職は，利用者が話す言葉を聞くだけではなく利用者が表現している非言語的コミュニケーションを手がかりにして，利用者が感じていることを自分に引き寄せて理解しようとする姿勢で聴き入ることです。

⑥ 共感

　利用者が会話のなかで，喜び，楽しみ，悲しみ，怒り等の感情を表したとき，その感情を無視したりせずに，その感情に寄り添うことです。しかし，介護職がどんなに共感しているつもりでも，その気持ちが利用者に伝わらなければ，共感の効果は期待できません。共感的効果を高めるためには，介護職は自分が理解した利用者の思いや気持ちを自然な言葉で返すことが必要になります。

⑦ 要約・確認

　介護職は利用者に対して，「要するに〜ということですね」と会話の内容を要約して繰り返します。要約して繰り返すことによって，問題を整理することができ，利用者に内容を確認することができます。こうしたプロセスによって，より明確なメッセージが共有できるのです。

⑧ 指示・助言

　介護職は利用者のメッセージを受け取るだけではなく，専門職としてのメッセージを積極的に送っていく必要があります。指示は急を要する問題や，利用者が自分で問題を解決できない場合「〜しましょう」「〜してください」と指示します。専門職として，内容の根拠をわかりやすく伝えます。助言は，解決を急がない場合，「〜してみてはいかがですか」と利用者の意思を尊重して，問題解決の方向性を伝えます。

6. 利用者の特性に合った　コミュニケーション技術

① 認知症高齢者の場合

1　事実誤認の対応

① 事実誤認を否定せずにプライドを守ることが介護の第一歩です。

　幻覚や妄想なども「見えるはずがない」とか，「そんなはずはない」などと叱ったり，注意を与えたり，訂正したり，また無理強いをすることは，ますます本人を興奮させることにもなりかねません。間違った行動を正そうとして叱ったりすると，これもまた，叱られた原因は理解できなくても，叱られたときの屈辱感は残るといわれています。

　つまり，認知症が進んでも感情は保たれているということです。間違った行動を馬鹿にしたり，嘲笑しないこと，また子ども扱いなどもよい結果にはならないことはいうまでもありません。

② さりげなく話題を変えたり，そらしたりすることも一つの方法です。

　間違ったことを正そうとすればするほど，かえって収拾がつかなくなることが多くあります。まず，認知症高齢者の言い分を受け止めてから，温かい飲み物や食べ物を用意してすすめると，案外落ち着くことがあります。これは，飲食をすすめることによって，場面が変わり話題が変わったことにより，さらに温かい飲食物が気持ちを安心させるという効果をもたらします。

③ 相手に合わせる。

　認知症高齢者の感じている状況を認め，認知症高齢者の感情，情緒，知的レベルにおいて，一つの心の世界ができあがっているものと考えられ，その世界のなかで生きているわけですから，その事実を尊重することが何よりも重要です。

　認知症高齢者が興奮して不安定な状況になるのは，自分が感じていることを否定されたことを原因とすることが多いといわれています。例えば，介護職を「自分の母親」と思っていれば，「母親でない」と誤認を訂正するより，母親になりすまして，母親を演じたほうがよい結果を得られることが多い場合があります。

2 失敗行動の対応

① 自尊心を傷つけない。

　認知症高齢者は，記憶障害により判断ができなくなり，失敗の連続になります。しかし，本人にとっては悪い行為をやっているという意識はなく，叱られたり行動を訂正される覚えはないはずです。叱られたり行動を訂正されれば，当然のこととして反発することになります。失敗行動があった場合には「いけません」「だめじゃない」というのは禁句として理解しておきたいものです。

② わかる言葉で，納得のいくように話す。

　認知症の場合は，過ぎたことはすぐ忘れてしまいます。また，これから先の見通しももてないから，「さっき」とか，「また」という言葉は相手を混乱させるだけです。「いま」のことだけを伝えて，先の情報は伝えないことです。例えば「3時になったら散歩に行きますからね」というと，すぐに外に出ようとします。ご飯も「朝ご飯ですよ」「お昼ご飯ですよ」とはっきり伝えます。「朝です，おはようございます」「夜です，お休みなさい」というように時間との関係を知らせていくことも大切です。

　流行語は使わないこと。周りの者が流行語で話していると自分が阻害されていると思い，孤独になり不安になります。標準語や生まれ育った土地の言葉で話すと安心します。

③ トイレや危険な場所を文字やシンボルマークで伝える。

　トイレの場所がわからない場合は「便所」と大きく書いた紙をトイレのドアに貼っておき，誘導しながら，そのたびに「便所」と声を出して一緒に読むことを繰り返すと効果があります。

　また，「ガスにつき危険」「節水」などと昔から見慣れていた文字や赤い紙に「火の用心」として炎のマークを張っておくのも火災予防に結びつきます。

④ 近くでゆっくり話す。

　1m以内の距離で話しかけます。ほかのことに気をとられているときは，話しかけても効果は上がらないものです。

⑤ 過去の話に付き合う。

　認知症の場合は，最近のことは覚えられないが，遠い昔のことは比較的よく覚えているものです。昔の話をしているときは，不安や焦燥感も軽くなり，自信を取り戻して生き生きとした表情で話をしたり，行動します。過去を思い出すときは，その人の最も輝かしかった頃の話を引き出すと効果があるといわれています。そのことによって，自尊心を高めることができるのです。

過去を思い出し，その話に付き合う心理的な介護方法を「回想法」といいます。この回想を助けるのに，子どもの頃や若い頃の写真，思い出の花，品物，カードなどを用意して，思い出話のきっかけをつくることも効果的です。

② 寝たきり高齢者の場合

　運動機能の障害により寝たきりの状態になるわけですが，寝たきりになりやすい疾患としては，脳血管障害が，第一にあげられます。また，大腿骨骨折や関節疾患や老衰，認知症やうつ状態も寝たきりを引き起こすともいわれています。さらに，高齢者を取り巻く環境が原因になって引き起こされる場合があり，高すぎるベッドや手すりや段差の解消ができていなかったり，車いすでの移動ができない住宅状況があげられています。さらに，家族の間違った介護方法や過保護，反対に無関心，無理解が寝たきり発生の原因となっています。

　寝たきりの原因はさまざまですが，寝たきりの状態をアセスメントして，状態に合致したコミュニケーションの方法で，「寝たきりにさせない」「残存機能を発見して引き出していく」ことを目標に，生きていくことの意欲を引き出していく介護の展開が重要になります。

　コミュニケーションに問題を発生するのは言語を支配する脳血管障害によることが多いのですが，脳血管障害による運動機能障害の状況を適切にアセスメントして，どのような言語障害があるのか，「話せるのか，話せないのか」「声が出ないのか」「言葉が発声できないのか」「言葉の内容が理解できないのか」「感情の表出ができないのか」「文字は読めるのか」「文字が書けるのか」，これらのことを把握して，言語・非言語のコミュニケーション手段を適切に活用していくことが大切です。

③ 視覚障害の場合

1　視覚障害とは

　視覚には，視力，視野，色覚，暗順応，眼球運動，調節，両眼視等の視機能があります。視覚障害とは，これら視機能の永続的低下の総称です。視覚障害は，障害の程度から「盲」あるいは「弱視」に分けられます。外

界からの情報の80％以上は視覚系から得られると考えられていることからも，特に歩行や文字の読み書きが制限され，社会生活に支障が生じることになります。

2 視覚障害者への対応

① 視覚障害の場合は，非言語的コミュニケーションの身振りや表情が見えないことや，または見えにくいことから，言葉でどのように表現するかが重要である。
② できるだけ静かなところで話しかける。
③ 声かけをする方向は，正面から声をかける。横や後ろからでは，聞き取りにくかったり，声をかけられているのが自分ではなく，周囲にいる人にかけられたと思ってしまう。
④ 必ず自己紹介をする。
⑤ 話しかけるときは，話の流れを明確にするために，相手の名前を言ってから話し始める。方向や位置を示す場合は，「ここ」「むこう」「あっち」「こっち」などの代名詞で指示するのではなく，視覚障害者の身体を中心にして，左右，前後などの共通言語を使う。
⑥ 実物に触れることによって，材質，形，大きさなどの確認を行う。
⑦ メモをとる場合は，小型のテープレコーダーやICレコーダーを活用する。
⑧ 介護職の行動を説明する。

4 聴覚障害者の場合

1 聴覚障害とは

聴覚障害は，聴力損失の程度により，軽度難聴，中等度難聴，高度難聴，重度難聴に分かれます。また，聴覚障害の症状には，難聴のほかに耳鳴り，耳閉塞などがあります。

2 聴覚障害者への対応

① できるだけ静かなところで話しかける。
② 聴力損失の程度に左右がある場合は，聴力のよいほうの耳の側から話しかけるようにする。
③ ジェスチャーや実物などの手がかりを示しながら話しかける。

④ 文字で要件を伝えることもできるが，メモを渡すだけではコミュニケーションということにはならない。常に「伝える」という態度をおろそかにしてはならない。
⑤ 対面し，口唇をはっきりと動かし，表情を豊かに話しかける。
⑥ 注意を引きつけてから，話し始める。
⑦ 少し大きめな声で，はっきりと，自然の早さで，繰り返しながら話す。
⑧ 伝わったかどうか確かめる。

⑤ 言語障害の場合

1 失語症

　言語を理解する大脳の構造が損傷されることにより，聞き取れても意味が理解できなくなったり，自分の言おうとしていることを言葉で表現できなくなるなど，記号としての言葉を思うように操れなくなった状態を失語症といいます。
　失語の症状は，発語が障害される。言葉の理解ができなくなる。復唱が困難になる。話す，聞く，書く，読むという言語機能が障害される。これらの症状は言語器官を支配する神経機構の損傷された部位によって出現します。

2 失語症への対応

① 「はい」「いいえ」の簡単な質問を重ねることによって，言いたいことを理解し，意思疎通を図る。
② ジェスチャーや描画は有効ではあるが，不得意になることが多いため，全面的に頼ることはできない。そこで，コミュニケーションノートやコミュニケーションボードを活用する。
③ 子ども扱いは自尊心を傷つけることがあるので，介護職は対等な立場を保つよう注意する。
④ 利用者は自己表現をしたいという欲求をもっているが，言葉で思うように表現できないために，内面にさまざまな思いが蓄積している場合が多い。「話したい」という思いをくみ取り，ジェスチャーやコミュニケーションノート，筆談などを活用して，自己表現の場をつくっていくことが重要である。
⑤ 利用者の発語を促すためには，話す言葉がまとまるまで，ゆっくりと

待つことが必要である。
⑥ 利用者の言うことが聞こえないからといって，介護職が大きな声を出せば出すほど相手には通じない。ゆっくりと短く話すように心がける。
⑦ 何度言っても利用者に伝わらない場合は，言い方を変えたり，文字やジェスチャーを交えたり，実物を見せたり，その場に連れて行くなどの工夫が必要である。
⑧ 話題を急に変えることは避ける。変える場合は，ジェスチャーや描画を用いて，話題の転換がはっきりわかるように注意する。
⑨ 利用者が話の内容を理解しているか，チェックをする。理解しているような反応や素振りがあったとしても，本当に理解しているかどうか，十分に確認する。
⑩ 利用者の言うことが聞き取れない場合は，何度か言い直してもらうことも大切である。
⑪ 重度の失語症の場合は，否定のジェスチャーが困難になることから，肯定的な反応で答えられるような質問をする。

6 高次脳機能障害

1 高次脳機能障害とは

半側視空間無視などの注意機能の低下，失行，失認，失算，認知症などの症状が出現することが多くあります。
① 半側視空間無視は，空間に対する注意が低下することで，いわゆる目に入らないといった状態になることである。
② 失行は，日常行っている行為ができなくなり，行為の模倣も困難になることである。また，洋服の着方がわからなくなったり，道具の使い方がわからなくなる。
③ 失認は，対象物が正しく認知できなくなり，物品に触れれば何であるか理解できるのに，見ただけで何であるかわからなかったり，家族や知人の顔が認知できなくなることである。
④ 計算の概念が理解できなくなり，以前は可能であった筆算や暗算が困難になる。
⑤ 認知症は記憶障害が中心的症状である。

2 高次脳機能障害への対応

　左半側視空間無視が出現するので，介護職は左側に対して注意を向けます。ほかの失行，失認，失算などは失語症の合併症として出現しやすい症状であることからも，失語症と同様に対応します。

第4章
介護福祉士の基本的態度

1. はじめに

　介護福祉士は人にかかわることを業とする介護の専門職です。介護福祉士としてかかわる対象となる方々は介護を必要とする利用者であり，その家族であり，介護をチームとして行う介護職員であり，医療やリハビリテーション，福祉用具，ボランティアなど幅広い関係者であり，これらの方々とかかわり合いながら仕事を進めることになります。

　介護福祉士は多くの方々と接するわけですが，その場面に応じて自分の役割は何かを十分に考えながら行動することが求められます。当然，介護福祉士として「言葉づかい」，「身だしなみ」，「行動」など，その場に応じた基本的態度が求められることになります。具体的には，その場でかかわる方に対して個別性を重んじた，その方に最も適した対応が求められるということです。

2. 介護と言葉遣い

　人間がほかの動物と明らかに違うことは「言葉を介して相互にかかわりをもてる」ということです。言葉は自分を表現するものの一つですが，コミュニケーションは言葉だけでないことはすでに「第3章　介護福祉士の仕事とコミュニケーション」で学びました。

　表情や姿勢だけでもコミュニケーションとして有効なものですが，そこに言葉が加わることによって，さらによりよい人との関係性がつくり上げられるものです。一方で，言葉はその場しのぎの嘘をつける道具にもなり得るものであり，よりよく生きることを支援する専門職として言葉の活用について考える機会をもちましょう。

　介護福祉士は対人援助サービスの専門職です。介護の場において求められることは，あいさつや言葉遣いを介した人とのよりよい関係性づくりです。

① あいさつは自分からする

　近年の傾向に若者があいさつをしない，頭を軽く下げたり，目であいさ

つはするが言葉が伴わないなど，あいさつに関した悩みが教育や介護現場の関係者からあげられています。

あいさつをしようとする気持ちはあっても，言葉が伴わないということもありそうです。

あいさつの場合，自分からしたほうがその後の相手との会話がスムーズになる例が少なくありません。あいさつのタイミングがつかめず，「あいさつが苦手だな」という若者が少なくありませんが，あいさつは人とのかかわりの入り口です。深呼吸し，心を整え，「おはようございます」，「こんにちは」と自分からあいさつしてみましょう。きっと，気持ちのよいものだと感じることができるでしょう。

② 明るく，はっきりとしたあいさつ，会話

介護を必要としている方々の多くは，私たちが日常生活をとどこおりなく送っているように，以前は当たり前に生活ができていた方々です。できていたことができなくなる心のうちを介護福祉士は察することが必要です。また，高齢になることによって多くの方は，高音域の聴力が低下するといわれています。大きな声は必要ありません。しっかりと相手に伝わるように目線を合わせ，あいさつをしましょう。あいさつは自分が話しかけようとする方に聞こえるように，そして自分の気持ちが伝わるように，表情を豊かに，はっきりと「〇〇さん，おはようございます」，「〇〇さん，こんにちは」と言います。

③ 相手の目を見て話す

コミュニケーションは言語と非言語を上手に活用することによって，相手に自分の気持ちを伝えられるものだと理解できたと思います。言葉だけでは伝えようとしている真意がなかなか通じないものです。しかし，相手の目を見て話すことによって，自分が伝えようとしていることが伝わるものなのです。言葉だけでは誤解が生じることもありますし，言葉だけでは関係性をつくるのが難しい場合もあります。相手の気持ちに語りかけるという意識をもてば，相手の目を見て，目線を合わせて話すことが容易になるでしょう。

④ 相手の人格を尊重した言葉遣いをする

　町ですれ違ったときに聞こえてくる会話や，電車の中で聞こえてくる会話はさまざまです。聞こえてくる言葉が荒々しいものであったり，崩れていたりすると，決して気持ちのよいものではありません。会話をしている友人同士はそれで了解されているとしても，周囲で聞いているものが不快感を覚える会話は言葉遣いとして課題があります。

　社会人となったあなたは，職場の同僚にどのような言葉遣いをしていますか。「○○さん」と，まずは相手の名前を呼ぶでしょう。それが社会人として，人に人として接していこうとする基本姿勢の現れです。介護の場で高齢者に対して，友人のような関係にあると誤解をしている介護職員をみかけることがあります。「ねえねえ，○○さあん，私さあ，きのう失敗してしまってさ」という言葉遣いには，第三者も職場の同僚も違和感を覚えますが，本人が気づいていないことが多いようです。職業人として幼児言葉や友達言葉を使うことは避けましょう。どのような方に対しても「その人を尊重した姿勢」を表すためには，丁寧な言葉遣いと目線，表情を気遣うことが大切です。

⑤ 自己表現を上手に行い，相手に合わせた対応をする

　介護を実践するためには自分自身の特徴をとらえることが必要になります。自分自身の長所・短所などをよく理解したうえで，利用者にかかわりましょう。それを前提として，介護における自分の役割などを他者に適切に説明でき，その実践について理解してもらうことも大切です。介護の場において，利用者や家族，医師，看護師，理学療法士，作業療法士，ボランティアなどさまざまな方々に接する機会がありますが，そのようなときも自分の価値観を優先することのない，利用者の特性に合った言葉遣いや姿勢が求められます。自分の役割を理解することとともに，かかわる方々の業務や，その専門性を理解することも重要なことです。

⑥ 報告・連絡・相談を徹底する

　日々の介護実践は報告や連絡，相談が十分にされなければ，チームとしての仕事にミスが生じることにつながります。ケアに必要なことが記録や

言葉で伝えられていなければ，連続したケアが提供できず，利用者に不利益を与えることになります。介護にかかわる職員として業務がとどこおりなく進められているのか，利用者の変化はないのか，家族からの要望はないのか，気になることや問題が発生したら，一刻を争って報告することが必要です。介護業務は相手があってできることであり，その関係性は日々のかかわりのなかから積み重ねられるものなのです。信頼関係につながるということです。だから，どんな小さなことでもそのままにせず上司などに報告し，指示を仰いで取り組む必要があるのです。

　報告はWhy（なぜ），Who（だれが），What（何を），When（いつ），Where（どこで），How（どのように）と５Ｗ１Ｈを踏まえて，わかりやすく，事実を適切に伝えることが重要です。

3. 時間と約束

　学生時代や友人との約束では，たとえ時間に遅れたとしても許されることがあります。しかし，社会人となり，仕事が始まる時間に遅れる，仕事に関する人との約束があったのにその時間に遅れたとなると，人との関係性に溝ができ，あなた自身に対する第一印象がマイナスになります。相手に迷惑をかけたのですから当然です。また，社会人であることから自分自身の信頼の問題だけでなく，所属する組織の信頼まで失うことになりかねません。介護は技術の高さを求められますが，同時にその人となりも評価の基準になります。

　人生にとって時間はとても大切なものです。

① 相手との約束を大切にする

　職場の仲間や利用者，家族などとの関係性を構築していく過程で，信用を失ったり，対応してもらえないことなどにつながる要因としてトップにあげられるのが「時間の約束」を守れないことです。１日24時間，人に与えられた時間はだれでも平等です。自分自身が時間をどのように使うかは勝手です。しかし，時間は刻々と過ぎていくものですから，その時間を有効に，有意義に使うことは，自分自身の生活の質にまで影響するといって

よいでしょう。同じように，相手にとっても時間は大切なものです。社会人のルールとして約束は守りましょう。

② 職場におけるルールを守る

　職場においても同様です。あなたが仕事の開始時間に遅れたために，ミーティングで全員に伝わらなければならない大切なことが抜け落ちてしまい，介護業務にミスが発生することにもつながります。時間に遅れてしまったために職員数がそろわず，介護報酬を減算しなければならなくなった例など，組織が減収になることにもつながるのです。社会人のルールとして，5分前には約束の場にいて，仕事ができる体制にあることが求められます。また，交通機関の遅れや途中で体調が悪くなることもないことではありません。遅れるという連絡を必ずしましょう。連絡の際には何分遅れるのか，何時には到着できるのか，なぜ遅れるのかなどを適切に伝えられるようにしましょう。通信機器の利便性から，職場の仲間にメールで連絡をしてくる例がありますが，連絡は基本的に電話でするようにしましょう。

③ メモをとる習慣をもつ

　あなたは自分の記憶を信じることができますか。私たちは次から次と新しい情報が耳に入ってきますから，それらをすべて記憶しておくこと自体が困難な動物です。人との約束時間に遅れることは信用を失うことになるとすでに述べてありますが，職場の一員となって，あなたが行うことには責任が発生するのだということを先輩諸氏から聞いているのではないでしょうか。研修会や業務の約束された時間に遅れないためにも，できるだけメモをとって，忘れることがないようにしましょう。

　メモをとることは自分自身の生活のスケジュール管理にもつながります。是非，メモをする習慣をつくりましょう。以前，職員となって1年未満の若い女性でしたが，ほかの職員がよくその職員に対して「ねえ，○○さん，今度の打ち合わせ何時からだったっけ…」と聞いている場面をみました。その職員は学生時代から小さなメモ帳を持ち歩き，必要なことは必ずメモに残していたのです。その職員は会議に遅れることはありませんでしたし，ミーティングで話し合われた必要事項はだれよりも詳細にほかの職員に伝えることができていました。メモはプラスに働く材料になります。

④ 電話するときは相手の都合を考える

　時間は自分自身にとっても，相手にとっても大切であることを述べてきました。電話はとても便利なコミュニケーションの道具です。電話をする理由には，緊急なことが発生したからとか，今なら電話できる時間があるからとか，なかには気分転換で相手と話したいというものなどさまざまでしょう。電話をする先の相手の状況を考え，この時間なら大丈夫だろうと思って電話しても，時にはとても大切な仕事中だったりすることもあります。電話にその相手が出たときに，「今，少し時間をとってもらえますか」と問いかけることが必要です。その際，話す内容をメモしておき，できるだけ迅速に，内容は簡潔に必要なことを伝えられるようにしておきましょう。相手のことを大切に考えられることは介護福祉士の業務をするうえでとても重要なことです。

⑤ その他の情報伝達マナーを知る

　電車の中での電話は乗客の迷惑になることが周知されてきたのか，大きな声で電話をしている風景はあまりみられなくなりました。しかし，乗客の多くは携帯電話を手に持ち，メールや何かしらの確認などをしていて手放せないでいることが見てわかります。それほど，携帯電話は日常生活になくてはならないものになったといえます。さまざまな機能をもっていることから，幼児から高齢者までの必需品といえるようになりましたが，必需品だからこそマナーを守ることが大切だといえます。静かに進められている会議や講演会などで，着信メロディや音は周りの迷惑となります。介護の場においては，周囲への迷惑はもちろんのこと，仕事場であり，公的な時間であることをわきまえて電源を切っておく，仕事中は持ち歩かないというマナーが必要です。

　家庭でも普及率の高いファックスは，番号の間違いは個人情報が外部に漏れたり，受診した相手先にも多大な迷惑や不愉快な思いをさせることにつながります。介護福祉士は利用者にかかわりながら，利用者のプライバシーに関することは漏らさないことが原則です。通信機器を活用する場合も，日々のコミュニケーションを図る際と同様に，細心の注意を払って送信することが必要です。具体的には，相手の名前，相手先のファックス番号，送信枚数，送信後のチェックなど，基本的な確認を忘れないようにしましょう。

4. 人から見られている意識を大切にする

　私たちは人と出会ったとき，この人はこんな人かなと感じる第一印象があります。現代はファッションは自由で創造的であっていいといわれますが，「仕事である」ことを前提にすると，「身なり」はとても大切な自己アピールの材料だといえます。身なりだけで人を判断するものではないともいわれますが，初対面の場合，その人を見て判断する材料は，すぐに目にとまる「身なり」であり，「会話」ではないでしょうか。

　職業人として求められる身なりは，その職場の雰囲気，職場として求める人材の姿に合っているかだといえるでしょう。介護の場での「身なり」は「活動的，機能的」であり，「清潔さ」，そして「安全性」が求められているといえます。

① 清潔と安全を考慮する

　介護福祉士は，日常生活に不自由が生じ，これまでできていたことができなくなった方や，生涯だれかの支援を受け続けなければ生活が成り立たない重度の障害をもった方々にかかわります。介護福祉士がかかわる利用者の方々の状態はさまざまですが，介護福祉士として利用者を尊重する基本姿勢が不可欠であることは周知のことです。尊重する姿勢は言葉や行動に現れますが，床に伏した状態であっても，利用者の方々がまず目にするのは介護職員の「身なり」と「言葉」です。「この人は，私のことを大切に思ってかかわっているだろうか」を気にかけており，身なりが私に対応するのにふさわしいかを常に見ていることを忘れてはなりません。利用者が「世話になっているから」という遠慮があることは確かですが，長い人生でさまざまな経験をしてきた方々の目は確かです。襟を正すという言葉がありますが，介護にかかわっている職員は，常に人にかかわらせてもらっているという意識をもち，自分自身の服装，身だしなみがこれでいいのかと振り返ることが必要です。さらに，利用者の方々に安全な介護を実践することも不可欠です。けがをさせるようなことにつながったら，これまでのよい関係性が壊れてしまうことになります。爪が伸びていないか，腰のベルトが邪魔にならないか，髪の毛が相手に不快感を与えないかなど，安全に配慮した細やかな点検をして介護にかかわってください。

② 服装はTPOに合わせる

　介護の場では，瞬時に行動できることが求められます。当然，服装は動きやすい，活動的であることが第一条件になります。だからといって，行動しやすい運動着が生活の場にふさわしいとはいえません。「座っていた利用者が突然立とうとしている」という場合がよくありますが，介護の場全体を見渡せるようになると，利用者の行動の特徴をとらえられるため，瞬時に危険を予知することができるようになるといわれます。そのようなときには，瞬時に機敏に行動することが求められます。介護職員のズボンの裾が長すぎたり，伸び縮みしない服装をしていると，行動が瞬時にできず利用者の事故につながることになります。また，ピアスや指輪，時には伸びた爪も事故の原因になることがありますから，仕事中は身につけることを避け，爪も適切な長さに整えましょう。

　仕事が終わると，私服になり心まで開放的になるものですが，一人ひとりの職員のとる行動を「あの人は○○施設の職員だ」と周囲は見ているものです。組織の一員であることを忘れず，服装に気を使うことは大切にしたいものです。

③ 正しい姿勢と適切な介護をする

　介護職員はいつも利用者や家族，地域の方々に見られていることを意識することが大切です。「立ち振る舞い」という言葉を聞いたことがありますか。高齢者は「畳の縁を踏んで歩いたらいけないよ」といいます。不思議なことに，それが体にしみつくものなのか，「縁は踏まないもの，踏んではいけないもの」が常識になっている方が多いのではないでしょうか。「立ち振る舞い」とは「何気なく行っている普段の一つの動作」という意味があります。日々の自分の姿がその行動一つひとつに現れるということを念頭に置きましょう。第三者があなたを評価する基準にもなります。また，正しい姿勢は疲労感をためさせないプラス面がありますので，これからでも遅くはありませんから，正しい姿勢で行動する習慣をつくりましょう。

　介護を行う際には，介護にふさわしい姿勢があります。「第3章　介護福祉士の仕事とコミュニケーション」と重なりますが，利用者と目線を合わせることが基本にあります。そのとき，正しい姿勢を意識していたら，腰を落として目線を合わせるものです。腰を落とすとは，両膝を床にドスンと着くという姿勢ではありません。いつでも活動できることが大切ですか

ら足元を安定させて，腰をすぐに浮かせることができる姿勢をとれることが必要ですし，自然であることが大切ですから，ボディ・メカニクスの原則を身につけて行動できるようにしましょう。

5. 介護場面での基本的対応

　介護福祉士には「責任をもって行っています」といえる介護サービスの提供が求められていることを心にとめてください。利用者の日常生活の質が高いか低いかを評価するのは，利用者自身と家族，第三者です。介護福祉士一人ひとりの行動が評価の対象となるのだということを忘れてはいけません。国家資格をもつということは責任が発生するということなのです。介護福祉士としての基本的対応をここで確認しておきましょう。

① 信頼関係を築く

　介護福祉士が利用者とかかわるためには，よりよい関係性をつくることが基本です。介護場面にかかわるとは，利用者をよく知ることから始まるということです。信頼関係は一日でつくられるものではなく，介護福祉士の日々のかかわりのなかから少しずつつくられていきます。介護福祉士には「利用者のことをよく知る」ことが求められますが，「よく知る」ために大切なことは，「利用者の話に耳を傾ける」ことです。穏やかな笑顔やうなずく姿勢も取り入れながら「傾聴」することが大切です。その継続性から信頼関係はつくられていきます。

② 自立支援の介護の提供

　介護サービスは日常生活で当たり前に行えていたことが，病気や障害，高齢によってできなくなったり，できづらくなった方々に提供するサービスです。これまで利用者自身がやれていることを見守れずに代行し続けたため，利用者のやる気の喪失や機能低下につながり，要介護度が重くなった例が発生し，問題になったことがあります。人は他者に手伝ってもらい，

自分自身が何もしなくても生活が成り立てば，それほど楽なことはありません。「やってきたことをだれかに代行してもらい，やらなくて済むならありがたい」というのは，人にはできれば楽なほうを選択するという特徴があるからかもしれません。一人ひとりの介護サービスを利用している方々の多くは，不自由になった手や足，言葉をどのように補えば自分らしい生活が継続できるかという方法がよくわからない場合があります。ですから，介護福祉士は手を出しすぎるのではなく，利用者の身体機能や心理面にも着目し，「一緒にやってみましょう。できないところはお手伝いしますから」と働きかけることが必要です。人はできないと思っていたことが，何とかやれたとなるととてもうれしいものです。「ともに」をキーワードにして，取り組んでみてください。

③ 他機関，他職種との連携

　介護福祉士は利用者の心身の状態を最も近くで知る立場にあります。利用者のなかには介護福祉士だけでは対応できない病気や障害の症状になったり，家族や財産のことなど，さまざまな課題を抱えている場合が少なくありません。そのような事態が発生した場合は，速やかに医療職や介護支援専門員，生活相談員など他職種，他機関に連絡し，課題を解決することが求められます。早期に課題が解決できるようにするために，普段からコミュニケーションに壁をつくらない，相談ができる体制づくりが必要です。利用者主体を実践するために「相談できる体制」が必要不可欠なことだと介護福祉士は自覚しておきましょう。

④ プライバシーの保護と職業倫理

　介護福祉士は利用者にかかわることが主たる業務です。その業務を遂行するために利用者の生活の場に訪問するわけですが，これまで気づかなかったことなどの多くを目にしたり，気づいたりします。誰でも外部に知られたくないことはいくつもあるものです。介護福祉士はプライバシーを知ることになりますが，「介護福祉士」として利用者のプライバシーに踏み込みすぎないことや，利用者のプライバシーについて他者に漏らさないという介護にかかわる職業人としての規範が求められます。

　「介護福祉士」がもつべき基本姿勢は，かかわる利用者に対してどのよう

な損害をも与えてはいけないということです。具体的には「日本介護福祉士会の倫理綱領」に介護福祉士が守るべき倫理などが示されていますので、この機会に学びましょう。

⑤ 利用者の安全の確保と介護者の自己管理

　介護福祉士には自立支援の介護の提供が必要であることを前述しました。利用者にどのようにかかわるかは、利用者自身の個別計画がもとになりますが、基本的には利用者にとって前向きな生活が可能になるための支援です。計画には利用者がめざすべき目標が示されていて、その目標に近づくために利用者と介護福祉士、ほかの関係者もともに同じ方向に向かって努力しているのです。介護福祉士がかかわる利用者の多くは日常生活を送るために不自由が生じている方々であり、不安感が強かったり、転倒しやすかったり、飲み込みに時間がかかったり、風邪を引きやすいなどにつながりやすい特徴をもっています。もし、転倒し骨折をしたら、利用者はこれまでの生活を継続することができなくなります。利用者が現在の生活を少しでも安全に心地よく、自分らしく暮らし続けるために、介護福祉士には十分な観察する視点と介護技術力が求められます。

　利用者が安全な生活を続けるためには、介護福祉士の心身の健康管理が大切であることも心にとめておきましょう。

⑥ サービスの「標準化」と「個別化」

　福祉・介護の現場では、サービスの質の向上が大切だといわれ、取り組みがされています。Aさんという利用者に多くの介護職員がかかわり、介護サービスを提供しなければならない現状がありますが、そのサービスがバラバラであったら、介護サービスを受けている利用者にとって不安感が生じたりして自立につながる支援にはなりません。どの介護福祉士が介護を行っても、同一の質、同一レベルのサービスを提供できることが「サービスの標準化」です。介護福祉士同士が常にAさんという利用者に、Aさんも納得した同一のサービスが提供できるように努力することが求められます。「個別化」についても十分に意識して介護サービスを提供することが重要です。「個別計画」をもとに介護サービスは提供されます。個別計画には、一人ひとりの利用者の「こうなりたいと望む目標」があり、それを具

体化して実践するのが個々に対して行う介護サービスです。介護の場で,認知症のAさんとBさんに同じ対応はしません。AさんとBさんは全く違う方ですから当然です。「標準化」と「個別化」,どちらも介護を行うためには重要なことですから,しっかり理解してください。

第 **5** 章

介護福祉士のための
介護技術

1. よりよい介護をめざした介護技術

① はじめに（介護技術とは）

　介護技術とは，老化や障害等によって失われている生活能力を代替するための方法であり，また，回復へと働きかける専門的アプローチです。

　視力に障害が出れば，それを補う介護が必要であり，それに伴う技術が必要となります。その方の心の支え方から始まって，その方の目の代替となる技術も必要となります。視力に障害があっても，可能な限り生活能力の拡大を図る介助が必要になります。具体的には視力に障害を負ったことに対する，悲嘆や憤りを受けとめたり和らげたり克服する心の支え方も介護技術です。また，生活援助として，手紙等の代筆や代読・買い物の介助・その他外出等の歩行介助・掃除や炊事の一部できにくい部分の介助等も，必要とされる介護技術です。視力障害者自身が，自分でできることを増やせるように支えることも介護技術です。

　寝たきり高齢者への介護技術としては，日ごとに衰えていく体力・気力，そして死への葛藤を理解し，受容・共感し，支えることも介護技術です。また，寝巻の着替え・ベッドメーキング・体位変換・食事介助・入浴介助・排泄介助・整容等の日常生活行為への介助も介護技術です。

　その他，福祉機器を活用し，車いす介助や杖歩行の介助など，さまざまな生活の場面で利用者を支える専門的行為を介護技術と呼んでいます。

　すなわち，通常行われる人間の行動や行為を，可能な限り再現または復元することによって，生活障害を抱えた人たちが，より暮らしやすくなることを支えるための方法が介護技術です。しかも，満足感の高い介護を提供するためには，利用者の気持ちを受けとめ信頼関係を築くことが大事です。また，利用者の生活歴（習慣）や人生観に配慮することも，介護技術の一部です。

　介護技術というと，「動作を助けること」と狭義にとらえられがちですが，心を支える技術とあわせて，コミュニケーション能力も大切な技術となります。

② 生活を援助する視点

　ナイチンゲールの看護の考え方のなかには、看護のなかに介護の概念が入っていました。1948（昭和23）年に制定された保健師助産師看護師法にも看護師の業務として、医師の指示のもとに行う診療の補助と、療養上の世話すなわち身の回りの介護があげられていました。診療の補助等が看護で、身の回りのお世話が介護という考え方もあります。といっても、介護職が褥瘡のガーゼ交換や薬の塗布等のお世話を行わざるを得ない状況があります。介護と看護は密接な関連性があり、簡単には分離することができません。むしろ重なり合う部分が多いというのが実態です。

　介護は看護と重なるところがあるとはいえ、独自の視点をもっています。それが、「生活全体を支援する視点」です。生活を支援する視点のなかには生活そのものを支えることは当然ですが、健康状態の把握や、精神状態の把握も含まれています。介護は衣食住や家族関係など利用者の生活全体にかかわる情報を入手しやすく、利用者の隠された力を発見しやすいという特徴があります。

　しかし、利用者の利益を第一に考えるならば区分より連携が大切です。看護は常に医学的視点が必要な利用者へのケアであり、介護は病気療養中の方の生活援助や病気や障害が安定している利用者へのケア（生活支援）だといえます。看護は医療と常に密接に関係していますが、介護は医療的ニーズがある人はもちろん、医療的ニーズのない利用者の生活圏拡大や自己実現支援も含まれます。

1　介護に必要な視点

　介護には次のような視点が必要です。介護を必要としている人は弱い者ではありません。たまたま生活に障害を負っただけにすぎないのです。原因は加齢であったり、交通事故であったり、病気であったりとさまざまです。その生活障害を補おうとするのが介護です。

❶　人権を尊重する
❷　QOLを高め、よりよく生きることを支援する
❸　自己決定権を保障する
❹　自立を支援する
❺　安全・安楽・快適を心がける

　まず、介護は危険を伴うことから、利用者・介護者ともに安全・安楽・快適を心がけたいものです。お風呂場は石けん水で滑りやすく、立ち上がり介助などで、介助者ともに滑ってけがをする事故が多発しています。車

いす介助も事故が多いです。側溝に車輪を落としての転倒や石につまずいての衝撃などもあります。ベッドから車いすへの移乗時の落下もあります。ベッドの不適切な高さのために中腰・ひねり腰等の介助も多く，腰痛を起こしやすい現場です。ボディメカニクスをしっかり学習して介護を行いたいものです。ボディメカニクスとは人間の身体の生体力学のことをいいます。動作を行ったときの筋肉・骨・神経等の構造や動きをいいます。抱えるときの重心の置き方・足の広げ方，開き方・重さの分散の仕方などを学習すると，利用者・介護者ともに安全・安楽・快適な介護を実現できます。入浴や排泄介助時の羞恥心を感じさせない介護も基本原則です。

❷〜❺を保障することも，利用者の人権を守ることになりますが，生命を守り，最大に自由を保障し，介護を提供することで，生活が活性化され，利用者らしい暮らしに近づけることができます。

当然，利用者の生活が主体ですので，利用者の望む生活の復元や有り様に合わせなければなりません。介護者の生活感や生活習慣の押しつけは利用者にとっては迷惑な限りです。人間は自分の行動は，自分の意思で決めたいと基本的には思っています。外出したいのかしたくないのか，在宅で暮らしたいのか施設入所を望むのか，ベッドを使用したいのか和布団を使用したいのか。自己決定権は尊重しなければなりません。

利用者を弱い者ととらえると過剰介護を行います。人間はできるだけ自分のことは，自分でしたいと思っています。どのように意を尽くした介護を行っても，自分で行うことにはかないません。過剰介護は残存能力を弱めていきます。残っている能力は維持し，できるならば，強化することも重要な介護の原則です。

2　介護の目標

介護技術の行使により，利用者の暮らしがより豊かになり，利用者が自分らしい暮らしを実現できることが，介護の目標です。

生活障害が改善されたり，克服される状態をつくり，今より少しでもQOLが向上することをめざさなければなりません。

【事例1】

　20歳のとき交通事故を起こし，脊椎損傷となり四肢麻痺となった人がいました。介護サービスを使い始めた当初，彼は話しかけても返事をせず，用件のみを冷たく告げるだけでした。当時の彼は，突然負った障害で自分を見失っていました。生きる意欲を失っていたのかもしれません。運命を呪っていたかもしれません。その時期の介護目標は，「ただそっと見守り，必要とされることを心を込めて行い，いつでも彼を支援しますという態度と雰囲気づくり」としました。そのうちに同居の母親が，心労で目が見えなくなりました。彼は「自分のせいで母親の目が見えなくなったと思った」と言います。「自分のために母親が目を悪くしたので，償いは自分でしたいと思った」と言います。彼はその時点から自分を取り戻していきました。不自由な手で料理をつくり，洗濯をし，母親の歩行介助も引き受けました。彼自身も車いすの生活でしたが，見事な生活の智恵を発揮しました。雑巾が絞れないので，洗濯機で軽く脱水をかけて掃除に使っていました。まな板には釘を刺し，その釘に食材を固定させて，両手で包丁を支えて切っていました。その時期から介護福祉士の介護目標は，「彼の生活の側面支援をし，親子の絆の見守りを行う」と変わっていきました。彼は，徐々に電動車いすで外出するようになり，パチンコで取った景品を見せたりするようになりました。かなり外出にも慣れ，簡単な買い物や銀行行きもできるようになった頃に，「障害者の団体に入ること等の社会参加を勧める」が介護の目標になりました。5年が経過した頃，彼は自動車の免許を取りに行くと言い始めました。思いがけないことでした。どう考えても，彼の身体状況では無理だと思われました。まず，自動車学校への送り迎えでつまずきました。このときとばかり「障害者の団体に相談してみたら」と助言しました。早速，自動車運転免許をもった先輩の障害者が，アドバイスに来てくれました。その他いろいろな問題がありましたが，彼は一つひとつ克服しながら免許を取りました。と同時に赤いスポーツタイプの中古の車も手に入れました。彼は出張鍼灸師になった母親を，仕事先まで車で送り迎えするようになり，親子の二人三脚の人生が始まりました。これらの目標は利用者や家族と十分に調整して立てました。

　この事例は，介護の目標を設定するときには，すぐ成果の上がる短期目標から中期目標，時間がかかる長期目標と使いわけが必要な事例として紹介しました。

　介護技術は，利用者をしっかりアセスメントすることから始まり，ニーズを特定し目標を設定・介護計画作成，目標に向かって実行し，効果的な支援を行っているかをモニタリングして，必要であれば再アセスメントをして，ニーズを特定し目標を再設定し……のすべての過程を含んでいます。

3　介護福祉士の役割

　医行為については医師法でその範囲が明確にされ，看護行為は保健師助産師看護師法でその範囲が明確にされています。その他の関連職種についても，それぞれの根拠法で明らかにされています。

　介護福祉士も「社会福祉士及び介護福祉士法」第2条第2項により介護福祉士の業務として，「専門的知識及び技術をもって，身体上又は精神上の障害があることにより日常生活を営むのに支障がある者につき入浴，排せつ，食事その他の介護を行い，並びにその者及びその介護者に対して介護に関する指導を行うこと」と規定されています。[※1]

　ここに規定されている「その他の介護」が実は広範囲にあります。介護は生活障害を支援することであると前述しました。ですから生活にかかわることすべてであるといっても過言ではありません。今日の体調は，今日の精神状態は，生活費は足りているだろうか，栄養状態は，住環境は，近隣関係は，家族関係は，など限りなく範囲が広いものです。しかし体調の改善は介護だけでなく当然医療や看護・保健と共働しなければならないし，生活費の不足についてはソーシャルワーカーとの連携が必要となります。整容については，理容・美容関係者との連携が必要になります。介護の重要な範囲に，利用者の置かれている状況を的確につかみ関連職種へつなぐという役目があります。

　介護の現場で連携する医療関連職種とは，医師，看護師，保健師，薬剤師，理学療法士（PT），作業療法士（OT），言語聴覚士（ST），視能訓練士，聴能訓練士等があります。ほかに，ソーシャルワーカーとしての社会福祉士や社会福祉主事の業務理解も必要です。介護職は利用者との接触時間も長く，利用者のニーズを理解しやすい立場にあります。それゆえにそのニーズを満たすためには，どの職種と連携をすればよいかの判断をすることで，利用者の生活レベルが決まるほどです。介護職はすべてを抱え込んではいけません。介護の範囲をわきまえ，適切な専門職へつなぐことが重要な業務となります。

　介護の機能を有効に使う最大の手段として，コミュニケーション技術があります（第3章　介護福祉士の仕事とコミュニケーション参照）。

　介護が機能的であるためには，まずコミュニケーションが十分にとれ，利用者と介護者の信頼関係ができ，利用者が心を開いて要望が出せる状態を早くつくらねばなりません。

※1　第166国会に提出された法律改正案では，「入浴，排せつ，食事その他の」を「心身の状況に応じた」へと改めることが規定されています。

③ 自立生活と介護の役割

　人間は可能な限り，自分のことは自分で行うことを希望としてもっています。決して他人の手を借りたいとは思っていません。どんなにすばらしい介護者が援助しても，自らが行いたいと思うことを，希望どおりに完璧に行ってくれることは難しいものです。介護者が，利用者の心の支え方や心のとらえ方等の，カウンセリングやコミュニケーションの能力に優れていたとしても，支え方には限界があります。とするならば，利用者の残っている能力を，最大限確保し維持・拡大・向上させるのが，介護の大きな役割の一つになります。すなわち，利用者の自立生活の拡大を図っていくことが介護の重要な役割となるのです。

　利用者を弱い人ととらえ，過剰な介護をし続け，支援の手を広げすぎると，利用者の身体機能・精神機能をますます弱らせていくことになります。

　利用者は「どういう暮らしを望んでいるのか」，「何ができて何ができないのか」，そして「今どういう心理状況にあるのか」，「ADLは改善できる状況にあるのか」をしっかり把握する能力を介護福祉士はもたなければなりません。それも重要な介護技術です。

　自立支援と一言にいっても，利用者の状態・状況によって変わってきます。利用者がたいへん落ち込んでいるときは，ただただ温かく包み込むのも，自立の力をつけるために重要なことがあります。

　交通事故で障害を負った青年が，親子で二人三脚の生活を始めた例を紹介しましたが，彼の自立支援もそのように行われました。彼のもっている能力を最大限引き出す側面援助を介護は行ったのです。

　自立支援は介護の場面場面で姿を変えた技術を必要とします。もう1事例をあげてみます。

【事例2】
　1995（平成7）年1月17日に阪神・淡路大震災が起きたとき，5498人の死者が出ました。ビルが崩壊し，ガス・電気・水道等のライフラインが破壊され，住居をなくした人たちは，学校の講堂や公園に避難しました。鉄道はおろかすべての交通網が遮断されたなかで，全国からさまざまな支援が寄せられました。多くの介護福祉士が入浴等の介護に出向きました。校庭にテントを張り共同浴槽を設置し，近隣の温泉からタンクローリーで湯を運んで，しばし心と身体を癒していただきました。介護の必要な人には，簡易浴を用意し一人ひとりの状況に合わせて介助をしました。失意のどん底で涙する要介護者の手をじっと握って，ともに涙を流したのを覚えています。その時期には「頑張ってね」の言葉よりも，悲し

> み・苦しみ・不安・怒り等を理解し共感することが最大の自立支援でした。入浴介助だけでも多くのボランティアがかかわりましたが，食料の支援・避難所の清掃・炊き出し・瓦礫の片づけ等など，全国から寄せられた支援の輪は，神戸の自立には大きな力になったと思います。3月になると，瓦礫の間から花が咲き始めました。自然の脅威と生物の力強さもあわせて感じた頃，避難している方々から「これだけ全国の皆さんに支えていただいたのだから頑張らなければ」の言葉が聞けるようになりました。3月の末にボランティア組織団体等が集まり一部を残して撤退することを決めました。

この事例では，自立支援は状況判断をし，場面場面で的確な介護技術を要するということを述べています。

高齢者は第一線を引退し経済的自立，身体的自立，精神的自立をなくしていく悲哀を感じています。高齢者の現役時代の働きで今があることに，人生の後輩として感謝しながら，尊敬の念をもって介護にあたりたいと思います。

4　利用者の理解

高齢者や障害者の生活といっても，基本的には健常者と変わりなく，個別性があります。健常者でも自立していない人もいれば，障害者でも自立している人がいるということです。高齢者でもさまざまであり個別性はむしろ幅があるといえます。100歳を超えて意気盛んであったきんさん・ぎんさんの例もあれば，初老期にもかかわらず寝たきりになっている人もいます。介護福祉士は冷静に客観的に判断しながら，必要とされる介護を提供していかなくてはなりません。

1　高齢者の生活

高齢者の身体・精神状況は個別性が大きいということは前述しました。しかし，多くの高齢者がいろいろなものをなくしながら高齢期を迎えているといえます。40歳になったばかりの介護福祉士のケースですが，まだ自分は高齢期にはほど遠いと思っていました。しかし，自分とは無縁だと思っていた白髪が人より早く出始め，近視は老眼になるのが遅いといわれ安心していたにもかかわらず，近視の眼鏡を外さないと近くが見えなくなってきました。彼女はバスに乗ろうと向きを変えただけで，緋腹筋（ふくらはぎ）が断裂し歩けなくなったこともあります。医師の診断は「老化現象です」の一言でした。8週間介護業務を休みましたが，そのときは否応なし

に老化を自覚させられたといいます。

　高齢になればなるほど，若い頃にもっていた体力・気力が，少しずつ衰えていくものです。加えて第一線からの引退により，社会的地位や経済力が弱まったり，友人や知人・家族でさえも亡くす等，失うことが増えていきます。

　ただし，生涯発達する機能も報告されています。判断力等の結晶性知能といわれるものです。ある要介護5の利用者が介助を受けると，お礼に歌を歌ってくれるそうです。ご家族に尋ねると，歌の好きな母親ではなかったそうです。「周囲を思いやる心や置かれた環境でのお礼の表し方などが身についたのでしょう」と家族は言います。このように衰えたり失ったりだけではないのです。

　このような高齢者の心身の状況を理解することなくしては，介護が始まらないと思ってよいでしょう。高齢者の介護は，まず高齢者の理解から始まるといっても過言ではなく，その上に立ち，一人ひとりの個別化への支援・生き方への支援を行わなければなりません。

高齢者の性の問題

　まだまだ性の問題はオープンに語られる時代ではなく，よくわからないのが実態です。

　波多野完治さんが90歳のときに書かれた『性こそ吾れなり―老いてなお艶失わず』[※2]のなかには，「老人の性を学ぶ教育が必要であり，最も未発達の分野である」と述べられています。「老人には『性』は必要ではない，という一般的な見方だ。『老人の性』は，あってはならないと考える人までいる。老人と性の関係を世間は間違って考えている。年を取れば性欲は自然に枯れてゆくものだとか，それが理想だと考えている。……老人自身にも，性は下品で異常なことだ，と自己規制する風潮が根強く残っている」，「老人には性力がまったくないように見える。しかし性欲は依然としてあり，壮年期に比べて少しも落ちていない」とあります。

　宮内博一さんが65歳のときに書かれた『老いの生と性―人間らしく死ぬために』[※3]のなかにも，同じような記述がたくさんあります。「性は生命の根源的エネルギー源である。性の機能が低下しても欲望は消えない。ゆえに変態が常態となる」と記しています。お二人とも，谷崎潤一郎の『瘋癲老人日記』[※4]をあげて，性欲の問題を説いています。

　性の問題も個別性による差異が大きいのでしょう。歳をとって枯れる人

※2　波多野完治『性こそ吾れなり―老いてなお艶失わず』光文社，1995年
※3　宮内博一『老いの生と性―人間らしく死ぬために』海竜社，1994年
※4　谷崎潤一郎『瘋癲老人日記〔改版〕』(中公文庫)　中央公論新社，2001年

もいれば，理性で抑える人もいます。それは若い人にもノンセクシャルの人がいたり，悶々としている人がいたり，謳歌している人がいるのと同じだと思ってはいかがでしょうか。

　介護を考えるときに，高齢者の性をタブー視したり，誤った考えで対応すると，利用者を支えきれません。壮年期と比べて変わらない性欲がある人もいる，ということを理解しておきたいと思います。

　宮内博一さんは老人ホームの経営者です。※5「日本の老人ホームの相部屋はプライバシーがない。肉体が老いても心が老いる事はない。恋は人間を蘇らせる活性剤であり，性は美しく老いさせる。人間のセクシャリティは本来死ぬその日まで枯れない。それを枯らすのは社会通念である。老人が手に手を取って歩いたり，添い寝をしてもいいではないか」と述べています。

　介護にとっては大きな課題であると思います。まず，高齢者の性を正しく理解することから始めましょう。次に高齢者の性表現を明るく受けとめたいものです。高齢者のプライベートな場の確保や援助も心がけたいものです。

2　障害者の生活

　障害者の生活といってもさまざまです。視覚障害・聴覚障害・肢体不自由・内臓機能障害等の部位によって違った生活障害があります。例えば視覚障害であれば見ることに伴う生活障害です。新聞やテレビを見たり，手紙を書いたり，生活領域の把握をしたり移動がしにくかったり等です。これも，個人差が大きく，介護は個別性への対応となります。先天性の人と後天性の人では，生活能力が違うし，生活訓練を受けた人と受けていない人では，生活障害が違います。生活訓練を受けた人は，外出も一人でできるし，家事一般も自分でできます。ワープロやパソコンを操作しコミュニケーションをとることも可能です。盲導犬と外出する視覚障害者に街で出会われたことはないでしょうか。視覚に障害があっても，その人のもつ生活障害にのみ介護は働きかけをすればよいのです。

　若年聴覚障害者で身体介護を必要とすることはほとんどありませんが，高齢になってほかの身体機能が衰えたときに介護が必要となります。言語や知的など重複して別の障害があれば話は別ですが，聴覚障害者はコミュニケーション障害ですので，手を使って行う手話や相手の口の動きで理解する口話，その他筆談などでコミュニケーションをとれる人がほとんどです。

　肢体不自由であれば，足や手を使う部分に生活障害が出ていることはいうまでもありません。しかしこれも個別性が大きいものです。『五体不満足』※6

※5　※3と同。
※6　乙武洋匡『五体不満足』講談社，1998年

の著者乙武洋匡さんは生活障害を感じさせない人です。野球もすれば,サッカーもする,写真も撮れば,旅行もされます。

　程度の差こそあれ,あっと驚く障害者の方に何人も出会いました。手足に障害があり,口に棒をくわえてパソコンを操作している人もおられましたし,足の親指だけでリモコン操作を行う人もいました。脳性麻痺で生活のすべてに介助を要する寝たきりの青年が,生活のコーディネートは見事に自分で行っていた例もあります。

　要は,障害者の生活といってもさまざまであるということです。何ができて何ができないのか,介護者に何を求めているのかを理解できる能力が介護福祉士には必要です。

障害者の性

　筆者の所属する介護福祉士会で,フィンランド研修に行ったことがあります。障害者施設を見学させていただいたところ,驚いたことに男性入所者の部屋に,施設外から尋ねてくる恋人のためのベッドが置いてありました。また,10数年前に放送されたスウェーデンの障害者福祉番組では,障害者施設で就寝の介護を行っていた介護職が,別々に寝ていた障害者の男女を一つのベッドに移動介助していました。

　日本の障害者も個別性があるにせよ,生理的欲求としては,健常者の個別性と変わらないのではないでしょうか。筆者が受け持った四肢麻痺の障害者も部屋にはタレントのグラビア写真をたくさん貼り付けていましたし,ボランティアの人に介助をお願いして繁華街にも行っていました。また,交通事故にあい,脊髄損傷で下半身麻痺になった別の男性は,筆者に突然性的描写のあるビデオを見せ,反応を見て喜んでいました。

　二人とも,どこにでもいる若者と全く変わらず普通の青年であり,今考えると,上記のようなコミュニケーションがとれるほど,彼らとはよい関係が築けていたのだと思えます。しかし,生活全般の援助となると,彼らは同性の介護者を望むことが多いのです。それはあたりまえのことだと思われます。本来は,高齢者も同性介護を望んでいるのですが,対応できていません。異性を理解することはなかなかできませんが,性の問題は特にそうです。

　ここでは,障害者も健常者と同様に性に対する個別性があるということを理解しましょう。また,障害者特有の性の悩みを理解しなければなりません。障害者自身が書いた性への悩みが出版されていますので,ぜひ読んでほしいと思います。互いに愛し合っても,障害ゆえに性行為が行えなかったり,精神的ハンディを抱えていることが書かれています。

　北欧の就寝介護のような対応を日本でも行っていきたいものです。

⑤ 認知症高齢者の生活と介護の役割

　認知症の判断は難しいものです。人の名前を忘れたり，買い物に行って買うべきものを忘れて帰ってくる等の物忘れは，加齢とともに増えてきますが，それは「体力が落ちる」や「気力が衰える」などと同じく脳の生理的老化であって，病的な（器質的な）障害ではありません。認知症とは体験・経験したことの全部または一部を忘れたり，物事を判断できにくい，またはできなくなり，日常生活に支障をきたす病気をいいます。

　老人性認知症の有病率は，65～69歳では，高齢者100人に対して1～2人の割合です。しかし，加齢とともにその割合は高くなり，高齢者3～4人に対して認知症高齢者が1人の割合になります。認知症の原因疾患は脳血管性認知症が第1位であり，次にアルツハイマー型認知症が第2位と報告されていますが，最近の報告では逆転しているという報告もあります。

　介護の現場で取り組むべき課題として，認知症高齢者の問題は大きくなってきました。十分に学習して対応していきたいと思います。

1　認知症高齢者の自立度判定基準とは

　介護の現場では，厚生労働省が示している「認知症高齢者の日常生活自立度判定基準」を使うことが多くなりました。介護保険の面接調査や主治医意見書にも，これを用いて認知度の参考としています。ほかに広く使われているのが「長谷川式認知症スケール」です。このスケールは時間がかからず，しかも高齢者への負担が少ないので，主治医意見書にも参考として記載されています。介護の場面では，利用者の状態像をつかむときの参考に使用しています。利用者について，関連職種と意見交換する際の，状態像をイメージするときにはたいへん便利ですが，あくまでも補助的に使い，介護現場での日頃の観察・考察をもとに介護を組み立てていきたいものです。

2　認知症高齢者への接し方

　認知症高齢者の介護は，認知症高齢者が何を望んでいるのかが把握できないところに難しさがあります。そこで，病気の特徴と問題となっている行動を知ることが大切になります。認知症によっては進行を抑えられるものや症状が大幅に改善するものがあります。

　介護福祉士は十分状態を観察し，関連職種と連携を図らねばなりません。認知症に対して，この問題となっている行動にはこう対応すればよいという方程式はありません。個々の認知症高齢者に合わせた接し方，すなわ

ち介護が必要です。そのためには，個人の性格，生活歴，家族関係などの情報をもっておくと役に立つことがあります。食物の好みだとか，使っていた馴染みの言葉（方言）で，コミュニケーションがとれることもあるからです。認知症高齢者介護の最重要課題は「人権を守る介護を行う」に尽きます。

次に介護のポイントをあげてみましょう。

❶ 自尊心を傷つけない

判断能力や理解力に問題が生じていても，感情面は保持されているので否定しない，叱らない，怒らない。

❷ 安心感を与え安全確保に努める

自分のしていることがわからず，あるいは何をしていいのかわからず，不安を感じながら暮らしているので，安心感を与え安全確保に努める。

❸ 伝わりやすい言葉かけをする

理解しやすい速度のもの言い，伝わる声の音域，長い文章の言葉でなく，短い言葉で伝える。前後1分が将来や過去になることがあり，理解できないこともあるので今のことを伝える。馴染みの言葉かけをする。

（例）トイレ→便所　　お風呂→銭湯

❹ なぜ問題となっている行動が起きているのかを考える

どうしていいのかわからず，あるいは伝え方がわからず，いらだちで暴言暴行ということもある。何がそうさせているのか，原因があるかもしれない。

❺ 介護者を含めて，周りの人への安全確保の配慮を

被害妄想で周りの人に暴行することもあるので常時の見守りが必要なこともある。

❻ ADLが高い人には，過剰介護をしない

身体機能が維持されている認知症高齢者には，過剰介護をせず，見守りや声かけで，本人の力を引き出す。

❼ 認知症の症状と精神状態の理解をする

❽ 観察をする

❾ 薬の管理

認知症高齢者の日常生活自立度判定基準

(平成 5 年10月26日老健第135号)

ランク	判定基準	見られる症状・行動の例	判定にあたっての留意事項
Ⅰ	何らかの認知症を有するが，日常生活は家庭内及び社会的にほぼ自立している。		在宅生活が基本であり，一人暮らしも可能である。相談，指導等を実施することにより，症状の改善や進行の阻止を図る。
Ⅱ	日常生活に支障を来すような症状・行動や意思疎通の困難さが多少見られても，誰かが注意していれば自立できる。		在宅生活が基本であるが，一人暮らしは困難な場合もあるので，日中の居宅サービスを利用することにより，在宅生活の支援と症状の改善及び進行の阻止を図る。
Ⅱa	家庭外で上記Ⅱの状態が見られる。	たびたび道に迷うとか，買い物や事務，金銭管理などそれまでできたことにミスが目立つ等	
Ⅱb	家庭内でも上記Ⅱの状態が見られる。	服薬管理ができない，電話の応対や訪問者との応対など一人で留守番ができない等	
Ⅲ	日常生活に支障を来すような症状・行動や意思疎通の困難さがときどき見られ，介護を必要とする。		日常生活に支障を来すような症状・行動や意思疎通の困難さがランクⅡより重度となり，介護が必要となる状態である。「ときどき」とはどのくらいの頻度を指すかについては，症状・行動の種類等により異なるので一概には決められないが，一時も目を離せない状態ではない。
Ⅲa	日中を中心として上記Ⅲの状態が見られる。	着替え，食事，排便・排尿が上手にできない・時間がかかる やたらに物を口に入れる，物を拾い集める，徘徊，失禁，大声・奇声を上げる，火の不始末，不潔行為，性的異常行為等	在宅生活が基本であるが，一人暮らしは困難であるので，夜間の利用も含めた居宅サービスを利用し，これらのサービスを組み合わせることによる在宅での対応を図る。
Ⅲb	夜間を中心として上記Ⅲの状態が見られる。	ランクⅢaに同じ	
Ⅳ	日常生活に支障を来すような症状・行動や意思疎通の困難さが頻繁に見られ，常に介護を必要とする。	ランクⅢに同じ	常に目を離すことができない状態である。症状・行動はランクⅢと同じであるが，頻度の違いにより区分される。家族の介護力等の在宅基盤の強弱により居宅サービスを利用しながら在宅生活を続けるか，または特別養護老人ホーム・老人保健施設等の施設サービスを利用するかを選択する。施設サービスを選択する場合には，施設の特徴を踏まえた選択を行う。
M	著しい精神症状や周辺症状あるいは重篤な身体疾患が見られ，専門医療を必要とする。	せん妄，妄想，興奮，自傷・他害等の精神症状や精神症状に起因する問題行動が継続する状態等	ランクⅠ〜Ⅳと判定されていた高齢者が，精神病院や認知症専門棟を有する老人保健施設等での治療が必要となったり，重篤な身体疾患が見られ老人病院等での治療が必要となった状態である。専門医療機関を受診するよう勧める必要がある。

長谷川式認知症スケール（HDS-R）

1	お歳はいくつですか？ ＿＿＿歳　（2年までの誤差は正解）　＋　－	
2	今日は何年の何月何日ですか？　何曜日ですか？ 　　＿＿＿年　＿＿＿月　＿＿＿日　＿＿＿曜日 　（西暦でも正解）　＋　－　　＋　－　　＋　－　　＋　－	
3	私たちが今いるところはどこですか？　＿＿＿＿＿＿＿＿　＋　－ 　（正答がないとき約5秒後にヒントを与える） 　家ですか？　病院ですか？　施設ですか？　　＋　－	
4	これから言う3つの言葉を言ってみてください。 　　あとでまた聞きますので，よく覚えておいてください。 　（次の系列から選び，使わない系列を横線で消す） 　　系列1：a）桜　　b）猫　　c）電車　　a) ＋ － b) ＋ － c) ＋ － 　　系列2：a）梅　　b）犬　　c）自動車 　正答できなかったとき，正しい答えを覚えさせる。（3回以上言っても覚えられない言葉は横線で消す）	
5	100から7を順番に引いてください。 　　100－7は？　（93）　＋　→　それから7を引くと？　（86）　＋ 　　　　　　　　　　　－　（問6へ）　　　　　　　　　　　　　－	
6	私がこれから言う数字を逆から言ってください。 　　6－8－2　（2－8－6）　＋　→　3－5－2－9　（9－2－5－3）　＋ 　　　　　　　　　　　　－　（問7へ）　　　　　　　　　　　　　　　－	
7	先ほど覚えてもらった言葉をもう一度言ってください。 　　　　　　　　　　　a) ＋ － b) ＋ － c) ＋ － 　（正答がでなかった言葉にヒントを与える）（ヒント：植物）（ヒント：動物）（ヒント：乗り物） 　　　　　　　　　　　　　　　　　　　　　　＋ －　　＋ －　　＋ －	
8	これから5つの品物を見せます。それを隠しますので何があったか言ってください。 　（1つずつ名前を言いながら並べ覚えさせる。次に隠す）（5つの品名を記入し，答えられなかった品名にカッコをする） 　　（さじ，くし，サイコロ，はさみ，眼鏡など）　　正答数：0　1　2　3　4　5	
9	知っている野菜の名前をできるだけ多く言ってください。 　（途中で詰まり，約10秒待ってもでないときは，打ち切る）（答えた品名を記入する） 　＿＿＿＿＿＿＿＿＿＿＿＿＿＿＿＿＿＿＿＿＿＿＿＿＿＿ 　＿＿＿＿＿＿＿＿＿＿＿＿＿＿＿＿＿＿＿＿＿＿＿＿＿＿ 　　　　　（重複したものは除外）　正答数：～5　6　7　8　9　10	

（出典：長谷川和夫：長谷川式認知症スケール検査用紙，三京房，2005年）

3　認知症高齢者を抱える家族の理解

　「叱らない，強制しない，自由にさせる」が，認知症高齢者との付き合い方の3原則といわれます。しかし，24時間の見守りや介護が必要で休みなしの家族介護者にはできることではありません。家族で介護している人の思いは複雑に錯綜しています。まず，自分の身内の認知症が受け入れがたく，悩み傷つき，同時並行にいきなり介護が始まり，どうしてよいかわからず手探りの状態で疲れ果てています。

　「いじめられた，ご飯を食べさせてもらえない，殺されそう」と近所に言って回る高齢者がそれ以外は平常の近所付き合いをしていたり，特定の人，特定の場所だけで，問題行動が出たりと，理解できないことが多く，介護者はストレスを蓄めやすいものです。在宅で認知症高齢者を支える社会的サービスがまだまだ不足していますが，デイケア・ホームヘルプサービス・ショートステイ・認知症高齢者グループホーム等の利用で疲れをとり，休み休み介護をしてほしいと思います。

　介護者が疲れると，やさしい温かい介護はできません。それは認知症高齢者が心休まる介護を受けられないということに通じます。家族介護者のつらさを理解し，周りで支えていきたいものです。介護保険の理念である「家族介護から社会的介護」を実践していくことで支えていきたいと思います。

　専門性をもった私たち介護福祉士に安心して介護を任せ，家族が温かい交流ができる環境づくりに励んでいきたいと思います。

⑥ 利用者の健康維持と介護の役割

　介護者の働きかけで，驚くほど元気になられた利用者は多いものです。介護は「観察で始まり観察で終わる」といっても過言ではないほどに観察が重要です。何ができて何ができないのかを観察すること，把握することから始まります。同時に，健康状態・精神状態の観察，把握を行わなければなりません。介護は自立支援です。残存能力への働きかけもしなければなりません。利用者が，できることまで手を出す介護を行えば，利用者の身体と精神機能は低下します。また，日々変わる利用者の身体・精神状態の把握を怠れば，単純・反復作業となって適切な介護が行えず利用者に負担をかけてしまいます。しっかり観察・状況把握を行い，今必要とされている介護を提供していきたいものです。

利用者の現病歴と健康状態の把握を行う

　医師や理学療法士（PT）・作業療法士（OT）と連絡を密にし，治療の効果を上げる介護のあり方，リハビリテーションの効果を妨げない介護の方法を確認し，介護の方針を立てなければなりません。利用者の生活は介護者だけで生活の改善ができたり，健康を維持したりできるわけではありません。糖尿病を患っていれば，①食事療法，②運動療法，③薬物療法などの治療があります。把握していないと，食事介助やリハビリテーションの補助や服薬介助を適切に行うことができず，健康の維持どころか悪化させることもあります。利用者の診断名・服薬の方針・禁忌事項・健康状態をしっかり把握しておきましょう。

❶　観察の能力・感度を磨こう

　言葉だけを頼りに利用者を理解することはできません。「今日は体調はどうですか？」，「いつもと同じだね」という会話で，昨日と同じで元気だと思う介護職はいません。高齢者は自覚症状が少なくなっているので，熱があっても感じない人もいれば，骨折していても気づかない人もいます。介護者は利用者の言葉だけでなく，顔色や動作，しぐさ，雰囲気，呼吸，臭い，皮膚の湿り具合，皮膚の張り，言葉の調子，目の色などを全五感を使って把握し対応したいものです。日常触れ合う機会が多い介護者が，早期発見する立場にあり，関連職種へつなぐコーディネーターの役割も担っています。介護福祉士の感度が，利用者の健康維持と向上の鍵を握っているといっても過言ではありません。

❷　QOLを高める介護を心がけよう

　お風呂に入りたくない利用者がいます。「お風呂に入らないと衛生上よくないよ」と言っても効果があまりありません。「なぜお風呂に入りたくないのか」を考えてはいかがでしょう。理由は個々人によって違いますが，入浴する目的が薄い場合が多いものです。一つには生活に変化がないので，必要性がないということもあります。誰かが訪ねてくるわけでもなく，利用者が着飾って外出するわけでもなく，意欲が減退していることは否めません。介護者がコミュニケーション能力を磨けば「なぜ？」に答えてもらえるし，意欲を引き出すことも可能になります。意欲が引き出せれば，生活の質は数段上がり，精神的にも身体的にも機能が向上します。

❸　バイタルチェックを心がけよう

　全五感を駆使しても，身体変化を把握できないこともあります。科学的に把握するためには機器を使い数値に基づき，脈拍や呼吸数・体温等のバイタルチェックを行いたいものです。そのためにバイタル値の正常

範囲を知っておきましょう。介護福祉士は日常利用者と接しているのですから、身体の変化に気づくことは大切です。看護職や医療職がいる場合は、もちろんバイタルチェックを行うわけですが、私たちも変化を早く察知することが早期発見・早期治療につながります。

ただし、病名を特定したり、治療方法や投薬にかかわることは医師法第17条違反になりますので介護福祉士はできません（介護福祉士が行うことができる行為については、第8章を参照）。

❹ 居心地のよい生活環境づくりを心がけよう

「病は気から」といいます。利用者にとって居心地のよい環境づくりを行い、安心して暮らしていただきたいものです。介護福祉士にも理解されず、周りの人とも人間関係がつくれず、住まいが利用者にとって不便であったりすると、精神的苦痛で病気を誘発するかもしれません。障害となる原因に気づき取り除く気配りが必要です。

⑦ おわりに

利用者への質の高い介護を提供するには、介護過程を明らかにしていくことが大切です。介護過程とは、老化や障害によって援助が必要になった方々が、QOLの高い生活を送るために、何を望みどう暮らしたいのかを、専門的に判断し、利用者等と相談して、介護技術等を提供していく過程をいいます。

介護上の問題を明らかにするために、全五感を使って情報を収集し分析します。その情報のなかから、利用者が望んでいる生活（目標）に、近づけるための援助を組み立てます。それを介護計画（ケアプラン）といいます。介護を計画に添って実践し、目標に近づいているかどうか確認（評価・モニタリング）し、効果が上がらないようであれば計画を見直し、実践を行います。これを介護のプロセス、すなわち介護過程といいます。

なぜ介護過程を明らかにしなければいけないのか

介護は1人で行えるものではありません。複数の介護職や関連職種が輻湊して、QOLの高い利用者の生活実現をめざしています。かかわっている人たちが共通認識をもち目標を一致させて支援をしなければ、それぞれの職種のかかわりの効果が期待できません。

介護過程の主役は利用者本人です。また、利用者のADLやIADLの維持向上は、介護者の健康の維持向上からだと思ってください（介護過程につ

いては，第6章を参照）。

　介護者が疲れ果てていたり，不健康であれば，利用者は敏感に感じとり，支援を頼みにくいものです。介護職は自分の健康管理に気をつけ，明るく，やさしく，頼もしい介護を提供したいものです。

　さて，介護技術について述べてきました。ここでは，介護技術とは狭義に理解するものでなく，生活を支える視点から，広義のとらえ方を述べました。「単なる動作介護ではなく，さまざまなことに介護技術が必要とされている」ことを確認しましょう。

2. 移動の介助

① 身体に関する基礎的な知識

1　身体の各部位の名前をおぼえよう

　まず基礎的なことから学びたいと思います。意外と知られていないのが，身体の各部の名称です。例えば，「右手にけがをした」と言ったときは部位が限定されています。通院の介助をするとき，このように言えば，右の手首より先の部分をまず診察します。本当は右の前腕にけがをしていた等という場合があります。知識として最初に必要な身体の部位の名称ぐらいはおぼえておきましょう。

　身体の各部の名称は木にたとえられます。「幹」の部分は体幹といいます。身体の幹の部分だとおぼえてください。「枝」の部分は体肢といいます。

　体幹の各部を上から順に並べてみます。頭部，頸部，胸部，腹部，背部，臀部等です。これ以上に細かい分け方がありますが，基礎的な知識としてはこのぐらいで十分だと思われます。次に「枝」の部分です。体肢といいましたが，体肢は上肢と下肢に分けられます。さらに，上肢は上腕部，前

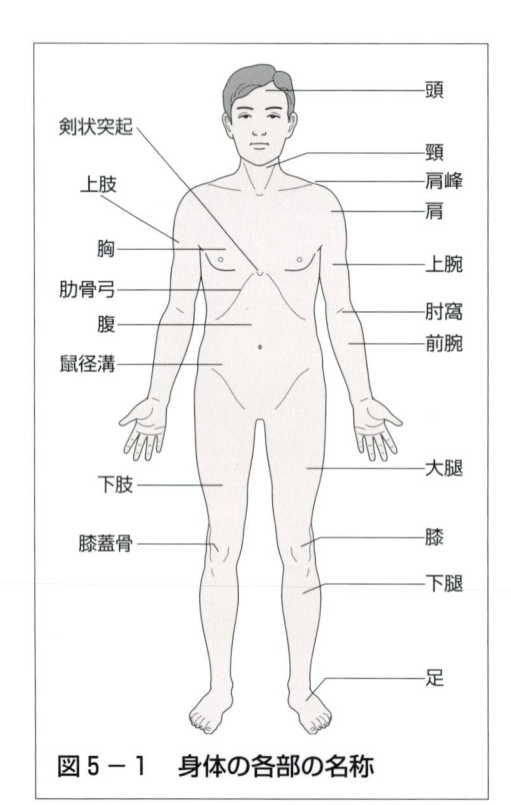

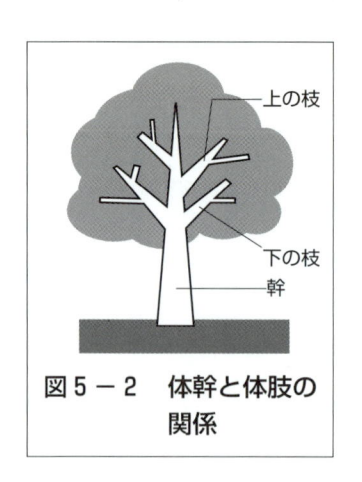

図5－1　身体の各部の名称

図5－2　体幹と体肢の関係

腕部，手部の三つに分けられます。下肢も同様に，大腿部，下腿部，足部です。手部は手掌，手背，指に分かれます。足部も足底，足背，趾（あしゆび）に分けられます。外反母趾はよく知られていますが，母趾とあれば，足部の第1趾のことです。

コラム

指にもそれぞれ名前がついています。簡単におぼえるには第1指から第5指でよいと思います。それぞれ，第1指から母（拇）指，示指（じし），中指（ちゅうし），薬指（やくし），小指（しょうし）です。

2　骨と関節の名前をおぼえよう

全身の骨組み（図5-3参照）は200個余りあり，その内訳は次のとおりです。頭蓋骨23個，脊柱の骨26個，肋骨24個（左右12対），胸骨1個，上肢骨64個（左右32対），下肢骨62個（左右31対），計200個。ただし，このなかに耳小骨や種子骨は入れてません。また，脊柱の骨のうち仙骨と尾骨はそれぞれ一つの骨として数えてあります。

図5-3は身体の骨の図です。名前をおぼえてください。体幹は脊柱という大きな骨と頭蓋骨，胸骨，肋骨，肩甲骨，寛骨などがあります。

上肢は上腕骨，橈骨，尺骨，手根骨，中指骨，手の指骨等です。下肢は大腿骨，膝蓋骨，脛骨，腓骨，足根骨，中足骨，足の指の骨等です。この程度おぼえていれば十分だと思われます。

また，関節の名前もおぼえてください。上肢の関節，肩関節，肘関節，手関節，手の指の関節です。下肢は股関節，膝関節，足関節，趾の関節です。また，脊柱は一つの骨ではなく，椎骨が集まってできています。したがって，椎骨と椎骨の間すべてが関節だと考えることができます。

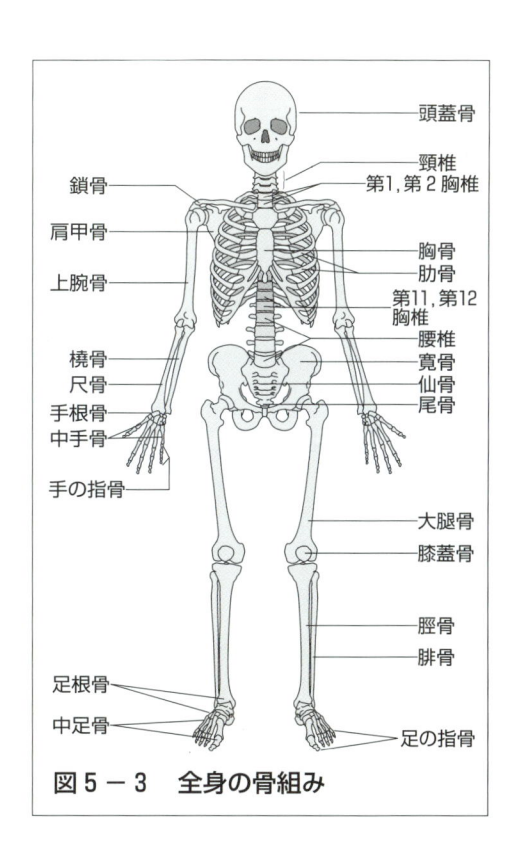

図5-3　全身の骨組み

3　関節の動きと可動域をおぼえよう

　下の表は肩甲帯，肩関節，肘関節などの動く方向と範囲を示しています。関節は屈曲・伸展，外転・内転，外旋・内旋，回外・回内，等の動きがあります。そして，関節の動く範囲が決まっています。身体的な介助をしていくときにはとても重要なことです。ぜひ，おぼえてください。

1　上肢の各関節の動きと範囲

上肢

部位名	運動方向	参考可動域角度	基本軸	移動軸	測定肢位および注意点	参考図
肩甲帯 shoulder girdle	屈曲 flexion	20	両側の肩峰を結ぶ線	頭頂と肩峰を結ぶ線		
	伸展 extension	20				
	挙上 elevation	20	両側の肩峰を結ぶ線	肩峰と胸骨上縁を結ぶ線	前面から測定する。	
	引き下げ（下制） depression	10				
肩 shoulder（肩甲帯の動きを含む）	屈曲（前方挙上） flexion (forward elevation)	180	肩峰を通る床への垂直線（立位または座位）	上腕骨	前腕は中間位とする。体幹が動かないように固定する。脊柱が前後屈しないように注意する。	
	伸展（後方挙上） extension (backward elevation)	50				
	外転（側方挙上） abduction (lateral elevation)	180	肩峰を通る床への垂直線（立位または座位）	上腕骨	体幹の側屈が起こらないように90°以上になったら前腕を回外することを原則とする。	
	内転 adduction	0				
	外旋 external rotation	60	肘を通る前額面への垂直線	尺骨	上腕を体幹に接して，肘関節を前方90°に屈曲した肢位で行う。前腕は中間位とする。	
	内旋 internal rotation	80				
	水平屈曲（水平内転） horizontal flexion (horizontal adduction)	135	肩峰を通る矢状面への垂直線	上腕骨	肩関節を90°外転位とする。	
	水平伸展（水平外転） horizontal extension (horizontal abduction)	30				

部位名	運動方向	参考可動域角度	基本軸	移動軸	測定肢位および注意点	参考図
肘 elbow	屈曲 flexion	145	上腕骨	橈骨	前腕は回外位とする。	
	伸展 extension	5				
前腕 forearm	回内 pronaton	90	上腕骨	手指を伸展した手掌面	肩の回旋が入らないように肘を90°に屈曲する。	
	回外 supination	90				
手 wrist	屈曲（掌屈）flexion（palmarflexion）	90	橈骨	第2中手骨	前腕は中間位とする。	
	伸展（背屈）extension（dorsiflexion）	70				
	橈屈 radial deviation	25	前腕の中央線	第3中手骨	前腕を回内位で行う。	
	尺屈 ulnar deviation	55				

2　下肢の各関節の動きと範囲

下肢

部位名	運動方向	参考可動域角度	基本軸	移動軸	測定肢位および注意点	参考図
股 hip	屈曲 flexion	125	体幹と平行な線	大腿骨（大転子と大腿骨外顆の中心を結ぶ線）	骨盤と脊柱を十分に固定する。屈曲は背臥位、膝屈曲位で行う。伸展は腹臥位、膝伸展位で行う。	
	伸展 extension	15				
	外転 abduction	45	両側の上前腸骨棘を結ぶ線への垂直線	大腿中央線（上前腸骨棘より膝蓋骨中心を結ぶ線）	背臥位で骨盤を固定する。下肢は外旋しないようにする。内転の場合は、反対側の下肢を屈曲挙上してその下を通して内転させる。	
	内転 adduction	20				
	外旋 external rotation	45	膝蓋骨より下ろした垂直線	下腿中央線（膝蓋骨中心より足関節内外果中央を結ぶ線）	背臥位で、股関節と膝関節を90°屈曲位にして行う。骨盤の代償を少なくする。	
	内旋 internal rotation	45				
膝 knee	屈曲 flexion	130	大腿骨	腓骨（腓骨頭と外果を結ぶ線）	屈曲は股関節を屈曲位で行う。	
	伸展 extension	0				

足 ankle	屈曲（底屈） flexion （plantar flexion）	45	腓骨への垂直線	第5中足骨	膝関節を屈曲位で行う。	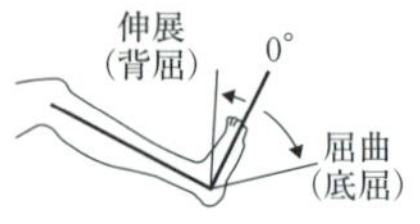
	伸展（背屈） extension （dorsiflexion）	20				
足部 foot	外がえし eversion	20	下腿軸への垂直線	足底面	膝関節を屈曲位で行う。	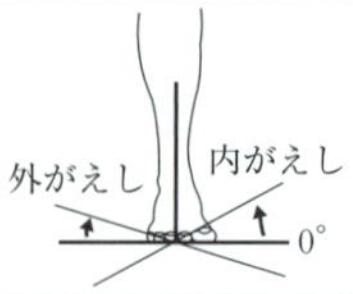
	内がえし inversion	30				
	外転 abduction	10	第1，第2中足骨の間の中央線	同左	足底で足の外縁または内縁で行うこともある。	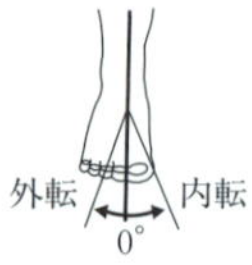
	内転 adduction	20				

注　内がえしは内反，外がえしは外反ともいいます。そのような動きの名前が出てきても戸惑わないでください。

4　基本的な姿勢をおぼえよう

基本的な姿勢もおぼえておく必要があります。臥位からおぼえてください。

1　臥位

❶　背臥位（仰臥位）

とても一般的な姿勢です。ただ，皆さんには背臥位という用語が一般的ではないかもしれません。仰臥位と習ったのではないかと思います。仰臥位は一般的に医療・看護の領域で使用される用語です。リハビリテーション医学の世界では背臥位が一般的です。ベッドや床に身体のどの部分が接しているのかで臥位の名前を決めています。そのほうが合理的だし，理にかなっていると思うので背臥位としました。

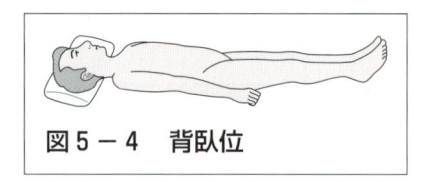

図5-4　背臥位

❷　腹臥位

背臥位の理論から腹臥位とは腹部がベッドやマットに接している姿勢だとすぐに理解できます。

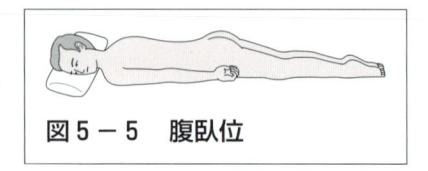

図5-5　腹臥位

❸　側臥位

側臥位は体幹の側部がベッドに接

している姿勢です。右の体幹側部が接していれば，右側臥位といいます。これも理にかなっていると思いませんか。姿勢を安定させるためには，左下肢を右に重ねないように前方に押しだし，股関節と膝関節を90°屈曲位すれば安定します。

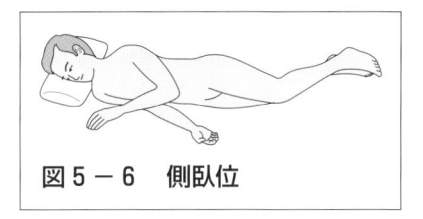

図5-6　側臥位

❹　半側臥位

体幹の倒れる角度は45°前後です。この状態では臥位が安定しないので，必要に応じ背部にクッションをあて体位をサポートします。

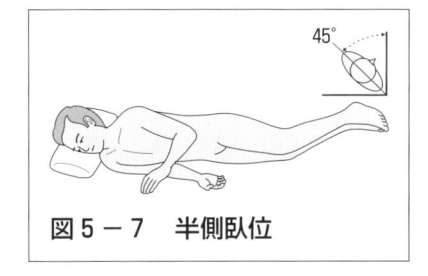

図5-7　半側臥位

2　座位

❶　半座位

ベッド上の座位で股関節が45°ぐらいまで屈曲する状態に保持します。長時間ベッド上で臥位をとっている場合などは，この姿勢でリラックスすることがあります。また，食事などの場合に臥位より飲み込みがよく，誤嚥の危険が少ないので，この姿勢をとることが多くなります。また，長い間臥位をとっていて急激に頭部を起こすと，起立性の貧血を起こすことがありますから，徐々に起こすことが必要です。

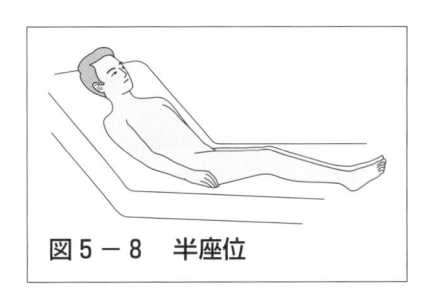

図5-8　半座位

❷　端座位

端座位は，ベッドの横などに足をおろした座位です。背もたれがないので，体幹の筋群の協調的な緊張が必要となります。片麻痺などで体幹筋の左右の協調性が悪いとき等は麻痺側に傾くことがあります。

この姿勢をしばらく保持するときは，下肢の筋群支えも重要です。足底を床に着けて，下肢筋群の補助で姿勢を安定させることができます。

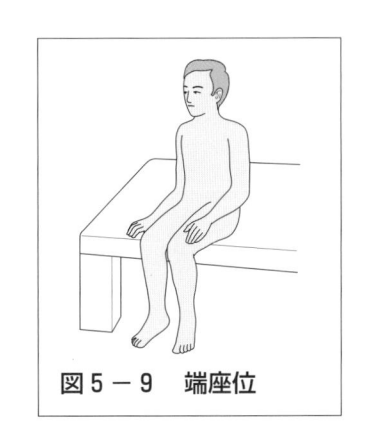

図5-9　端座位

❸　長座位・正座・あぐら

座位には半座位，端座位のほかに図5-10のようにさまざまな座位が

図5-10 長座位・正座・あぐら

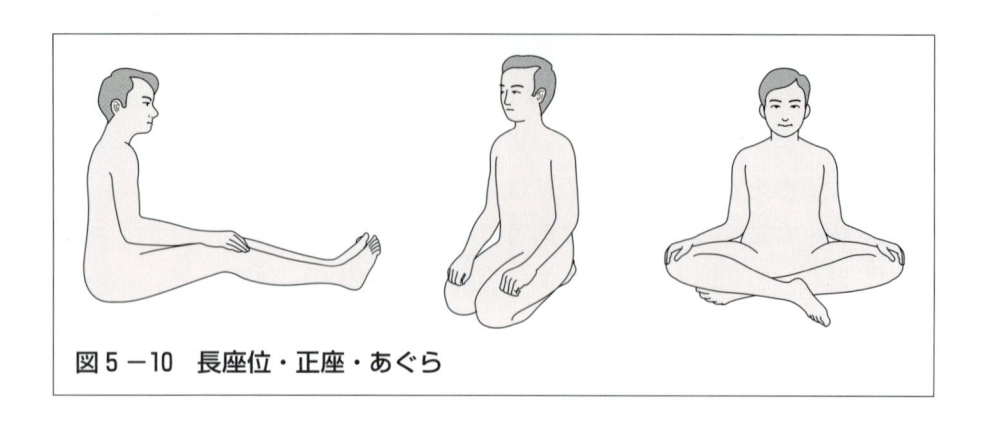

あります。脳性麻痺児などは正座の変形で割座（正座で下腿を外側に開き，臀部が直接床に触れるような座り方）をとることがよくあります。この肢位を長期にわたり継続すると股関節が内転，内旋し，トイレ動作などに支障をきたします。ですから，あぐら位が児童などでは推奨されます。

3 立位

❶ 膝立ち・片膝立ち・立位

膝立ちから片膝立ち，そして立位までの体位の変化を図5-11に示しました。

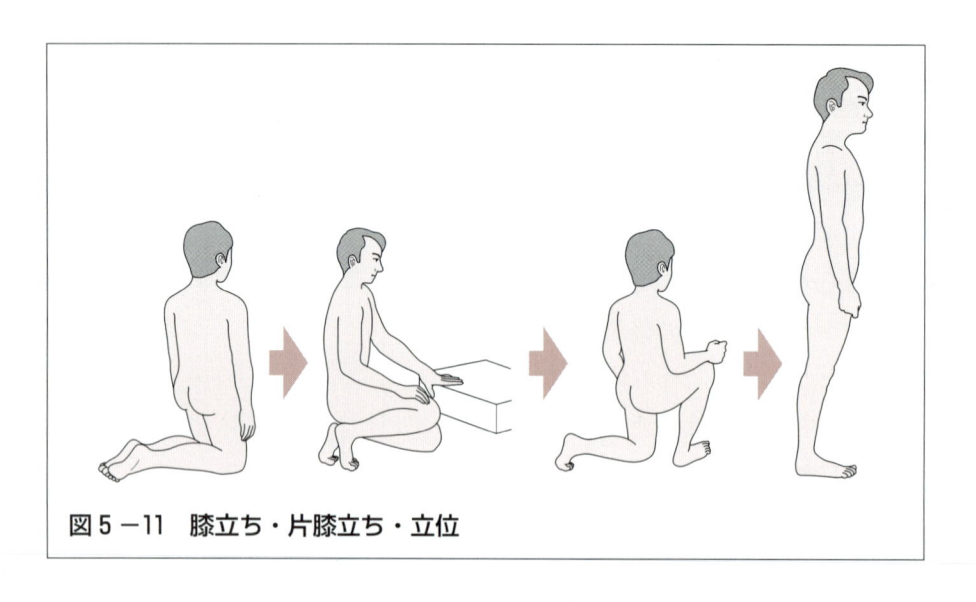

図5-11 膝立ち・片膝立ち・立位

② 移動

1　はじめに

　人はなぜ移動するのでしょうか。「何か目的があるから移動する」のです。トイレに行くのは排泄のためです。食事をするために食堂へ行きます。買い物や旅行にも移動が伴います。このように考えれば，人間の行動を支えているのが移動だと考えることができます。もっと大胆にいえば，移動するから人間らしいのです。しかし，障がいのために身体機能が低下し，移動できなくなることがあります。移動できなくなった本人には大きな問題です。トイレに行きたいのに移動できない。食事がしたいのに食堂に行けない。ですから，移動する能力を落とさないことが，自分らしい生活を継続していくためには，とても重要なことになります。

　移動ができなくなったときは，誰かに移動を介助してもらえば移動という能力を取り戻すことができます。また，福祉機器などを利用することができれば，移動能力の一部を取り戻すこともできます。この項では移動介助の実際を取り上げます。

　介護福祉士は，利用者の日常生活が前向きで過不足なく送ることができるように支援する役割を担っています。不便なところのすべてに手を差し出すのではなく，利用者自身の力を上手に使って動くことができるように支援し，助言できることも求められています。そのためにも，基本介護技術としての移動介助が介護者の力だけに頼ったものではなく，利用者の力を引き出したうえで安全と安楽が保障されることも大切です。さらに介護者自身が"介助する方法がこれでよいのか"，"なぜこの方法で行うのか"といった問いかけに応えられる理論を理解し，実践していくことが大切だと思われます。

> **コラム**
>
> 「臥位の状態で長くいるのはよくないので，車いすに移乗してもらう」といった説明をよく聞きます。しかし，利用者の立場に立ってよく考えてみてください。ベッドから車いすに移乗するのは何か目的があるからです。ベッドから車いすに移乗して，そのまま放置されてよいものでしょうか。利用者の立場から生活を支援する介護が必要です。

2　移動動作介助の基礎知識

　移動の介助・介護がとても大変だと思われてしまうのは，利用者のでき

る機能を使わずに全介助してしまったり，強引な力で介助したりすることで"たいへんな労力"になってしまうからだと思われます。また，その結果，腰痛が発症することもあります。これらを解消するためには，次の2点をよく理解することが大切です。

最初に，利用者の状況を的確に理解することが大切です。現在の病気はどのような状態にあるのか。また，障がいはどのようなものか，その部位は，その程度は，安定した座位がとれるのか，安定した立位がとれるのかなどを見極める必要があります。

次に，移動動作がどのようにして成り立っているのか，一連の動作を身体運動学的に理解することも大切です。その内容が理解されれば，どのように介助すればよいのかが自然に理解できます。介護者も利用者も理論に沿った自然な動作が安全な，無駄な力を必要としない，安楽な動作となります。

さらに，その病気や障害に対する利用者の理解・気持ちを知ることも，これから移動動作介助を行っていくうえで大切なことです。ここでは利用者の気持ちに働きかけながら，自立に近づくことを目標に移動動作の介助方法を展開します。基本となる事項から確認していきます。

❶ 移動動作介助の基本的な考え方

利用者，介護者ともに安全であること。利用者にとって安楽であること。スムーズに簡単にできること。利用者の残った機能を十分に活用できること。

❷ 移動動作介助を行ううえでの大切な項目

主なものをあげると，利用者の病名・障害の部位・程度，活用できる機能，体型，理解の程度，意欲の程度，筋力の状態やバランス感覚など。

❸ 移動動作介助を行ううえでの諸注意

動線を考えた動きができること。必要物品を準備しておくこと。活動しやすい服装・履物であること。利用者への説明がされていること。チームでの話し合いにより共通認識がされていること。利用者に危害を与えない配慮（爪の長さ・名札・ピアス・ベルトの金具など）がされていること。器具が所定の位置に置かれていること。

> **コラム**
>
> 1967年，ILO（国際労働機関）は，「女性の場合，一人で取り扱う重量物の上限は持続的に20kg，場合によっては30kgにすべき」という勧告を出しています。人を介護する場合は単純に重量物ではありません。しかし，労働としてこの勧告が忘れられてはならないと思います。

移動動作は，人が日常生活を送るうえで基本となる一連の動作や，姿勢の変化です。寝返る，起き上がる，座る，這う，立ち上がる，歩くなどをさします。これらから，ある点からほかの点，近い，遠いにかかわらず身体の重心の位置を変化させることが図5－12（重心の移動），図5－13（歩行：長い距離の移動動作），図5－14（寝返り：重心の中心がわずかに変化しても移動動作）から移動動作であることが理解できます。

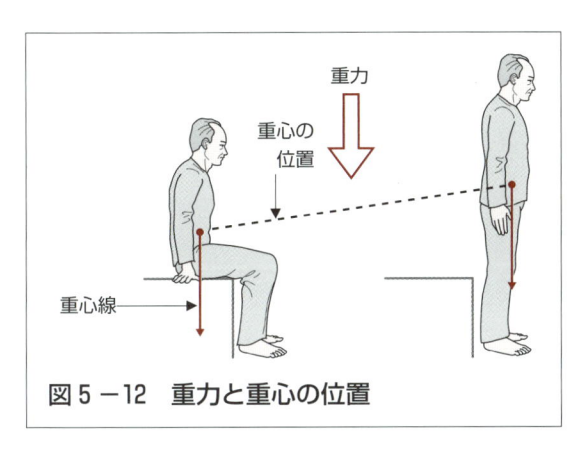

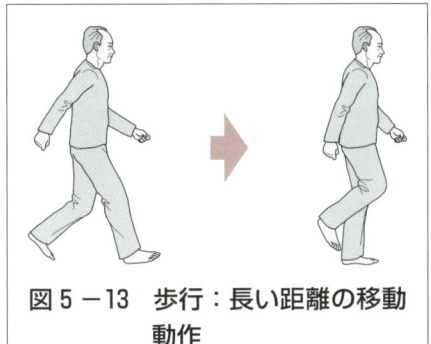

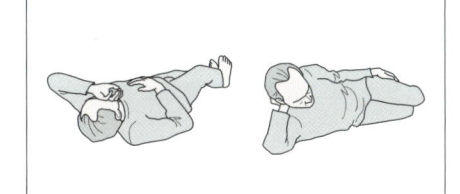

図5－12　重力と重心の位置

図5－13　歩行：長い距離の移動動作

図5－14　寝返り：重心の中心がわずかに変化しても移動動作

3　移動動作介助の理論と実際

1　ボディメカニクスの理解

　ボディメカニクスとは，身体の骨格，筋，内臓などの系統が力学的に影響し合う相互関係をいいます。皆さんはすでに，身体の骨格については学びました。また，各関節の動きも理解しています。これに関節の構造，骨格に付随する筋の名称とどのように動き，どの筋がどんな運動に作用するのかなどを知れば，人間の動作を生み出しているメカニクスを知ることにつながります。神経と筋の理解は次のステップとしましょう。

　これらの知識を使って，利用者の身体構造がどのようになっているのか，利用者の姿勢が介助にどのように影響するのか。次に，介護者の姿勢が介

助にどのように影響するのか。さらに，介護者と利用者の位置関係が介助にどのように影響するのかといった内容がメカニクスとなります。これらも知っておく必要があります。以下，基本的なところから解説していきます。

❶ 支持基底面積を考える

物を支えている面を支持面，または支持面積といいます。支持面が広ければ安定し，動かしづらいことになり，支持面が狭ければ不安定ですが，動かしやすい，動きやすい状態であるといえます。図5－15，図5－16，図5－19で理解しておきましょう。電車で足の幅を狭くして立った場合と広くして立った場合で，電車の揺れにどちらが強いかは，経験的に理解できると思います。

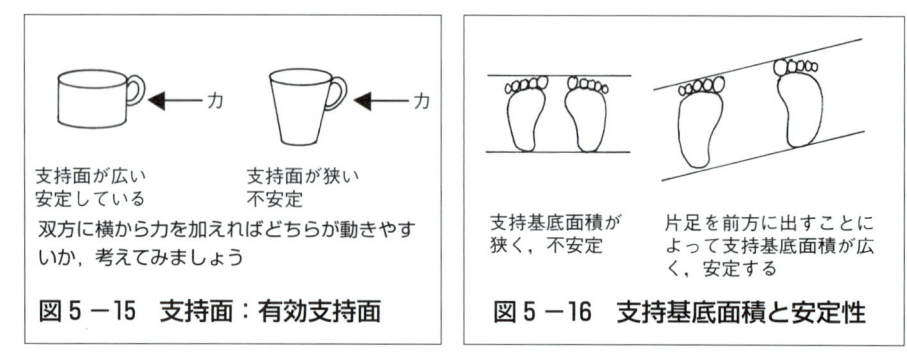

支持面が広い
安定している

支持面が狭い
不安定

双方に横から力を加えればどちらが動きやすいか，考えてみましょう

図5－15　支持面：有効支持面

支持基底面積が狭く，不安定

片足を前方に出すことによって支持基底面積が広く，安定する

図5－16　支持基底面積と安定性

基底面積とは，床や地面に接している身体の部分の面積をいいます。この基底面積が広いと安定し，動かしづらいことは述べました。では，介助場面でちょっと考えてください。背臥位と座位では床に接している面積が違います。どちらが動かしやすいと思いますか。座位のほうが動かしやすいことは明白ですね。臥位の状態で身体をずらすことより，座位の状態で

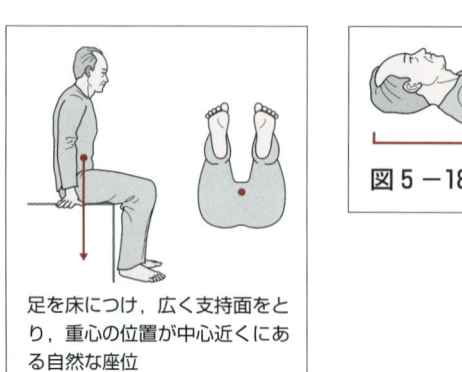

足を床につけ，広く支持面をとり，重心の位置が中心近くにある自然な座位

図5－17　安定した座位

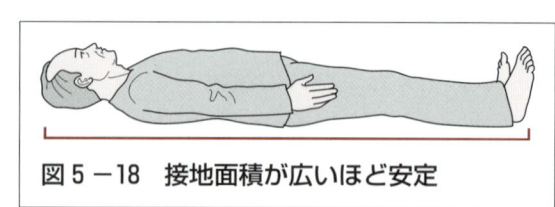

図5－18　接地面積が広いほど安定

身体をずらすほうが介護者の力を使わないということになります。

　これまでは利用者を動かすという視点から支持基底面を考えてきました。では，介護者の視点から支持基底面を考えれば，不安定な状態では十分な力が発揮できないということになります。介護者は支持基底面をなるべく広くとり，安定した状態で介助することが望ましいということになります。

❷　重心の高低と移動

　支持基底面積に加えて，重心の高さ・低さも介助を行ううえでは大切な要素となります。重心の位置が低ければ低いほど，物は安定しています。一方，重心の位置が高ければ高いほど，物は不安定となります（図5-19）。

　この論理は人間でも同じです。図5-20のように重心の位置が低ければその姿勢は安定したものとなり，重心が高ければ不安定になります。姿勢が不安定である状態を支えるには，さまざまな能力が必要です。バランスの感覚，筋力など立位のほうが座位より発達しないと難しいということになります。赤ちゃんも座ることができてはじめて，立位に向かいます。突然立位をとるということはほぼないことです。

　これを介護者の視点からみれば，重心の位置を低いほうから高いほうに向かわせるには，より多くの力が必要になるということです。重心を下げる方向への運動は力を必要としないということになります。人の場合は，「そっと，優しく」移動する必要がありますので，下げる方向に対しても実際には力が必要です。

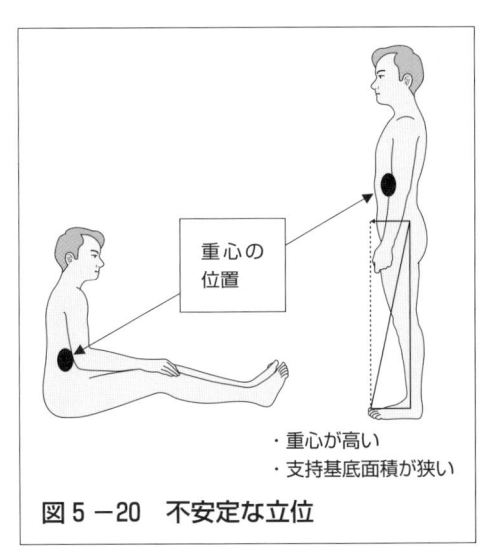

支持面積が狭いと不安定だが動かしやすい。重心が高く不安定

支持面積が広いと安定しているが動かしにくい。重心が低いから安定

図5-19　支持面積と重心

重心の位置

・重心が高い
・支持基底面積が狭い

図5-20　不安定な立位

❸ 運動の法則
　① 慣性の法則
　　　物体に全く外力が働かない状態では，静止しているものはいつまでも静止し，一様な運動をしている物体はいつまでも等速運動を続けるという性質を示したものです。物体が現状にとどまろうとする性質を慣性といいます。身体運動でも，同様の現象がみられます。運動の開始時は静止した状態ですから，それを動かすには慣性に打ち勝つ大きな力が必要になります。また，動いている身体を止めるときにも，慣性以上の大きな力で運動を阻止する必要があります。

　　　椅子に座って静止している状態から動き出す例を図5-21に示しました。よくある例は，止まっている車を人が押して動かすとき，最初はとても大きな力が必要です。しかし，一端，動き始めると以前より小さな力で車は動き続けます。これは，慣性が働いているからです。

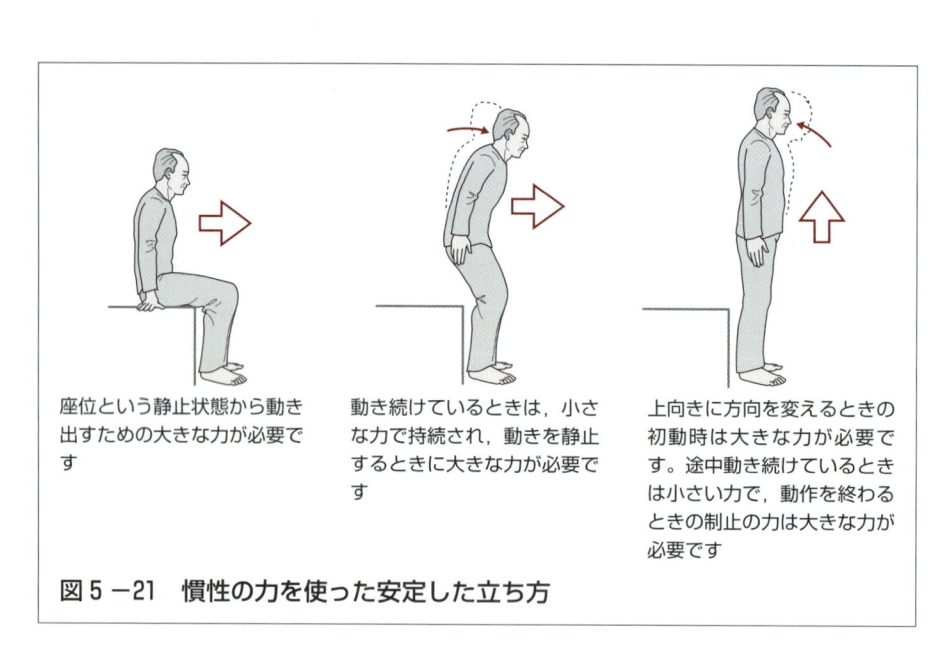

| 座位という静止状態から動き出すための大きな力が必要です | 動き続けているときは，小さな力で持続され，動きを静止するときに大きな力が必要です | 上向きに方向を変えるときの初動時は大きな力が必要です。途中動き続けているときは小さい力で，動作を終わるときの制止の力は大きな力が必要です |

図5-21　慣性の力を使った安定した立ち方

　② 作用・反作用の法則
　　　物体Aが物体Bに力を作用させると，同時にBからAにも力が作用します。この二つの力は大きさが等しく，同一線上で向きが反対に作用します。

　　　図5-22は肘を屈曲しようとする人とそれを阻止しようとする人の図です。この場合でも，静止した状態であれば双方に同じ力が，反対方向に働いていると考えられます。

　　　介護者の視点からみれば，長座位の人を後ろから抱えて立位にしようとすれば，その人の体重だけの力を出しても静止した状態から動か

ないということになります。その人の体重以上の力がないと立位の介助はできない，ということになります。

❹ テコの原理

テコは最小のエネルギー消費で最大の仕事をするための道具です。人の介助場面ではとてもよく使う原理です。よく理解することが必要です。図5-23に3種類のテコの原理を載せておきました。

第1種のテコは作用・反作用と同じです。支点からの距離が一定であれば，同様に大きさの反対方向の力が必要になります。力の大きさは，支点からの距離に比例します。

実際の介助場面でも，支点をどこにするのか考える必要があります。第2種のテコの場合には少ない力で，大きな仕事をこなすことができま

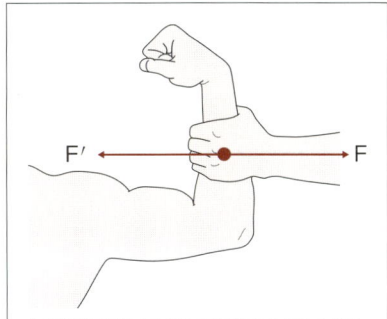

肘関節屈曲で上腕二頭筋の力F′と等しい力Fを反対方向に加えると等尺性収縮となる

図5-22　作用・反作用の法則

（出典：齋藤宏・松村秩・矢谷令子：新版　姿勢と動作，メヂカルフレンド社，11頁，2000年）

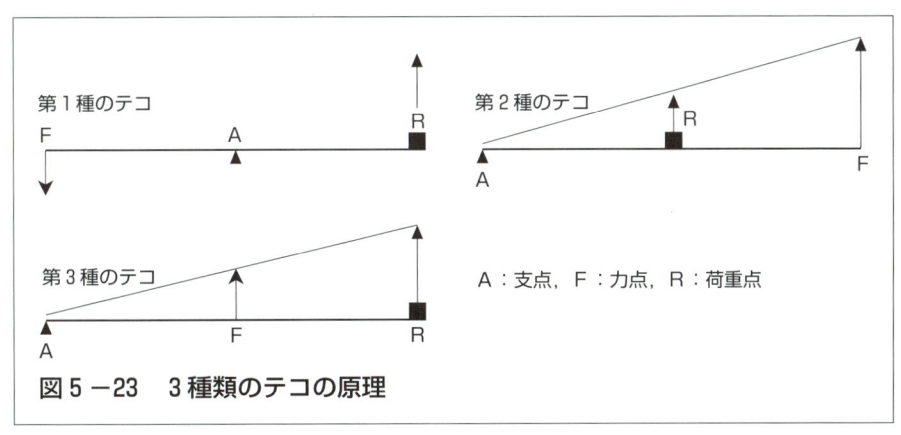

A：支点，F：力点，R：荷重点

図5-23　3種類のテコの原理

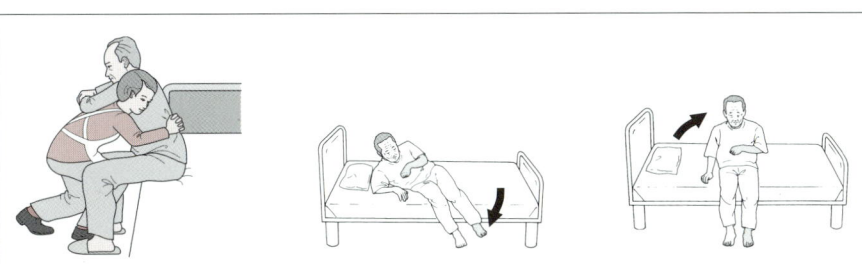

重心同士が近づく　　足の重みを利用しながら，起き上がって腰かけます

図5-24　テコの原理を使った起き上がり

（出典：福祉士養成講座編集委員会編：介護技術Ⅰ　第3版，新版介護福祉士養成講座⑫，中央法規出版，130・131頁，2006年）

す。逆に，第3種のテコでは，仕事量より大きな力が必要です。しかし，速さを考慮すれば，少し動くだけで，大きな動きが得られます。

図5-24はテコの原理を使った起き上がりです。股関節の柔軟性がないと，つらい起き上がりです。股関節に柔軟性のない高齢者の場合には，このような起き上がりには注意が必要です。

また重心を相互に近づけると利用者の体重だけの力を使えばよいことになります。実際の介助の上での留意点は介護者の顔の位置です。周りがしっかり見える位置にします。

❺ 利用者の身体をコンパクトに

身体をコンパクトにするのは摩擦面を少なくするためであり，移動動作介助では重要な要素です。例えば，長座位で身体をずらす介助をする場合と，背臥位で頭のほうに身体をずらす介助をする場合では，臥位のほうが大きな力を必要とします。これは，摩擦面が臥位のほうが大きいからです。このように介助者からの視点で介助を考えれば，利用者の身体をコンパクトにすることは大切な要素だといえます。しかし，人は物体ではありません。移動動作介助する際に，利用者の身体をコンパクトにすることだけを考えればよいというわけではありません。利用者にとって安楽な肢位から介助しなければならないことも考慮する必要があります。

2　移動動作介助の実際

移動動作介助をどのように行ったらよいのかを具体的にみていきます。自力で行う方法，介助で行う方法を並べて紹介しながら，介助の注意点などに触れていきます。

❶ 背臥位から側臥位

通常，乳児は生後3か月ぐらいから寝返り動作が可能となります。図5-25は自力で背臥位から側臥位に体位を変換する方法です。自力パターンの基礎的な動作を説明します。

① 頸部の屈曲

頸部を屈曲しながら，右肩を床から持ち上げる（基底面が狭くなることで，不安定になります。この不安定な状態が体位変換を容易にします）。

② 上肢および肩甲帯の使い方

回旋する方向と反対の上肢（例の場合は左側臥位ですから，右上肢）を回旋方向に移動させます。このことにより肩甲帯が十分に屈曲し，この肩甲帯の屈曲が体幹上部の回旋を生みます。体幹上部の回旋が体

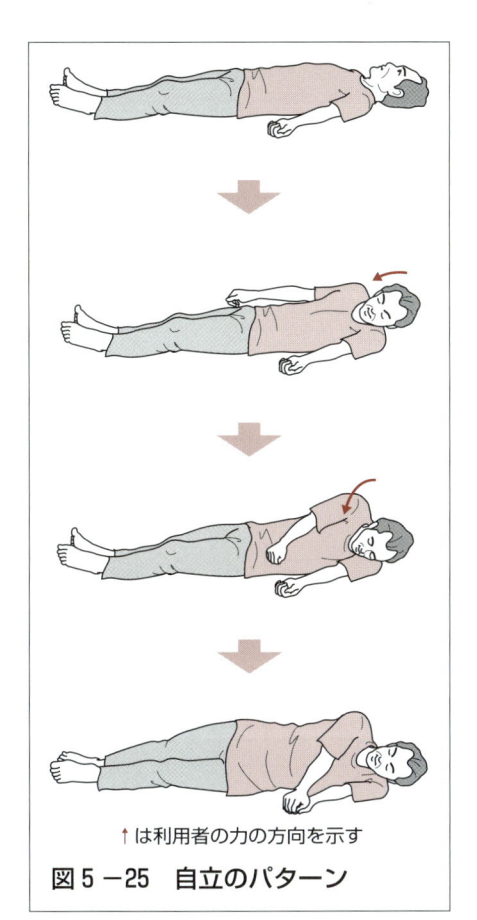

図5-25 自立のパターン

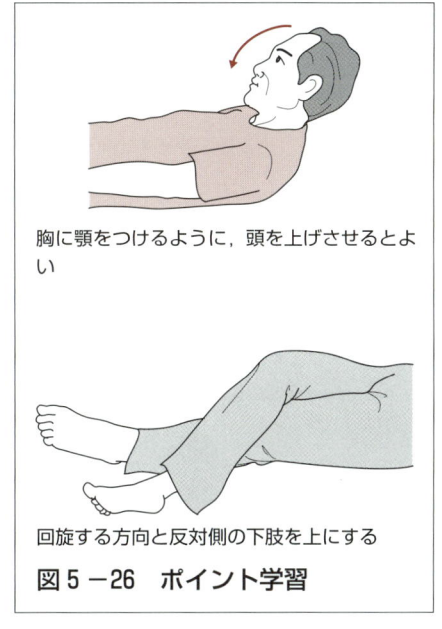

↑は利用者の力の方向を示す

胸に顎をつけるように，頭を上げさせるとよい

回旋する方向と反対側の下肢を上にする

図5-26 ポイント学習

幹下部（骨盤）に伝わり，体幹全体が回旋します。
③ 下肢の使い方

上肢同様，下肢も回旋方向の反対の下肢（例の場合でしたら，右下肢）が床に着いている下肢の上か，左下肢を越えた状態にしたほうが，容易に回旋できます。

次に，介助方法を検討します。図5-27の場合は全面介助で，体幹・下肢・上肢に拘縮がない場合です。

① 回旋の方向

回旋は介助者の方向に行います。介助者が回旋の範囲をブロックすることが大切です。ベッド上などで，介助者がいない方向に回旋させる場合がありますが，ベッド柵などがないと，ベッドから転落することがありますので注意しましょう。

② 介助方法のポイント
・ 利用者の上肢の位置

体幹から上肢を少し離すか，図5-27のように頭部の位置まで外転させておくとよいです。体幹に近いままだと上肢を身体で押しつ

↑は介助者の力の方向を示す

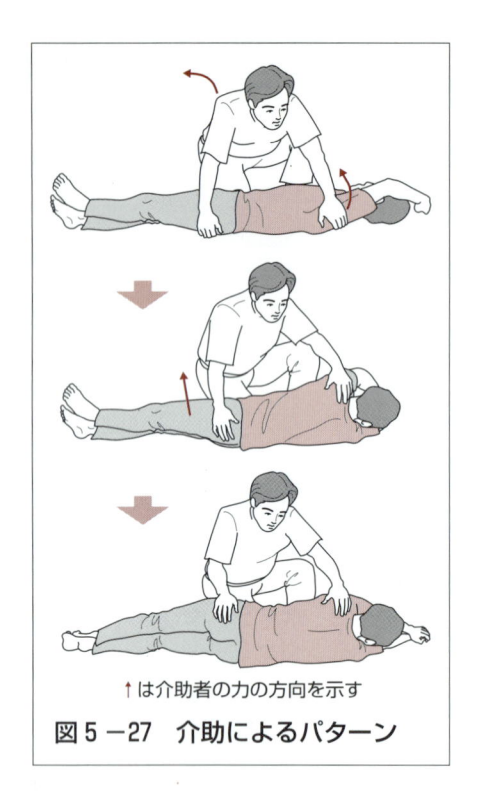

図5-27 介助によるパターン

上肢を図のように組ませてもよいです。利用者の身体をコンパクトにすることも介助を楽なものにします

膝を高く立てる
このようにした場合は、介助者の手部の位置は臀部ではなく、膝になります

図5-28 ポイント学習

ぶしてしまいます。

・　介助者の手部の位置

　介助者は肩甲帯と臀部に手部を添え、回旋させます。図5-27のように利用者の身体に介助者はなるべく近づきます。距離が遠いと余分の力を使います。また、上肢の力だけで介助しないで、介助者の体重を利用しながら介助しましょう。ベッド上の場合は介助者の下肢をベッド上に上げて、できるだけ利用者に近づくことが大切です。

❷　背臥位で身体をずらす

　背臥位で利用者の身体を少しずらすことが必要になる場合があります。ベッド上などで枕の位置まで身体をずらしたい、あるいは上になりすぎて少し下肢の方向にずらしたい、ベッドの端に寄りすぎてしまったなどといった場合です。

①　背臥位で左右にずらす

　介助者の姿勢がとても大切です。介助者の上肢がベッドの位置となるべく水平になるように下肢を屈曲させ、膝をベッドサイドにつけます。介助者の肘は曲げないように伸ばした状態で、介助者自身がさらに座り込むように意識して、介助者側に利用者の身体をずらします。上肢の力に頼らないことが大切です。実際の介助では、利用者の体幹

介助者の両膝をベッドのサイドにつける

握らないで支えるようにする

介助者の肘はなるべく伸ばす

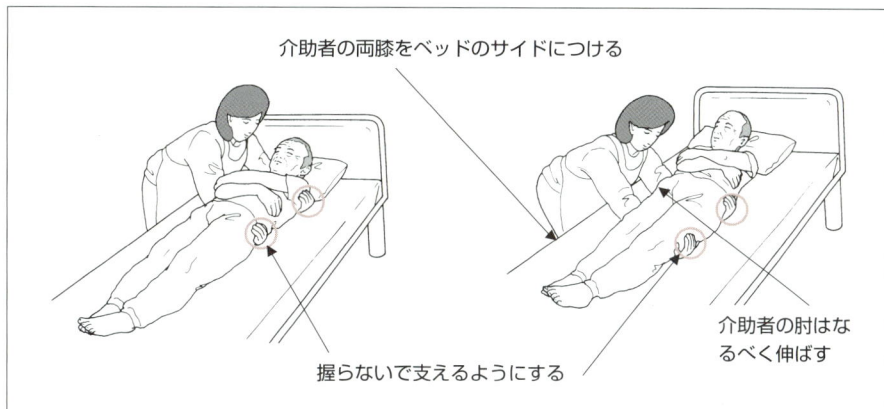

図5−29　背臥位で左右にずらす

（出典：図5−24と同じ，117頁）

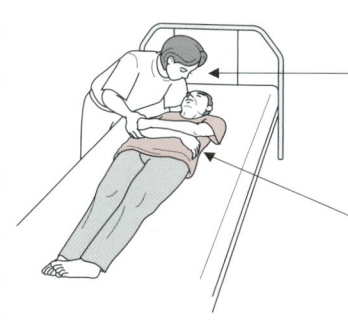

よいと思われる例：上にずらす

この姿勢のまま上肢や体幹の筋肉だけで利用者の身体をずらすのは，介助負担が大きく，腰痛の原因となります。絶対にそのような方法で介助してはいけません

背臥位は基底面が最も大きくなります。安定した状態からの移動は大きな力を必要とし，摩擦も増えます。なるべく基底面を小さくすることが大切です

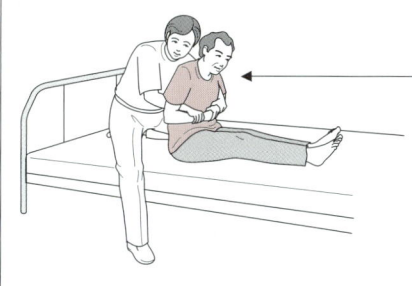

上図の状態から利用者の上半身を少し起こして，基底面を小さくします
次に介助者はベッド上で利用者の後方に座り込み，利用者の腋下から上肢を差し込み，利用者の前腕部を手部で押さえるように抱えます。そのまま後方に倒れ込むようにして，体重を利用してずらす方法が負担が少ないと思われます

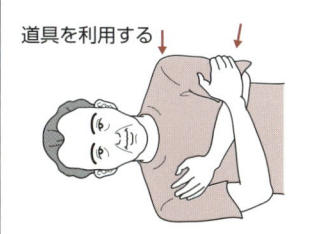

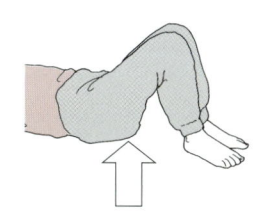

道具を利用する

ビニール袋を使ってみましょう。肩甲帯と臀部それぞれにビニール袋を敷き込みます。この状態にすると，わずかな力で移動ができます。また，利用者の下肢に力があれば，足底に力を入れて，膝をちょっと伸ばしてくださいと，言葉の指示でも移動ができます

図5−30　背臥位で上下にずらす

と下肢に分けて，2回の介助を行ってください。

　なるべく力を使わないで介助するのでしたら，利用者の肩甲帯と臀部にビニール袋をあててください。わずかな力で移動できます。

② 背臥位で上下にずらす

　ベッド上で利用者の身体を上下にずらすことはわずかな介助ですが，介助者にとっては身体的な負荷の大きい介助です。方法を工夫する必要があります。図5-30では介助方法の一例を示しましたが，ビニール袋などの道具を使うとわずかな力でずらすこともできます。職場でいろいろと検討してください。

❸ 臥位から座位

　次は，臥位から座位に体位を変換させる方法です。まず，自立のパターンを示します。それを参考に介助方法を検討しましょう。

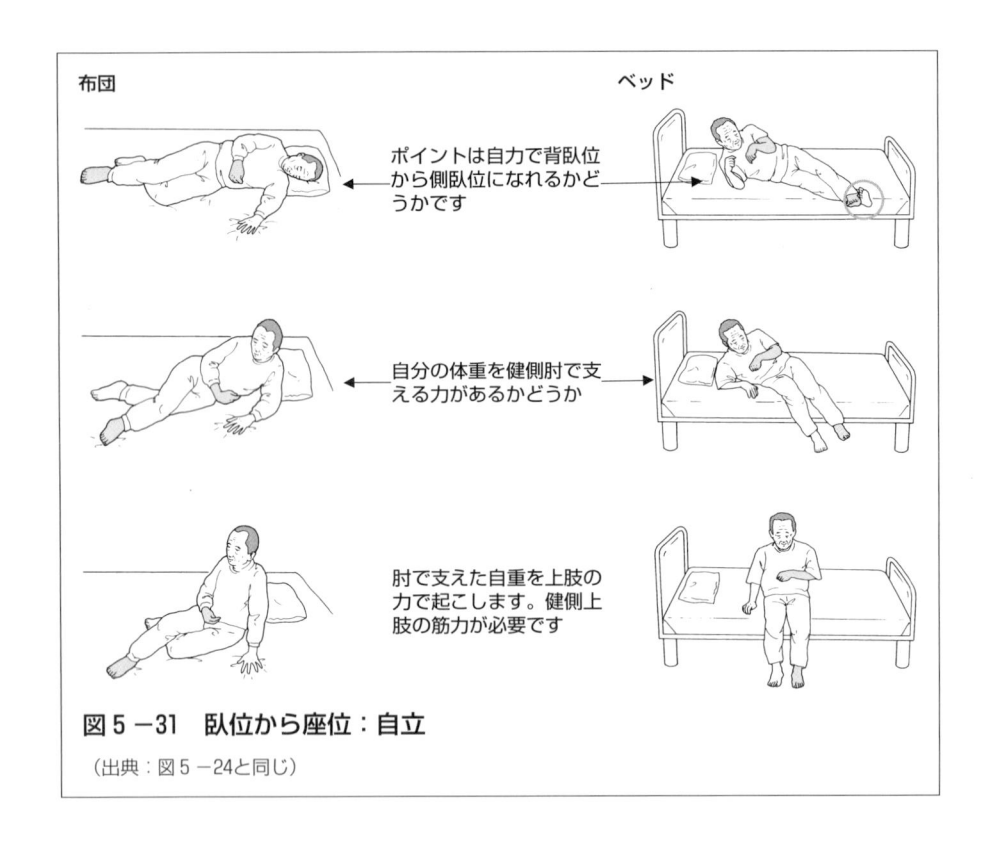

布団　　　　　　　　　　　　　　　ベッド

ポイントは自力で背臥位から側臥位になれるかどうかです

自分の体重を健側肘で支える力があるかどうか

肘で支えた自重を上肢の力で起こします。健側上肢の筋力が必要です

図5-31　臥位から座位：自立

（出典：図5-24と同じ）

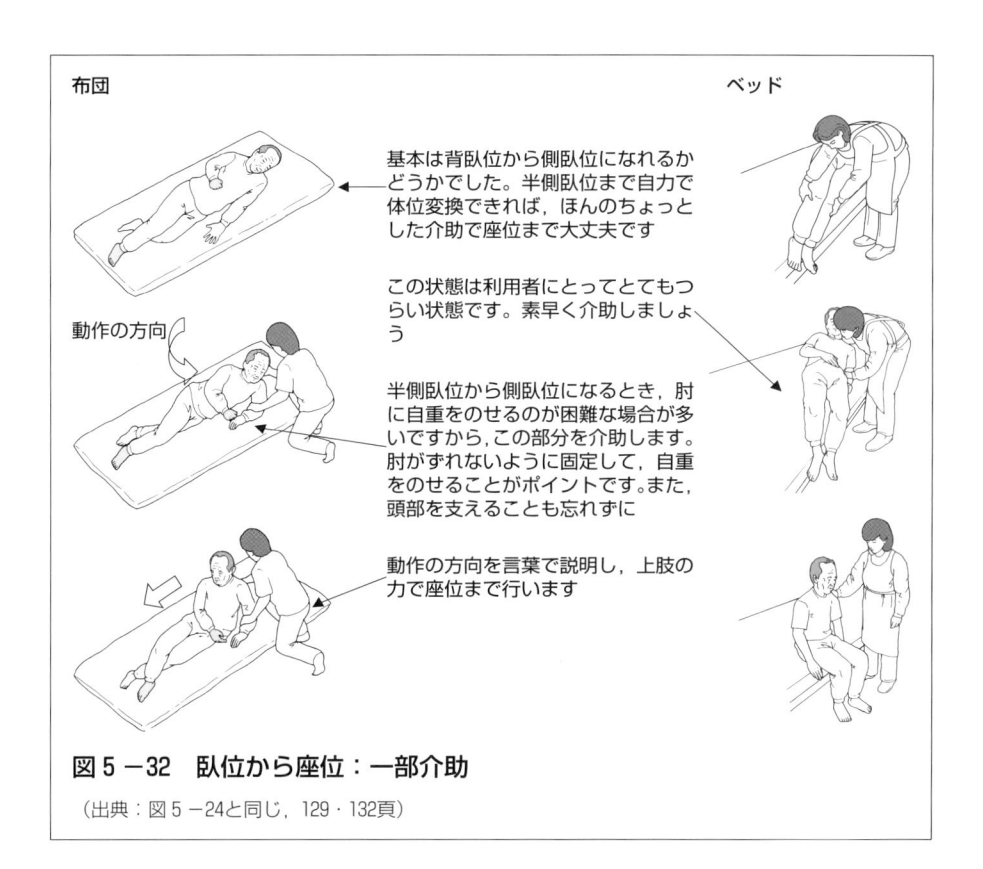

図5-32　臥位から座位：一部介助

布団

- 基本は背臥位から側臥位になれるかどうかでした。半側臥位まで自力で体位変換できれば、ほんのちょっとした介助で座位まで大丈夫です
- 動作の方向
- 半側臥位から側臥位になるとき、肘に自重をのせるのが困難な場合が多いですから、この部分を介助します。肘がずれないように固定して、自重をのせることがポイントです。また、頭部を支えることも忘れずに
- 動作の方向を言葉で説明し、上肢の力で座位まで行います

ベッド

- この状態は利用者にとってとてもつらい状態です。素早く介助しましょう

(出典：図5-24と同じ，129・132頁)

　以上が臥位（背臥位）から座位までの自立と一部介助の図です。図5-31を参考にすれば、身体がどのように動いて座位になるのかのイメージをもつことができます。そのイメージで介助方法を検討してください。また、図5-32では介助のポイントがつかめたと思います。どのような動作が困難になっているのか、その部分をどのように介助すればスムースな介助ができるのかがよく理解できたと思います。

ベッド

① 利用者の健側上肢の肘に自重を載せるように介助者の方向に上半身を動かします。介助者の左前腕で利用者の頭部を支えることも忘れないでください

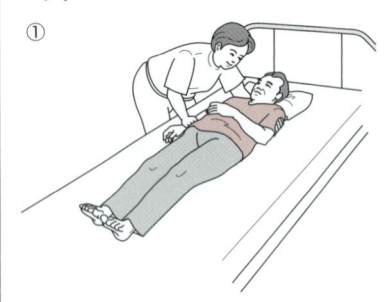

② 介助者は利用者の上半身を起こすのですが、利用者の右肘に利用者自身の自重を載せながら、ベッドサイドを介助者の右側に移動して起こします

③ ②の際の介助者の下肢がベッドサイドで、どのように動くのかを図にしました。介助者自身も利用者の起きあがりに合わせて、右側に移動していきます。このことにより、利用者の身体に介助者の身体が近づいたままの介助となります。介助者から利用者の身体が離れてしまうとより大きな負荷が介助者にかかり、腰痛の原因となります

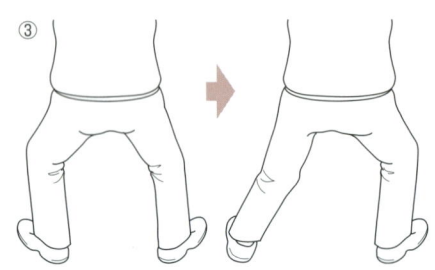

④ 介助者の左前腕が利用者の後頭部を支えるように注意してください。そうしないと利用者の頭部が後屈して苦しい状態になります

⑤ しっかりと利用者の上半身が起きあがっても、介助者は利用者の身体から手部を離さないでください。いつ転倒するかわからないので、危険防止のためには、介助者は絶えず利用者の肩などに触れている必要があります

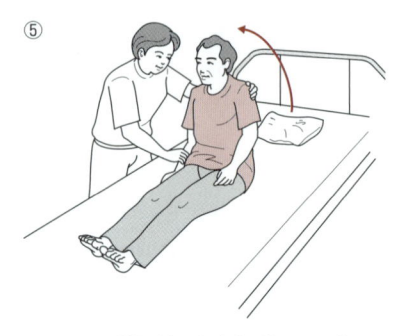

図5-33 臥位から座位：全面介助①

上肢は体幹に近づけておく，介助者の上肢は前腕で利用者の頭部を支え，手部は肩甲帯を支えます。起き上がる動作の最中に頭部が残ってしまわないように注意が必要です

介助者の体型が大きければ，このような姿勢でも介助できます。しかし，利用者の身体が大きい，逆に介助者の体型が小さい場合には，介助者の上肢が利用者の下肢に届かないことがあります。このような場合は，利用者の股関節，膝関節を屈曲して介助者に近づけるとうまくいきます

図5-34　臥位から座位：全面介助②
（出典：図5-24と同じ，133頁）

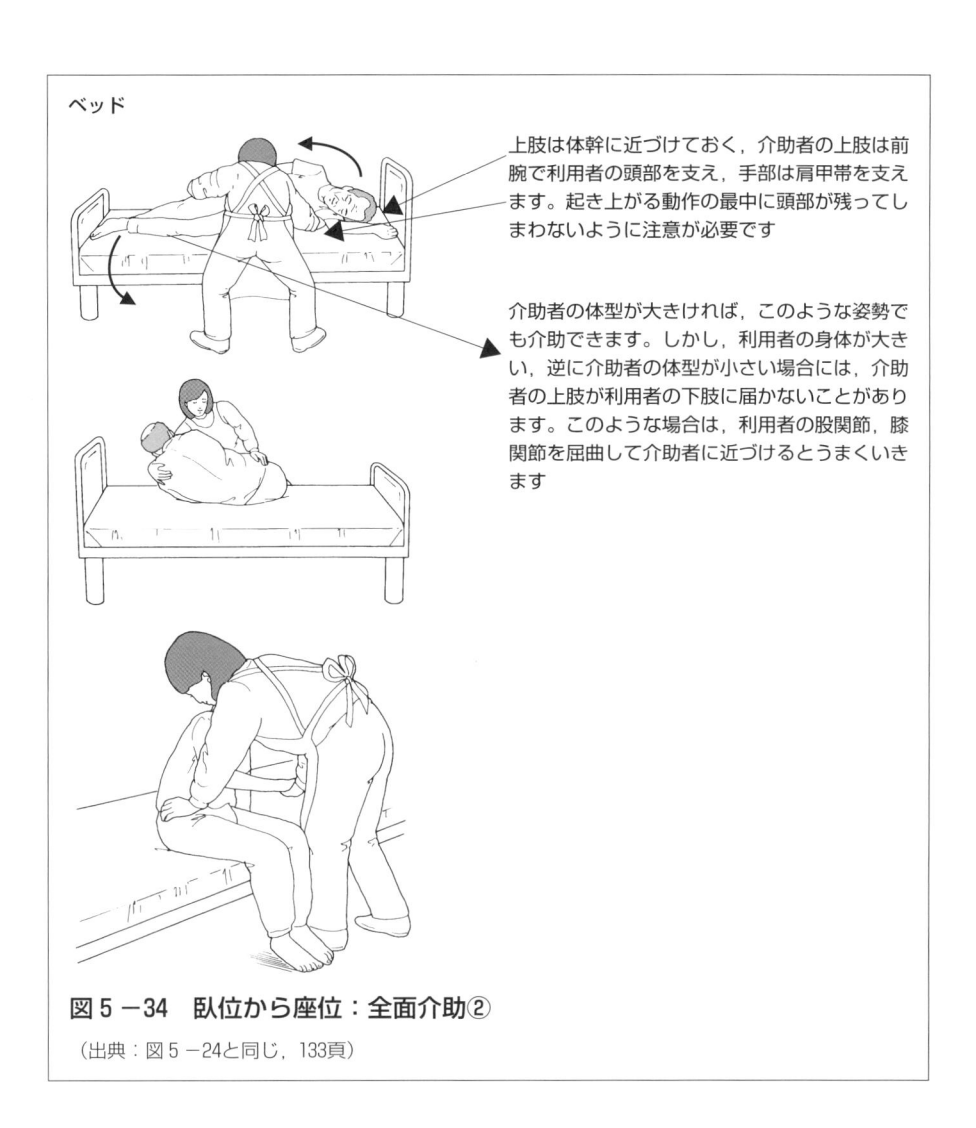

　全面介助で臥位から座位までの体位変換の技術としては，図5-33と図5-34の二つの方法が一般的です。もっと簡単な方法は電動ベッドを使用することです。ベッドも現在は，福祉機器の一部でもあります。全面介助で非常に自重の重い利用者には電動ベッドを使った介助を一般化すべきだと思います。

❹ 座位から立位

座位から立位までの動作を図5－35～図5－38で確認します。

座位から立位までの動作分析をして，どのように身体が動いているのかをイメージしてもらいます。

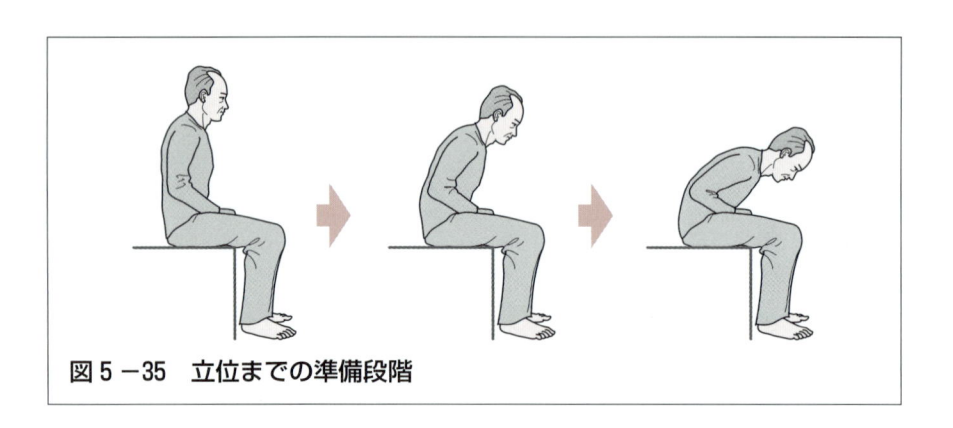

図5－35　立位までの準備段階

安定した座位から，頭部は前方下方向に移動し，それと同時に肩も同じ動きをします。膝，腰部の動きは少ないことがわかります。

これが立位までの準備段階です。重心の位置を下げて，安定した立位をめざそうとしていることがわかります。

図5－36　立位の瞬間

これが立位の瞬間です。臀部がいすから離れた瞬間から立位といいます。高齢者でこのような状態で歩行している利用者もいると思います。

図5-37　さまざまな立位

　図5-37の三つの図のどれもが立位だということを確認してください。この三つの図は立位で重心を移動しているだけです。この確認が，移乗動作介助でとても重要になります。皆さんは直立した一番右の図が立位だと思っていませんでしたか。このように考えてしまうと，移乗動作介助で無駄な動作を取り込んでしまうことになります。それだけ利用者にとって危険な介助となり，介助者の身体的負荷も重い介助になってしまいます。介助場面で，直立の姿勢が必要なときは意外と少ないかもしれません。中央の図の立位で十分な場合が多いと思われます。

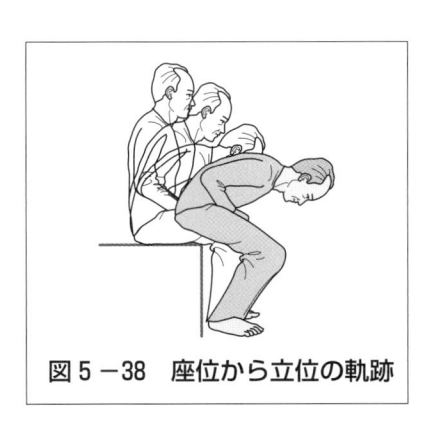

図5-38　座位から立位の軌跡

　立位の準備段階から低い位置での立位までの連続軌跡です。特に立位の瞬間をみると，頭部と腰部はほぼ水平に移動しています。これは膝の動きが下方であるために，腰部，頭部が上方向に移動しなかったのだと思います。重心の位置も上下の移動はあまりないことがわかります。

図5−39　一部介助：座位から立位

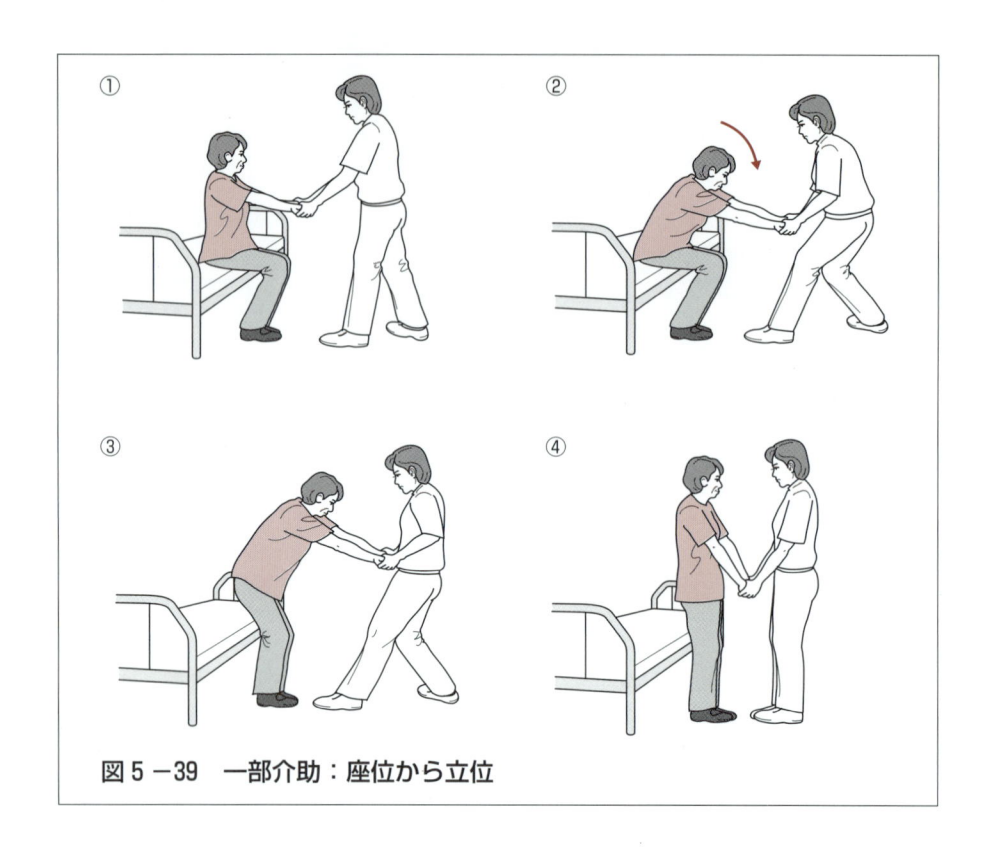

　利用者が立位をとるだけの筋力がある場合の介助方法です。介護者の図5−39の②の方向に注目してください。自立パターンで学んだ方向にあったものとなっています。①の状態から上方向に介助すると立ちにくいので注意しましょう。④のように垂直の立位をとるのは、手引き歩行や杖歩行、歩行器歩行が可能な利用者などです。

❺　移乗介助

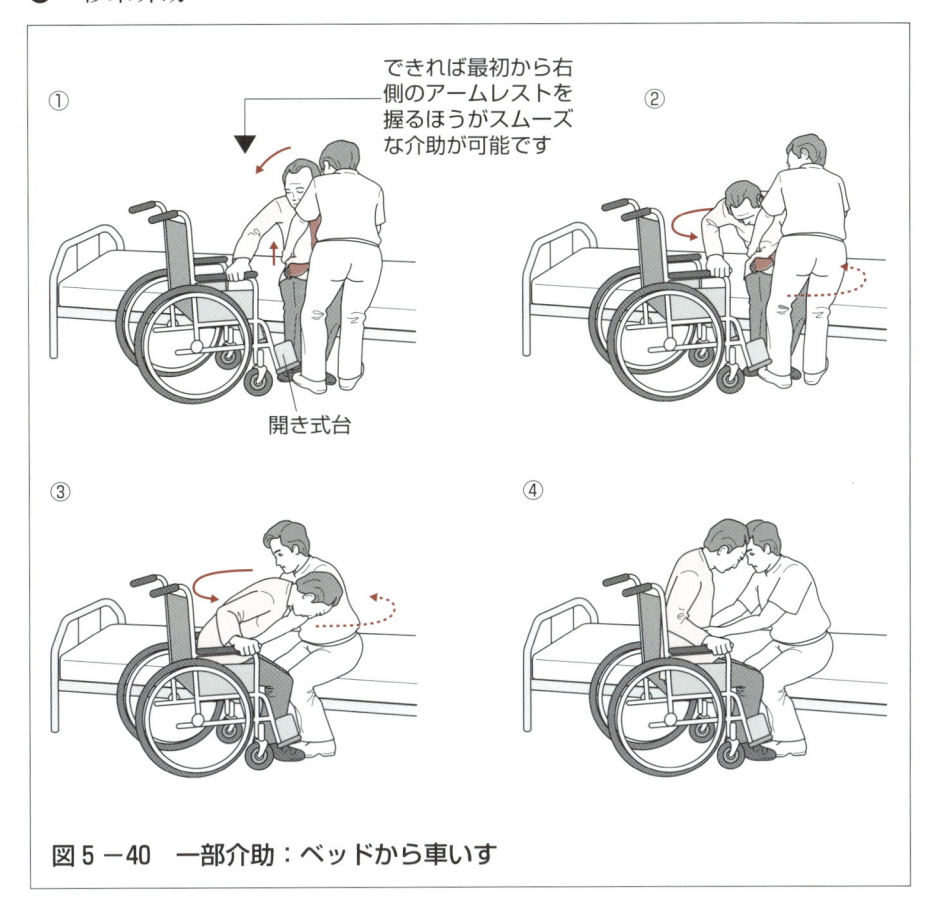

①　できれば最初から右側のアームレストを握るほうがスムーズな介助が可能です

開き式台

②

③

④

図5-40　一部介助：ベッドから車いす

　このような介助方法が一部介助では一般的です。介助のポイントを確認しましょう。
・　車いすの位置
　　図5-40のように左片麻痺で一部介助の場合，車いすの位置は健側になります。ベッドと車いすの距離はできるだけ近くなるようにします。フットレストが外側に開くタイプを使用するとシートとベッドの位置が近づきます。フットレストの分だけ車いすとベッドの距離が短くなるだけでも，介助場面では非常に大きな違いになります。是非このような車いすを使用したいものです。ベッドと車いすの角度は気にしないほうがよいと思われます。利用者がアームレストを握って立位動作をとりますので，握りやすい角度が大切です。角度を多くとれば，車いすまでの距離が遠くなってしまいます。利用者の機能に応じて車いすの角度やベッドからの距離を調節しましょう。
・　立位イメージの変換
　　先ほど確認したことをおぼえていますか。立位とは直立の動作でな

ければならないということはないのです。図5-40を参考にしてください。ベッド上の端座位から直立の姿勢をとって，車いすに座る必要はないのです。直立の姿勢をとればそれだけ重心の位置が移動します。それだけ危険な介助になります。立位とは直立であるといった錯覚を取り去ってください。先ほど示したような立位のイメージができていれば，この図のような介助になると思います。

　ただ，現在は車いすを使っているが，将来歩行器や杖での歩行が見込まれる利用者でしたら，介助方法は直立の姿勢をとってもらったほうがよいことになります。動作のなかに将来の動作を盛り込んで，生活のなかで訓練していくことが大切になります。その意味では，介助方法は現在の機能だけを優先するのではなく，将来を想定した介助方法も考慮しなければならないという点もポイントとなります。

・　下肢の介助方法

　片麻痺で車いすを使用している利用者の移乗介助方法で，患側下肢を補助している図をみます。また，図5-40は健側下肢を補助しているのがわかると思います。どちらが正しいのでしょうか。解答はどちらも正しいのです。

　片麻痺の利用者がベッドから車いすに移乗する場合，患側下肢で自重を支えることはほとんどないと思います。自重を支えきれなくて，膝折れを起こし，転倒するのが怖いからです。自重のほとんどを健側で支えます。ということは，健側に膝折れさえ出なければ自重を支え続けられるということです。ですから，介助の基本は健側の膝折れを防ぐという点です。図5-40が正解ということになります。しかし，先ほども触れましたが，将来何らかのかたちで歩行することを想定した場合の介助では，患側で，少しでも自重を支えるように工夫することが大切になります。そのような場合は，患側を補助しなければ怖くて，利用者は患側下肢で自重を支えようとはしません。介護者は患側も補助する必要があります。危険を伴う介助方法ですから，個別の介助方法を職員同士で十分検討し合う姿勢が大切となります。

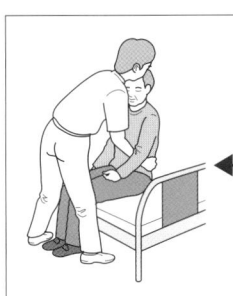

左図では車いすがみえませんが、車いすは健側においています。右図では車いすは患側です。また、介護者の介助時の両下肢の基底面と腰部の屈曲を比較してください。左図は両下肢をそろえたため、基底面が狭く、腰の曲がりも大きな介助方法です

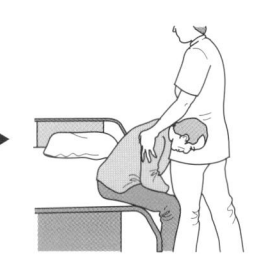

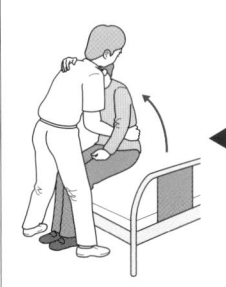

介護者の力の方向を比較しましょう。左図は上に引き上げています。右図は水平に引いているだけです。これは、座位からの立ち上がりパターンを十分に活かせません。そして、立位のイメージも直立です。このことが原因で、左図は介護者の身体的負荷がとても大きな介助方法になっています

この左右の図を比較すれば、介助動作の安定感に大きな違いがあることがわかります。左図はとても不安定で、危険です。不安定になっている要因は介護者の基底面が狭いからです。なぜ狭くしているのか、介護者は基底面を広くとったほうが安定することはわかっているのです。でも、狭くしてしまうのは、利用者の両側下肢を補助しなければならないと思いこんでいるからです。そのために、介護者の両膝で利用者の両膝を補助しようとするから、このような結果になってしまいます。健側を補助すれば立位保持には十分です。また、利用者の重心が高い位置になるので、さらに不安定になります

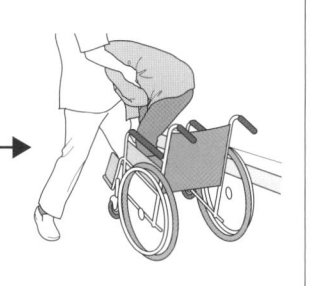

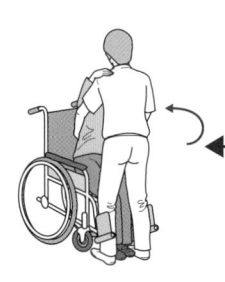

上の左図からこの左図までには、とても危険な要素が含まれています。介護者の基底面があんなに小さくては利用者の立位を保持するだけでも大変です。それを回転させるのですから、身体的に頑強な介護者でなければ無理になります。さらに、利用者の身体のほうが大きな場合を想定すれば、車いすのシートがみえない状態で介助することになります。よく起きる失敗なのですが、アームレストに座らせてしまうことがあります。右図では、引く方向がベッドに対して直角ではなく、多少健側に引きますので、その状態をちょっと保持すれば、利用者の身体が自然に車いす方向に回転します。試してみてください

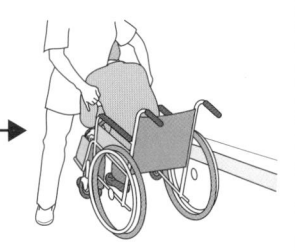

図5-41 全面介助：片麻痺利用者のベッドから車いす移乗（足底が床に着ける場合）

図5−41の左図は一般的に行われている全面介助でベッドから車いすに移乗させる介助方法です。基底面の狭さを解消するために，利用者の両下肢の間に介護者の片方の下肢を入れるのが通例です。これで介護者の介助動作の安定が図れています。しかし，問題がいろいろとあります。ポイントを整理しましょう。

　どうしてもこの点に触れなければなりません。移乗動作介助のとき，利用者に対して車いすの位置は健側という原則があります。これは，移乗動作が自立している，あるいは一部介助の利用者にとっての原則です。移乗動作全面介助の際には，この原則を検討する必要があります。というのは，移乗動作が自立や一部介助の場合は，利用者が動きやすく，安全な介助が必要になります。この場合，車いすの位置が利用者の動きやすさや安全に大きく影響します。したがって，利用者本人を中心に介助動作を組み立てることが求められます。しかし，移乗動作全面介助の場合は，安全には十分配慮する必要がありますが，介護者の動きやすさも介助動作を組み立てる大きな要素となります。車いすの位置が介護者の動きを阻害する状況では，介助動作はスムーズにできません。車いすの位置をどのようにするのか，それぞれ検討してみてください。

　従来の教科書では，全面介助時も片麻痺利用者であれば車いすの位置は健側とすることが原則でした。しかし，それを裏づける理論的な根拠はなかなかみつかりません[※7]。私自身が施設で移乗介助をしていたときも，居室や利用者の私物の位置から車いすを患側において介助している場面が多々ありました。それでも，介助動作には支障がありませんでした。皆さんはどのような経験をされているのでしょうか。ぜひ，実際の場面で検討することをお勧めいたします。

　図5−42は図5−41の右側の一連の介助図の基本となる利用者と車いす

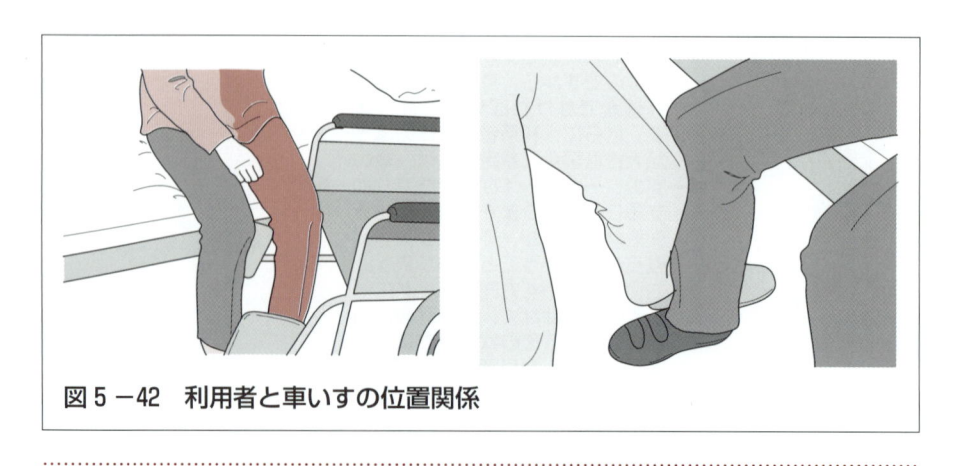

図5−42　利用者と車いすの位置関係

※7　この点の詳細は，東海大学健康科学部紀要，第9号，19〜28頁を参照。

の位置関係です。車いすは患側にあります。さらに，車いすは利用者にできるだけ近い位置にあることもわかります。利用者の下肢はフットレストの位置よりもシートに近づいていることもわかります。それだけ移動距離が短くなるからです。

利用者の下肢は健側を支持します。それだけで十分立位がとれるのです。両側を補助する必要はありません。特に，患側を補助する理由もありません。全面介助でも，一部介助でも，介助場面では健側を補助することが基本です。

しかし，訓練場面などで患側に荷重をかけ，患側のリハビリテーション

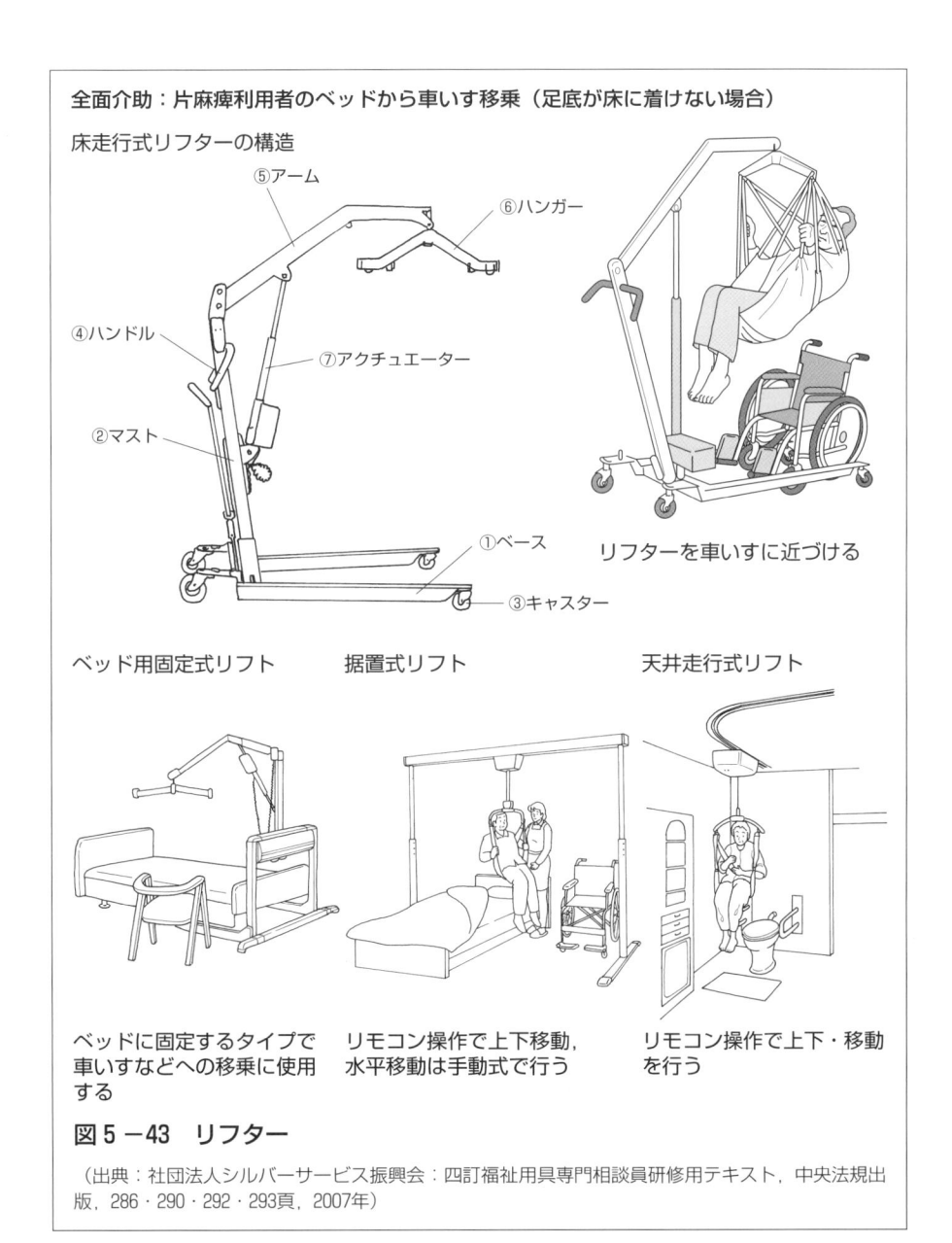

全面介助：片麻痺利用者のベッドから車いす移乗（足底が床に着けない場合）

床走行式リフターの構造
⑤アーム
⑥ハンガー
④ハンドル
⑦アクチュエーター
②マスト
①ベース
③キャスター

リフターを車いすに近づける

ベッド用固定式リフト　据置式リフト　天井走行式リフト

ベッドに固定するタイプで車いすなどへの移乗に使用する

リモコン操作で上下移動，水平移動は手動式で行う

リモコン操作で上下・移動を行う

図5－43　リフター

（出典：社団法人シルバーサービス振興会：四訂福祉用具専門相談員研修用テキスト，中央法規出版，286・290・292・293頁，2007年）

を行う場合は両側を補助する必要があります。患側に膝折れが出てしまえば荷重をかけられないし，転倒する危険があるからです。

　図5-43のような場合の移乗介助の基本は福祉用具を使用することです。有効な機器・用具はリフターやスライドボードです。

　リフターには床走行式リフターから固定式のものまでさまざまな種類があります。施設や家庭で利用者の状況や建物の構造などを配慮し，どのようなものが実際に使い勝手がよいのかを検討しましょう。

　リフターを使ったほうが介護者には楽だし，利用者も安心な場合が多いと思います。しかし，施設などで普及しないのは移乗動作に時間がかかるからです。朝の起床介助，排泄介助，食堂への誘導など介助が集中する時間があります。その時にリフターが使えるのかといえば，使えないのです。理由は介助に時間がかかりすぎるからです。リフターで一人の利用者の移乗介助をしている時間で，三人の移乗介助が可能だと感じている介護福祉士が多いと思います。私もそうでした。

　しかし，身体障害者の施設では移乗介助の大部分をリフターで実施している施設があります。最初はなかなか定着しなかったといいます。でも，使い始めたら徐々に定着していったといいます。慣れの部分も多いかもしれません。ぜひ，検討してください。腰痛予防の意味からも，たいへん大きな問題です。

　次はスライドボードです。この福祉用具は簡単で便利なのですが，車いすの構造も問題になります。車いすのアームレストがスライドを邪魔しますので，これが取り外せるか，移動するタイプの車いすでないと使いづらいという難点があります。このようなタイプの車いすは特殊車いすになるので高価な車いすになります。介護保険法では車いすは基本的に施設が準備することになります。施設でこのような車いすの必要性をどれだけ認識できるかがキーポイントかもしれません。

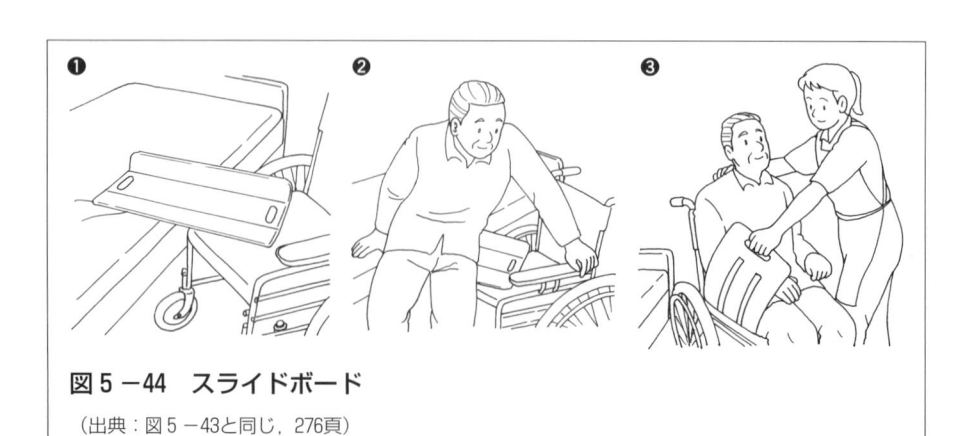

図5-44　スライドボード
（出典：図5-43と同じ，276頁）

> **コラム**
>
> 施設管理者の皆様，介護者の腰痛などの健康管理の側面からリフターやスライドボード，移乗介助を助ける車いすの配備をご検討ください。もし，今のままの移乗介助の状態が続いたら，介護者に腰痛が起こったとき，施設が訴えられるという事態も想定されます。健康管理の面でも必要な用具だと思います。ぜひ，ご検討ください。

❻　移乗介助のまとめ

①　技術を理論的に・現実的に考える

ベッド上で身体をずらす介助方法でビニール袋の使用が有効であると提案したのは，東海大学の鈴木さやかという学生でした（2002年卒論）。卒論で移乗介助を取り上げ，さまざまな移乗介助の方法や道具を工夫すればもっと楽になることを研究しました。さまざまなビニール袋を準備し，どれが一番滑りやすいのかを検討したことを思い出します。スライドシートがあることはわかっていましたが，実際に介助場面でスライドシートを使用するのかといえば，しないのです。なぜなら，大きすぎてポケットに入れて，持ち運びできないからです。介護者のポケットに折りたたんで入れておけないと実際の場面では使用しないことがわかったからです。それに，スライドシートは高価ですから，利用者が簡単に買えないのも事実です。実際に現場で普及するためには，安価でコンパクトに持ち運びが可能なものが必要です。これも，現場の実態を知らないと簡単にスライドシートが有効などと記載してしまうことになります。

また，移乗介助の技術（東海大方式と命名しています）の原型を追求したのが鹿島崇弘という学生でした。2000年の卒論で取り上げたテーマでした。もちろん，私自身が施設で移乗介助を何年も繰り返してきたなかで気づいたことをヒントにしています。さまざまな方法を実習の場面で観察し，それぞれの問題点をまとめて，どのようにしたらよいのか，という内容でした。教科書に書かれているからといって正しい内容だとは限らないのです。その背景となる理論的な根拠が正しいかどうかを吟味していく必要があるのだということを改めて感じました。

このような意味では，現場で介護をしている介護福祉士の皆さんが一番，各技術の理論的な根拠を吟味しやすい立場にいます。一人の利用者をテーマに移乗介助技術を全員で検討するだけで，さまざまなこ

とがみえてくると思います。介護者の体型によって技術が違っていることや介護者の筋力によっても技術が違っていることなど。それはなぜなのかを理論的に究明するだけでも、立派な研究になります。また、その結果をまとめれば、技術の教科書にもなります。理論を背景とした技術が求められる時代になっています。ぜひ、現場で理論を追求し、技術の教科書を作成してください。実際に介護していれば、これは間違っていることぐらい明白にわかる内容が堂々と教科書に載っている時代は早く終わらせる必要があります。理論を究明するために、機材が必要であれば、教員もお手伝いできると思います。また、まとめ方などもお手伝いできると思います。ぜひ、現場の人たちで技術の教科書を作成しましょう。

② 技術の専門性

　移乗介助でもそうですが、これまでみたとおりさまざまな技術があります。ここで紹介されていない古武道式や海外の移乗介助技術もあると思います。できればさまざまな介助技術を習得してください。そして、今の状況（施設や家庭などの物的・人的環境、介護者の体型、筋力、利用者の障がい状況や体型など）でどのような介助方法がベストなのかを選択でき、実際に実践できることが専門性だと思っています。一つしか移乗介助技術をもっていなければ、選択の余地がありません。それでは専門性があるとはいえないでしょう。

③ 動作介助は介護の基礎（介護は動作介助では終わらない）

　次にとても大切なことを指摘します。介護者が移動という動作を介助することで、利用者は移動する能力を取り戻したことになります。私たちもそうですが、その能力を使って自分らしく生活することが人間の基本的な権利（個人の尊厳）です。寝てばかりいるから車いすに移乗するのでは、介護とはいえません。車いすに移乗したら、その車いすを使ってその人らしい生活とはどんなことなのかを考え、その生活を保障していくことが求められています。生活を支援することが介護の本質だと学んでいると思います。動作を支援することは介護の始まりなのです。車いすでの生活を介護することが求められています。

3　車いす移動および歩行の介助方法

　人は、誰でも目的の場所に移動する際には、その場所への距離、その場所の環境、その日の体調、自分の身体状況等を考慮して、「歩く」、「車を使

う」,「電車に乗る」,「飛行機に乗る」等さまざまな手段を選択します。そこで,移動の介護も同じように「その時」,「その人」が「その場所」に行く最適な手段を選択できるよう支援する必要があります。例えば,屋内では歩行という手段で移動を行う人でも屋外に行けば車いすを使用することもあります。介護者は,さまざまな移動手段の特徴を把握し,その介護方法を習得しておく必要があります。

1　車いすによる移動

車いすは,歩行が困難になった人が歩行に代わり自分の意思で目的の場所に移動することができる手段です。初めにも述べたように,常に車いすを使用する場合と,時と場合によって歩行と組み合わせて使用する場合があります。また介護者は,利用者が自由に行動できるように空間の広さや高さ,段差,障害物等に配慮する必要があります。

❶　車いすの種類

杖等と同様に,車いすにもさまざまな種類があるため,利用者の身体状況や生活に合ったものを選択する必要があります。自走式は,上肢を使って自分で操作することができる人が使用します。介助式は,後輪が小さく小回りがきくため,動きやすくなっていますが,自走することができないため,自分で操作することが困難な人が使用します。リクライニング型は,バックレストが大きく,上半身全体を支えられるようになっており,臥位に近い座位をとることができます。電動式は,手でレバーを操作し,電動で動くため,自走式を操作できない人でも自分の意思で移動することが可能になります。

・普通型車いす　・介助型車いす　・前輪駆動型車いす　・片手駆動型車いす
・片手片足駆動型車いす　・足駆動型車いす　・スポーツ型車いす
・スタンダップ車いす　・座席昇降型車いす　・リクライニング型車いす
・ストレッチャー兼用車いす　・特殊型車いす　・電動車いす
・座席昇降型電動車いす　・電動三輪車いす　・電動四輪車いす
・介助用電動車いす

上記のような種類があります。目的と用途に合わせた車いすの使用が大切になります。施設や家庭では普通車いすを使用する場合が多くなります。介助しやすく改良されたものも多くあります。フットレストが外側に開くタイプ,ホイールとともにアームレストが後方に移動するタイプ,アームレストが取り外せるタイプのものなどです。移乗介助がとても楽になりますので予算に合わせて使用したいものです。

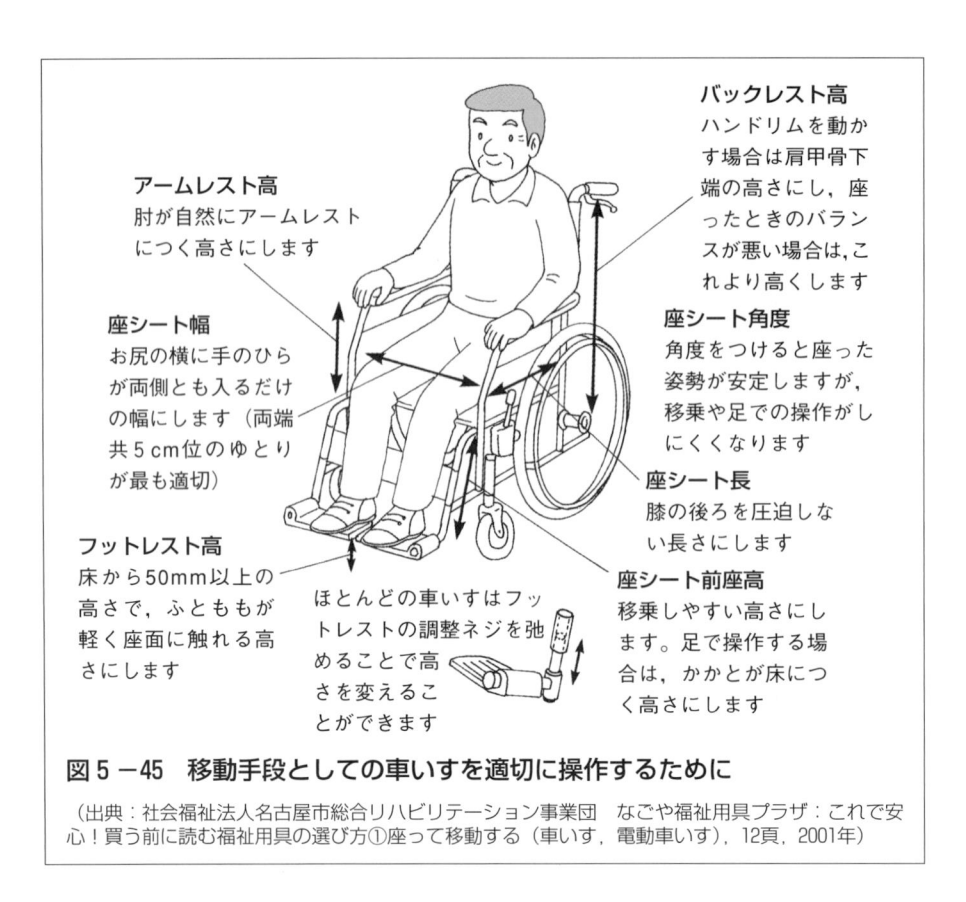

アームレスト高
肘が自然にアームレストにつく高さにします

バックレスト高
ハンドリムを動かす場合は肩甲骨下端の高さにし、座ったときのバランスが悪い場合は、これより高くします

座シート幅
お尻の横に手のひらが両側とも入るだけの幅にします（両端共5cm位のゆとりが最も適切）

座シート角度
角度をつけると座った姿勢が安定しますが、移乗や足での操作がしにくくなります

座シート長
膝の後ろを圧迫しない長さにします

フットレスト高
床から50mm以上の高さで、ふとももが軽く座面に触れる高さにします

ほとんどの車いすはフットレストの調整ネジを弛めることで高さを変えることができます

座シート前座高
移乗しやすい高さにします。足で操作する場合は、かかとが床につく高さにします

図5-45 移動手段としての車いすを適切に操作するために
（出典：社会福祉法人名古屋市総合リハビリテーション事業団　なごや福祉用具プラザ：これで安心！買う前に読む福祉用具の選び方①座って移動する（車いす、電動車いす），12頁，2001年）

❷　車いすの姿勢

　車いすが歩行の代わりの手段であるということは、長時間座り、自分で操作する状況になることもあります。そのため、体型に合ったものを使用し、身体への負担が最小限になるようにすることが求められます。

　最近シーティングという車いす座位で、姿勢や褥そうの予防をする技術が高まっています。褥そうになる原理を解説し、褥そうにならないためには車いすの構造をどのようなものにするのか、またクッションの工夫などさまざまな知識が集められています。介護福祉士も一度は受講し、車いすそのものの知識やシーティングの知識を吸収することが望まれます。

❸　車いすの移動介助

①　平坦な空間

　車いすは、平坦な空間では後ろからグリップを持ち、さほど力を入れずに押すことで簡単に動きます。しかし、車いすのように目線の低い位置での移動は、歩行で移動するよりも若干速く感じます。介護者は、自分の歩行のペースよりやや遅いペースを意識し、利用者の好みのスピードを把握する必要があります。

② 坂道

車いすの場合，歩行の時には気にならなかった勾配も感じるようになります。そのため，急な下り坂では，希望に応じて後ろ向きでゆっくり降りるようにします。

③ 段差

段差を上がるときには，段差に向かってできるだけ真正面に位置し，フットレストと段差まで余裕がある位置で停止します。介護者はティッピングレバーを踏み，段差より高くキャスターを上げます。利用者にはバックレストにしっかり背中をつけてもらうようにしましょう。そのまま前進し，後輪が段差についたところでキャスターを段差の上に下ろします。介護者は後輪を段差につけたまま回しながら押し上げます（後輪を浮かせない）。

車いす移動介助は介護者と利用者の共同作業です。段差を越えていく際に，利用者は自重をバックレストにかけるとキャスターは上がりやすくなります。しかし，キャスターが上がるのを怖がると背中を丸めて前のほうに自重をかけてしまいがちです。このような状態でキャスターを上げようとしてもなかなか上がりません。利用者も介護者の次の行動を理解し，協力してくれると介助がスムーズに行えます。

段差を降りるときには，後ろ向きで段差の前で停止します。上がるときと同じく後輪を段差につけたまま回してゆっくり下ろします。ティッピングレバーを踏みキャスターを上げ，後方に下がります。フットレストが段差にあたらない位置まで下がり，ゆっくりキャスターを

段差を上がるとき車いすは前向き

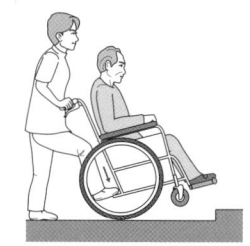

① 介護者から段差が見える位置でティッピングバーを踏みながらキャスターを上げて前進します。キャスターを上げたら介護者の上肢の力だけでキャスターを上げた状態を維持します。両下肢で移動しましょう

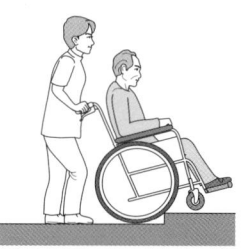

② キャスターを段差の上に着かない状態で，前進します。ホイールが段差に付いたらキャスターを下げてください

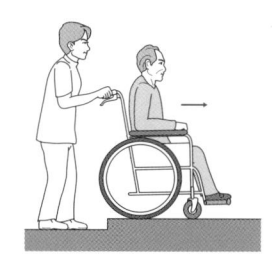

③ ホイールは決して持ち上げないで，段差を押し上げるようにしてください。もし，斜めの段差(左右どちらかが下がっている)の場合には，ホイールを持ち上げた瞬間に車いすが低い方向に動き出して危険です

図5−46　段差の介助方法①

下ろします。キャスターが地面につくときにティッピングレバーを踏むことで衝撃を減らすことができます（図5-47）。

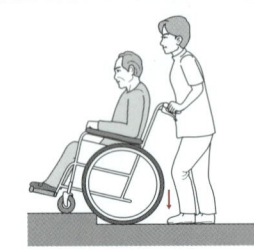

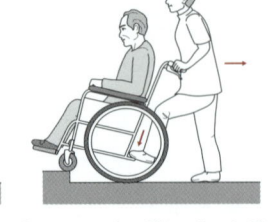

```
段差を降りるとき車いすは後ろ向き

①後輪を後方へ下ろす　②ティッピングレバーを踏み，キャスターを上げ，車体を後ろに引く　③ゆっくりとキャスターを下ろす
```

図5-47　段差の介助方法②

　車いす移動介助の技術は実際に街に出かけてみないと習得できないところが多くあります。人込みのなかで車いすの介助をしていると前を歩いている人に車いすをぶつけてしまうことがよくあります。これは介助者が思っているよりも先のほうにフットレストが付いているためです。また，段差を越えたつもりでキャスターを下ろすと，まだ段差を越えていないで利用者に衝撃を与えてしまうなどさまざまです。人混みのデパートでは1階からはエレベーターが使えても，途中の階からはエレベーターが満員で使えない。そんなとき，エスカレーターの介助技術があれば自由に売り場を動けます。
　介助技術の向上が利用者の行動範囲の拡大や安心感につながります。ぜひ，実際に街に出かけて介助技術の向上を図って下さい。

2　歩行による移動

　通常の人間の歩行とは，身体をある地点からほかの地点へ移動するために，2本の下肢で行うリズミカルな運動をいいます。そのためには，下肢が伸展したり，屈曲したりすることが必要であり，関節の回旋運動によって移動が行われます。しかし，加齢等による筋力低下，バランス悪化，疾病による麻痺等が原因で歩行が困難になったとき，杖や歩行器を使用します。

❶　杖や歩行器の種類

　杖の種類の代表的なものをあげます。介護者は，それぞれの杖に適した身体状況や環境等の知識をもち，利用者の状況や危険を把握することが望まれます。4点支持杖は，4本の足が床に接するため，安定してお

図5-48　杖の種類

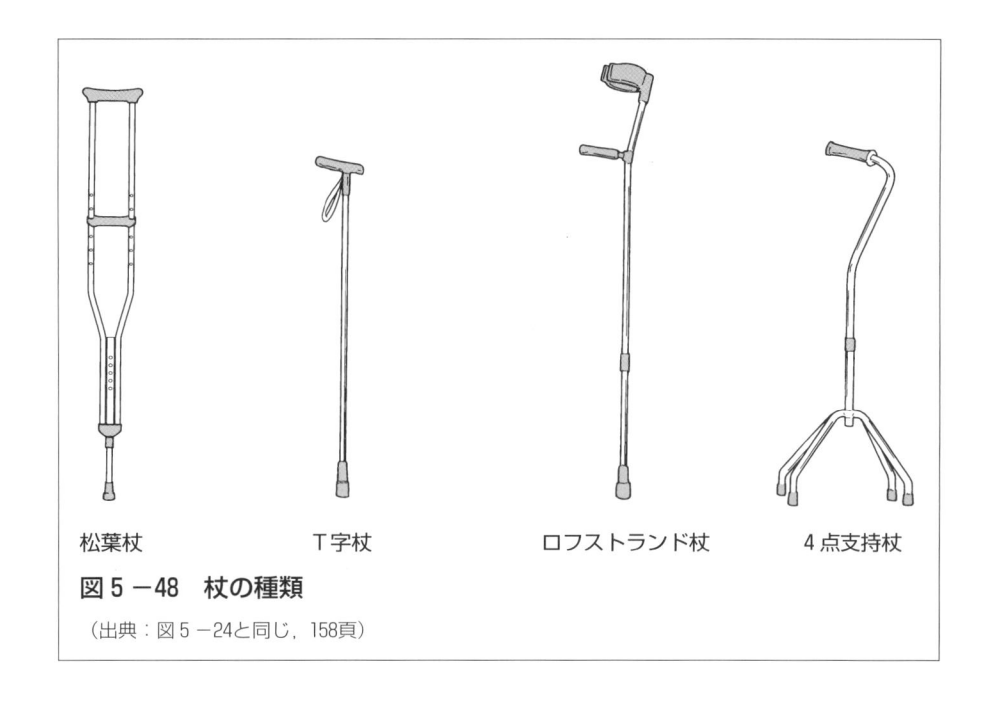

松葉杖　　T字杖　　ロフストランド杖　　4点支持杖

（出典：図5-24と同じ，158頁）

り，バランスをとりにくく杖への荷重が多くなる人に適しています。

　ロフストランド杖は，前腕にカフが付き固定を高めるので，握力が弱い方に適しています。T字杖は，比較的バランスをとることができ，握ることもできる人が使う杖です。

❷　杖歩行と介助方法

　杖は健側の上肢に持ちます。歩行するときには，まず杖を出し，杖と健側の下肢に体重をかけ，患側の下肢を杖のやや後方に出します。杖を支えにして健側の下肢を患側の下肢に並べます。介護者は，利用者の歩行の邪魔にならないよう患側のやや後方に位置し，つまずきや足のもつれ等転倒につながる危険を予測し，いつでも利用者を支えられる体勢をとっている必要があります。

　杖歩行の最中に利用者が転倒することがあります。介護者は転倒を止めるのですが，利用者の身体から介護者の手を離した状態で転倒を止めることはなかなかできないものです。介助ベルトなどを装着してもらい，介護者は絶えずベルトを持つことが大切です。持っていれば，転倒は止められます。

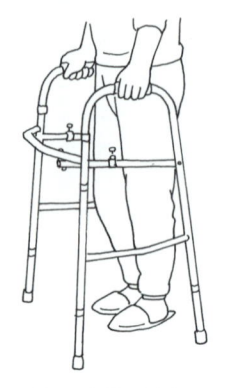

①標準型歩行器
歩行器全体を前方へ1歩ずつ進ませて歩く

②交互型歩行器を使った歩き方
出発点　歩行器左脚部→左足→歩行器右脚部→右足

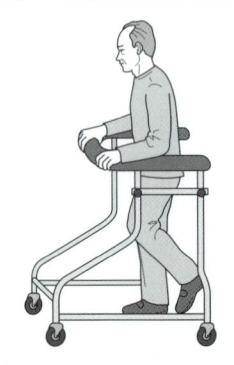

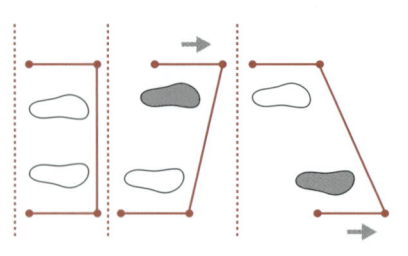

③アーム付き四輪歩行器
アーム付き四輪歩行器を利用するときは，利用者と歩行器の高さ調整を行う。肘掛部が低すぎると，膝の屈曲と体幹の前屈が増してしまう。高すぎると腕が上がって歩行器にぶらさがる格好になり，好ましくない

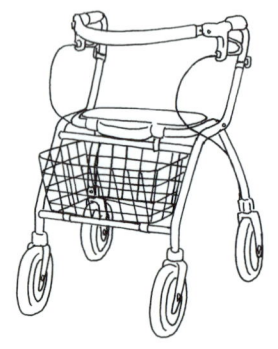

④歩行補助車
座面を前方にずらし，体を歩行器のなかに入れて歩行することもできる

図5−49　歩行器の種類
（出典：図5−43と同じ，268・269頁，図5−22と同じ，204頁）

❸　階段の昇降と介助

　　階段を昇降する際には，杖歩行者の場合でも杖を使わず，手すりを使うことが基本です。階段を昇るときには，健側の上肢で手すりにつかまり，健側の下肢で1段昇ります。健側の上下肢に力を入れ，患側の下肢を健側の下肢の段に引き上げます。階段を降りるときには，健側の上肢で手すりにつかまり，健側の下肢に体重をかけて患側の下肢を1段下に下ろす。健側の上肢に体重をかけながら，健側の下肢を患側の下肢の隣に下ろす。介護者は常に利用者より下の段に位置し，安全を守ります。手すりがない場合は，杖や介護者を代わりにしましょう。

T字杖

この杖の横棒が斜めなのは、手掌のクリスの橈骨側と尺骨側の結線の形状に合わせたため。タテの棒は第2指または第3指に挟まれて、安定した握り方をする。手首は背屈して手が杖の背にしっかりのるように指導するとよい。折りたたみ式もある

ロフストランド杖

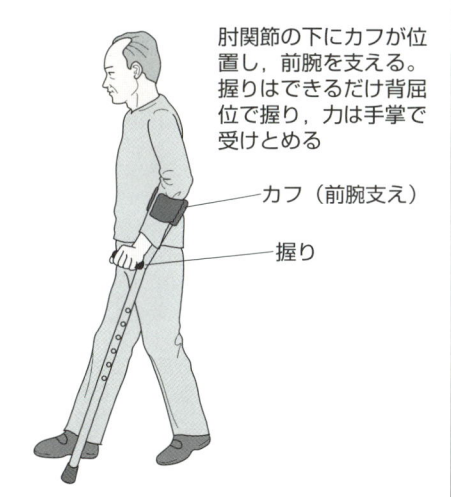

肘関節の下にカフが位置し、前腕を支える。握りはできるだけ背屈位で握り、力は手掌で受けとめる

- カフ（前腕支え）
- 握り

4点支持杖

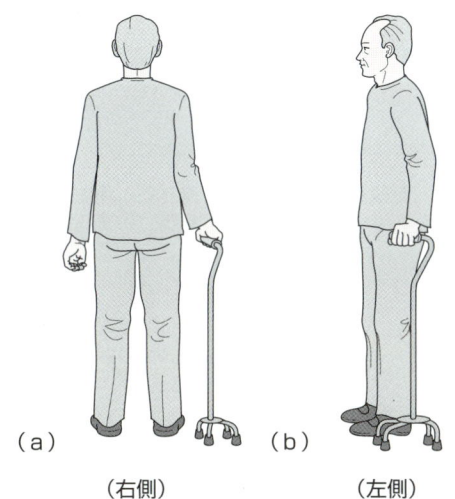

これらの杖の左右の見分け方は、図aのように、内側に垂直な支持柱がくることを基準に選ぶ

(a) （右側）　(b) （左側）

※それぞれの杖の持ち方を知ってください。T字杖とロフストランド杖は左右がありません。しかし、4点支持杖は左右があります。垂直の支柱が内側になるようにします。次に、杖の長さは大転子までが適切です。肘が30度ぐらい屈曲した状態です。

杖歩行のしかた

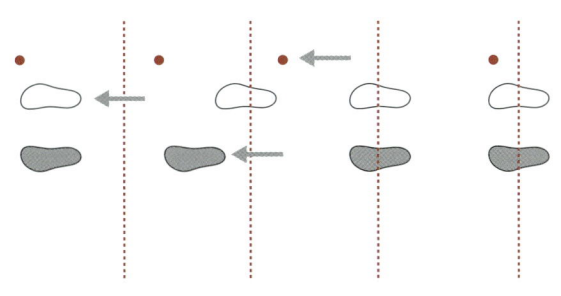

出発 → 杖を出す → 障害のあるほうの足を出す → よいほうの足を出す

注意：杖の長さや歩き方に気をつける。よいほうの足を大きく出しすぎると転倒しやすいので、気をつける

第5章　介護福祉士のための介護技術

杖歩行訓練（片麻痺をもつ人の場合）

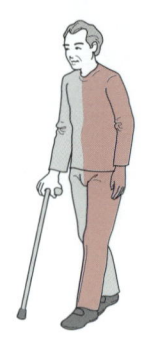

杖→障害のあるほうの足→よいほうの足の順に出して歩く

介助者は対象者の腰ひもを後ろで軽く持ち，必要に応じて援助の度合いを調節する

杖と障害のあるほうの足を出す

足が前に出ないときは介助者の足で対象者の障害のある足を図のようにして押し出す

よいほうの足を出す

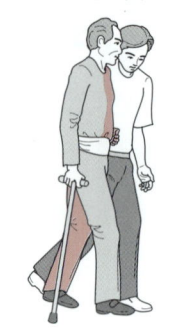

対象者には，できるだけ障害のあるほうの足にも体重をかけさせ，支えられるようにする

※介助者は，患側斜め後方から介助するようにします。

図5−50　杖歩行と介助方法

※は筆者注
（出典：図5−22と同じ，201・202頁）

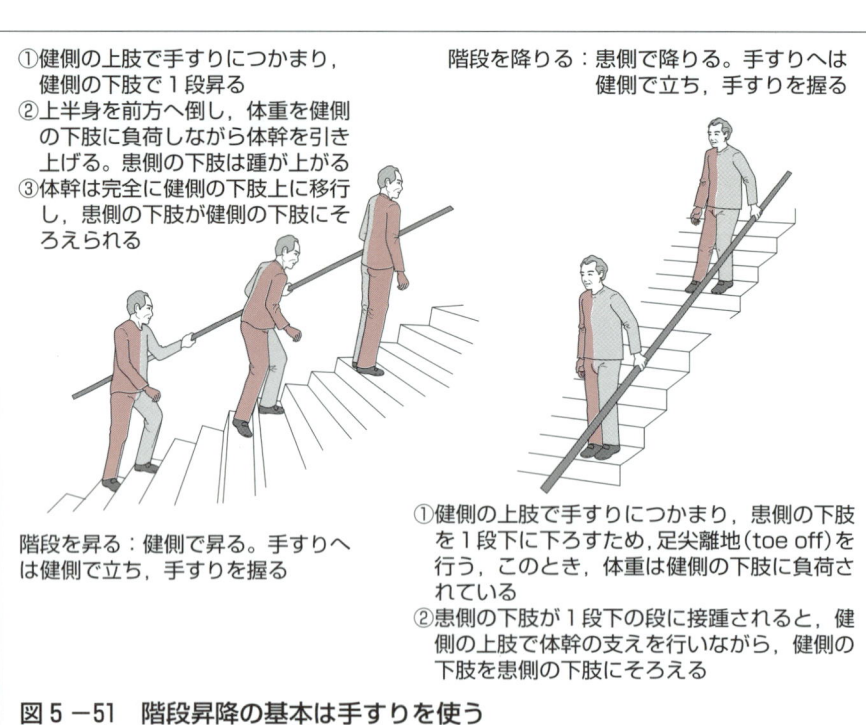

---

①健側の上肢で手すりにつかまり，健側の下肢で1段昇る
②上半身を前方へ倒し，体重を健側の下肢に負荷しながら体幹を引き上げる。患側の下肢は踵が上がる
③体幹は完全に健側の下肢上に移行し，患側の下肢が健側の下肢にそろえられる

階段を降りる：患側で降りる。手すりへは健側で立ち，手すりを握る

階段を昇る：健側で昇る。手すりへは健側で立ち，手すりを握る

①健側の上肢で手すりにつかまり，患側の下肢を1段下に下ろすため，足尖離地（toe off）を行う，このとき，体重は健側の下肢に負荷されている
②患側の下肢が1段下の段に接踵されると，健側の上肢で体幹の支えを行いながら，健側の下肢を患側の下肢にそろえる

図5−51　階段昇降の基本は手すりを使う

（出典：図5−22と同じ，203頁）

昇りの場合

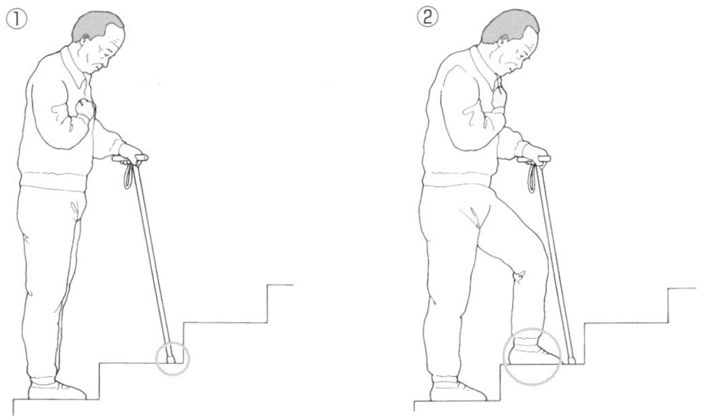

① 杖を上げ，支える
② 健足を上げ，次に患側を上げる

図5－52　階段を昇降する方法

（出典：図5－24と同じ，151頁）

　図5－52のように階段の昇降を杖で行っている絵を載せている教科書がありますが，杖で階段を昇降することは日常生活ではまれですし，とても危険です。手すりを使っての昇降が基本です。このような図は，リハビリテーションの訓練室で行っている内容です。決して誤解しないでください。階段は手すりを使って昇降するのです。

　2～3段ぐらいで手すりのない場所があるとき，やむなく杖で昇降する場合もあります。その際は，介護者は十分すぎる注意が必要です。

❹　手引き歩行

　手すりや杖を使えない場合，介護者が杖の代わりになるのが，手引き歩行です。しかし，手引き歩行は，安全性の面から手すりや杖等に劣るため，ごく短い距離の場合に活用します。例えば，浴室内，トイレ，居室内の移動の場合に，頻繁に活用されます。

　手引き歩行の場合，介護者は利用者の正面に向かい合って立ち，利用者の両手の肘関節を下から支えます。利用者には介護者の肘関節を軽くつかんでもらいます。このように互いの肘関節をつかむことで，利用者の前腕が支えられ，手を握り合うよりも安定感が増します。また，利用者がつまずいたり，膝折れしたりした場合でも，完全に転倒する前に支える体勢をつくりやすくなります。しかし，介護者は移動の方向に何があるかわからない状態で介助しなければなりません。利用者と移動方向の両方に注意を集中することは困難です。事前に移動方向に障害物がないように配慮することが必要になります。

3. 食事の介助

① 食事の意義と目的

1　食べることの意味

　「食べる」ということは，生命の維持，健康の保持・増進，さらに成長発達の促進などにとって重要な生理的意義をもちます。さらに，他者とともに楽しみながら食事をすることにより，人と人のかかわりを深め，生活に満足感や活力を与えるなどの精神・心理的・社会的意義をもつものです。

　また，健康を保つためには，バランスのとれた適量の食べ物を規則的にとることが必要ですが，私たちは日常生活において自然に「食べたい」という意思に基づき「食べたい」と思うものをとることで，基礎代謝量に見合ったエネルギー量を取り入れています。

　そのためには，「食事」について，個々の利用者の「心身機能」を把握し，楽しく食べるための環境づくりはもとより，献立や調理の工夫も含めて介助の方法を十分理解しておかなければなりません。

　また，「食事を自分でつくる」という行為の維持・継続性の視点を介護者として十分認識してかかわることも，「食べる」ことの自立支援につながる援助過程であることを理解しておく必要があります。

　つまり，「介護福祉士」は個々の利用者の生活を支える専門職として援助を行う際には，個々の利用者の「食べることを支える生活機能」を理解したうえでさまざまな場面（ADL・IADL）において自立支援につなげる行動をしなければならないのです。

2　食事を自分でつくることができるようにする介護と自立支援

　在宅生活を継続する場合，「食事に関する相談等」があったとき，訪問介護員による買物代行や調理，配食サービスにつなげることがあります。しかし，個々の利用者の「食事に関するできる能力」を正確に把握し，援助内容を検討し，実施することによって，IADLの回復につなげることができます。

食卓の準備をするための能力についてのチェックポイント

- ☐ 自分は調理をする役割があると判断できる。
- ☐ 献立を考えることができる。
- ☐ 材料は何が必要であるか判断できる。
- ☐ 材料はどこにあるかを知り，買い求めることができる。
- ☐ 料理の手順がわかり，すべての手順を組み立てることができる。
- ☐ 調理に入る前の必要な準備ができる。
  　適切な手洗い，器具の準備，器具の選択，調味料，食材等
- ☐ 包丁を適切に使用することができる。
- ☐ 火加減，水加減，調味加減，調理時間等が適切に判断できる。
- ☐ 火を正しく使うことができる。
- ☐ 調理の進行に応じて注意を向けることができる。
- ☐ 適切な食器に，適量を盛りつけることができる。
- ☐ 食卓に必要な物品を準備することができる。
- ☐ お茶等の準備ができる。
- ☐ 食卓を清潔に整え，食事前の準備ができる。

後片づけをすることの能力についてのチェックポイント

- ☐ 食事が終わったことが認識できる。
- ☐ 食べ終わった食器，食べ残した食器が認識でき，区別して片づけることができる。
- ☐ 上肢でふきん等を用いて食卓を清潔にすることができる。
- ☐ 使用した調味料等を元の位置に戻すことができる。
- ☐ 食べ残した物の処理の仕方を判断できる。
- ☐ 食べ残した物の保存や処理の区別ができ，適切に対応できる。
- ☐ 洗浄すべきものを洗い場に運ぶことができる。
- ☐ 洗剤や器具を適切に選び，食器や使った器具を洗うことができる。
- ☐ 洗い残しがないよう洗浄できる。
- ☐ 洗った物の水分を拭き取ったり，乾燥させて元の位置に戻すことができる。
- ☐ 洗い場にその他の食器等の洗い残しがないことが確認できる。

介護の視点のポイント
1. 項目毎に「できる」,「なんとかできる」,「できない」の確認を行う。
2. 「できる」場合は,その能力が継続できるよう支援する。
3. 「なんとかできる」場合は,安定してできるよう支援する。
4. 「できない」場合は,回復の可能性やともにすることでできる可能性を探り,少しでも可能性をみつける。

　食事をつくる能力（調理）の維持・継続のためには,日々の食事を高齢期になっても,自分でつくって食べる喜びをもつことができるように,自助具,福祉用具なども活用し,できる限り自分でつくれるように自立に向けた食事づくりの工夫を行うことが必要です。

　食事においては,一人ひとりの食習慣,好みなどの個別性を重視し,その人に対する食事の意義と目的を常に意識しながら,必要以上に手を出さずに,見守りや声かけをしながら調理の自立を支援する視点が大切です。

　食事がもたらす効果には以下のようなことがあげられます。
・生活の原動力になる。
・家族や他者と食べることで,交流の場となる。
・おいしく食べる工夫（素材,味つけ,調理方法,嗜好への配慮）をすることで,食欲の増進になる。
・満足感ややすらぎなど,精神的な潤いをもたらす。

　このように調理に関する援助については,それまでの個々の生活習慣があり,特に男性の場合は買物・調理・後片づけ等一連の事柄についての経験が少ない場合が多く,それを「できない」と判断してしまったり,「認知症だから調理はできない」と決めつけてしまって「できる能力を奪ってしまう」ことがあります。チェックポイントを参照に「できる能力確認」=「調理に関するアセスメント」を正確に行ったうえで援助内容を決定する必要があります。

② 口腔の清潔の意義と目的

1 口腔を清潔に保つことの意味

　口腔内には約300種，数千億個もの細菌が常駐し，歯垢1mgには10億を超える細菌が存在しているといわれています。そのために，口腔内が清潔に保たれていないと，これらの細菌は1兆個近くになるともいわれ，健康に障害をもつ人にとって，細菌が全身の健康に及ぼす影響は非常に大きいものがあります。そのために，口腔の清潔を保つ介助の重要性を確認する必要があります。

　口腔内は約37℃前後に保たれており，細菌の繁殖には欠かせない「温度・湿度・栄養」の三条件がそろっています。通常，食事によって唾液の分泌が促され，さらに食べ物との接触も加わって，細菌が口腔内粘膜や舌，歯の表面などに付着・増殖することを防ぐ「自浄作用」が備わっています。

　しかし，健康に障害を有する人にはこの「自浄作用機能能力」の低下がみられることが多くあり，適切な口腔ケアが確保されないと，さらに深刻な状況に陥ってしまいます。

　そのために，「自浄作用」の衰えた人の場合，「口腔内の保清」介助が重要なことです。口腔ケアを怠ると，「虫歯・歯周病」という口内の病気だけでなく，さまざまな病気を引き起こすことになります。

　また，人は口腔周囲の筋肉，唇，口蓋を使って，構音を行い，発音する機能があり，他者とコミュニケーションを図っているなど，口腔の清潔を

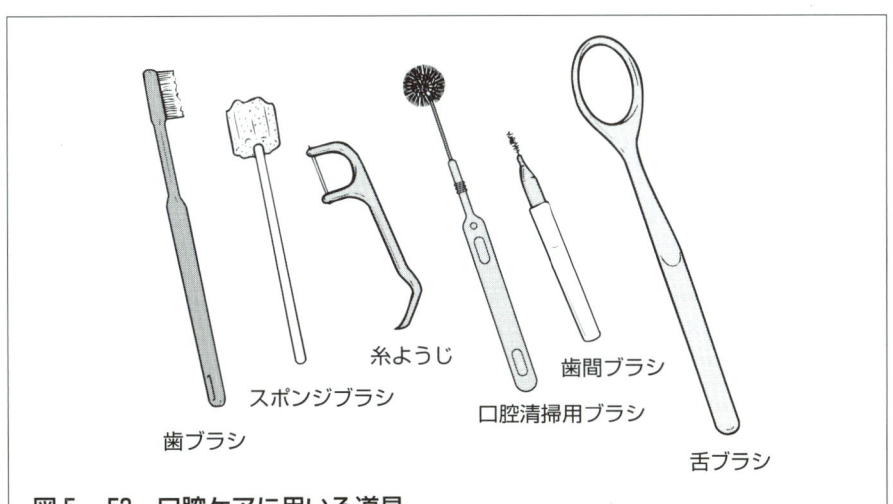

図5-53　口腔ケアに用いる道具

歯ブラシ　スポンジブラシ　糸ようじ　口腔清掃用ブラシ　歯間ブラシ　舌ブラシ

（出典：福祉士養成講座編集委員会編：介護技術Ⅱ　第3版，新版介護福祉士養成講座⑬，中央法規出版，89頁，2006年）

維持していく必要度は高く，生活の質を高めるためにも必要です。

口腔を清潔に保つことは，肺炎などの感染症を予防し，食欲増進や対人関係の円滑化にもつながっていることも理解しなければなりません。

2 口腔の機能

口腔の機能とは，「食べ物を咀嚼する」，「嚥下する」，「発音する」です。

咀嚼機能により唾液が分泌され，口腔内の清潔が保たれ，消化吸収が行われます。また，大脳器質の働きが促されて脳の血行がよくなり，内臓全体を活性化する機能に強く関連しています。

口腔が不潔であると，口腔内の感覚も鈍り，唾液の分泌も低下し，摂食機能の低下や，食欲減退を招いたり，味覚が鈍ったり，そして人とのかかわり合いが疎遠になることにもつながります。

口腔の清潔を維持していくことは，口腔の機能の保持，さらには生活の質を維持・向上していくために重要です。そのためにも，普段から口腔の状態や食事の量などについて十分に観察して，情報を把握していくことが必要です。

口腔を清潔に保つ意義は，以下のようなことです。

・唾液の分泌を促し，口腔内の自浄能力の低下を防ぐ。
・口腔内の乾燥などにより，細菌が侵入・増殖しやすくなるのを防ぐ。
・バクテリアの増殖を抑え，誤嚥性肺炎（嚥下性肺炎）などの二次感染を防ぐ。

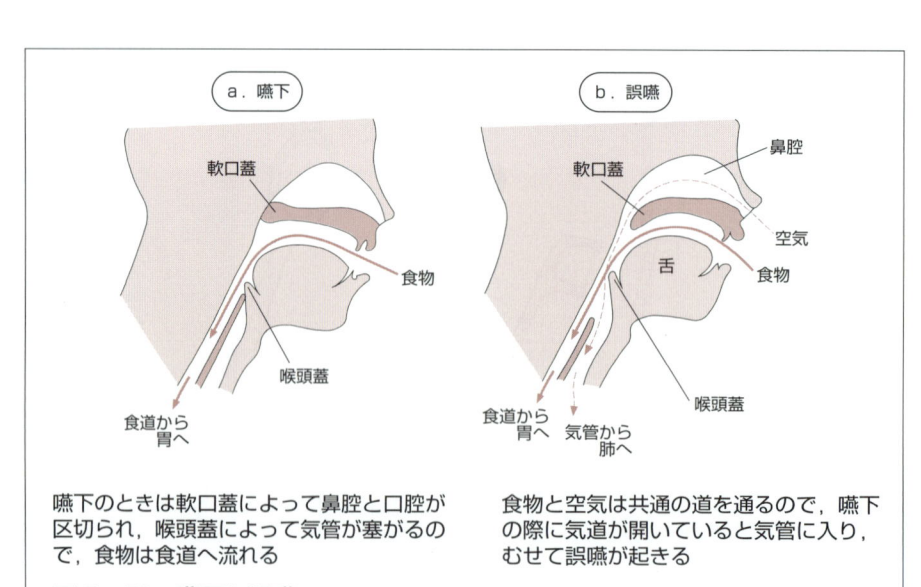

図5－54 嚥下と誤嚥

a．嚥下：嚥下のときは軟口蓋によって鼻腔と口腔が区切られ，喉頭蓋によって気管が塞がるので，食物は食道へ流れる

b．誤嚥：食物と空気は共通の道を通るので，嚥下の際に気道が開いていると気管に入り，むせて誤嚥が起きる

（出典：福祉士養成講座編集委員会編：医学一般 第4版，新版介護福祉士養成講座⑨，中央法規出版，27頁，2007年）

コラム

口腔に関するキーワードをあげます。

- 口唇（こうしん）：唇。口腔への入り口
- 口腔（こうくう）：最初に食べ物を噛むために入れるところ
- 舌尖（ぜっせん）：舌の先
- 上顎（じょうがく）：上部のあご
- 下顎（かがく）：下部のあご
- 奥舌（おくぜつ）：舌の奥のほう
- 軟口蓋（なんこうがい）：上顎の一番奥のほうで，鼻腔への道を閉ざす役割がある。
- 口峡（こうきょう）：咽頭への出口
- 咽頭（いんとう）：飲食物の通り道と空気の通り道である気道が交わっているところ
- 喉頭蓋（こうとうがい）：気管へ通じる道を閉じる役目をしている蓋に相当する部分
- 梨状陥凹（りじょうかんおう）：甲状軟骨の後面（咽頭の後面）の左右に分かれたポケット
- 食塊（しょくかい）：食物を口の中に取り込んで咀嚼し，唾液と混ぜ合わせ，ドロドロの状態の塊にしたもの
- 咀嚼（そしゃく）：噛み砕くこと。口腔内に入った食物が細かく噛み砕かれ，唾液と混ざることによって，飲み込みやすい塊を形成すること
- 嚥下（えんげ）：飲み込むこと。口に入った食物が細かく噛み砕かれ，胃にいたるまでの一連の動作をいう。
- 誤嚥（ごえん）：食道に入るべき食物や唾液が食道に入らず，気道に入ってしまうこと
- 誤嚥性肺炎（ごえんせいはいえん）：誤嚥が原因で肺炎を起こすこと。または「嚥下性肺炎」ともいう。
- 不顕性誤嚥（ふけんせいごえん）：機能的嚥下障害のある人の多くで，気道の感覚にも障害があり，むせが生じないために誤嚥にすぐ気づかないこと

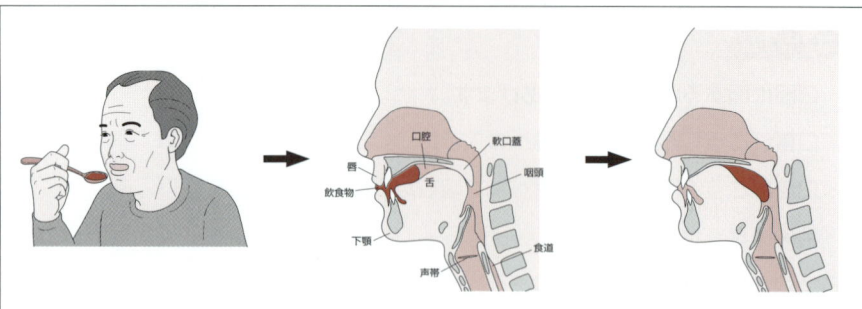

1. 先行期（認知期）
　何をどのくらい，どのように食べるかを判断する時期。
【先行期障害】
　意識障害や認知能力が低下すると，食べるという行為を認識できなくなる。
具体例
・むさぼるように食べる
・むせながらも食べ続ける
・一度に多量の飲食物をとる
・急いで液体を飲む
・いつまでも飲食物を口の中に溜めている

2. 準備期（咀嚼期）
　飲食物を口に取り込み，咀嚼をして，唾液と混ぜ合わせて飲み込みやすい塊（食塊）をつくる時期。咀嚼機能や舌・唇の運動機能，口腔の感覚機能が関与している。
【準備期障害】
　唇や舌，下顎などの運動障害や形態の異常により，咀嚼したり食塊を作成することが困難になる。
具体例
・口の中に飲食物を取り込めない
・食物を噛めない
・飲食物が口からこぼれる

3. 口腔期（嚥下第1期）
　準備期で作られた食塊を，舌によって口腔から咽頭へ送り込む時期。
【口腔期障害】
　舌などの運動障害や形態の異常により，食塊を咽頭に送り込めなくなる。
具体例
・飲食物が口からこぼれる
・飲食物が口の中に残る
・咽頭の準備ができる前に，咽頭へ飲食物が流れ込む

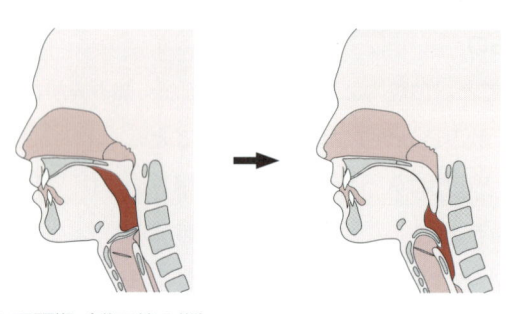

4. 咽頭期（嚥下第2期）
　食塊を咽頭から食道に送り込む時期。
【咽頭期障害】
　咽頭の閉鎖不全や食道入口部の開大不全などにより，食塊を食道に送り込めなくなる。具体例として，軟口蓋の運動障害，嚥下反射が遅れると，
　・食塊が鼻にもれる
　・咽頭に残る
　・誤嚥（むせ込み）
食道入口部が開かないと，
　・食塊が食道入口部を通過できない
　・咽頭に残る
　・誤嚥（むせ込み）
といった状態になる危険が高まる。

5. 食道期（嚥下第3期）
　食塊を食道内から胃に送り込む時期。食道の筋肉の蠕動運動と重力が関与している。
【食道期障害】
　食道の運動障害や形態の異常により，食塊を食道から胃に送り込めなくなる。
具体例
・食塊が食道内を通過できない
・いったん胃に入った食塊が逆流する

図5-55　摂食・嚥下の五つの過程

（出典：藤本眞美子編：基礎から学ぶ介護シリーズ　食事ケアことはじめ，中央法規出版，23～25頁，2006年）

③ 食事の介護・介護予防のポイントと留意点

1 利用者の状態把握と介護方法の選択

　介護福祉士が食事の介護の対象とする利用者の健康・障害状態は多岐にわたるため,「利用者の状態把握」は重要な視点です。

1 「食欲のメカニズム」について

食べ物を食べたいと思う気持ち（食欲＝できる能力）のチェックポイント

- ☐ 血糖値が下がり,空腹感を感じることができる。
- ☐ おなかが空いていることだと感じることができる。
- ☐ 何を食べたいかを感じることができる。
- ☐ 自分の好みで何を食べたいか予想することができる。
- ☐ 「食べてみたいなあ」という気持ちをもつことができる。
- ☐ 季節や場所等から自分の食べたい物を思い描くことができる。
- ☐ 食べ物そのものの匂いや調理する匂いで,自分が食べたい気持ちをもつことができる。
- ☐ 「食べなければ……」と感じることができる。

※介護の視点のポイントは152頁を参照

　これらの能力が行為につながり,自分の意志で食物を食べることによって満足感をより得ることができます。

　一方,空腹感や飢餓感は食欲を伴いますが,食欲自体満腹でも起こることから,異なるものであると考えられています。

　食欲は,視覚,嗅覚,味覚,触覚（温かさ・冷たさ）など,さまざまな感覚や精神機能に影響されているといわれています。それは,「食べてみたい」という気持ちがあり,食行動が開始されたとき,自分の思い描いていたものとほぼ等しいものであれば食欲はさらに進み,逆の状態であれば食思は減退することとなります。

　食欲のメカニズムは完全に解明されてはいませんが,間脳の視床下部に食欲に関する二つの中枢があり,その内側の中枢である満腹中枢と外側にある食欲中枢によってバランスをとりながら食欲を調整しているといわれています。

　また,食習慣は,人はそれぞれ固有のものやマナーをもっており,それ

ぞれの属する社会や民族などによって異なり、それぞれの状況に基づき形成されています。

加えて、さまざまな疾病等が食欲に大きく影響を及ぼしていることも理解しておかなければなりません。「食欲の亢進」状態の場合、欲求不満、糖尿病、過食症、甲状腺機能亢進症、ステロイド剤内服中、胃・十二指腸潰瘍、過酸性胃炎、認知症などです。「食欲の不振」状態の場合、慢性胃炎、肝機能の低下または不全、腹部膨満、便秘、認知症などです。

したがって、食事介助を行う際には、事前に身体、精神、環境などの利用者の置かれている状況を十分把握し、ここでもICFの視点をもち、個々人の「できること」を確認し、そのうえで利用者に適した食行動につなげるための介助を行うことが大切です。

食行動にいたるためのチェックポイント

- ☐ 適切な食事時間であることが、自分の空腹感や時間認識等で理解できる。
- ☐ 食事する場所やそこにいたる移動方法や座席場所などで安全に行動することができる。
- ☐ 安全・安楽に食事ができるよう姿勢の確保をすることができる。
- ☐ 食べるために必要な正しい姿勢の確保をすることができる。
- ☐ 食前薬の服用が必要な場合は、適切に服用することができる。
- ☐ 自分の空腹感にあった食事量を適切に決めることができる。
- ☐ 安全に食事が進行できるように、食べる順番を選ぶことができる。
- ☐ 食事摂取に必要な物品を選び、自分の身体能力に合わせて使うことができる。
- ☐ 咀しゃく状態や嚥下状態を認識して、適切な速度や食事量を決めることができる。

※介護の視点のポイントは152頁を参照

食事介助が必要な場合は、いわゆる寝たきりの人でも、安静の必要がない限りは座位を保った姿勢で、可能な限り自分で食べることが基本です。

そのためには、食事の際、座位保持ができるかどうかの確認と、いすやテーブルの高さが合っているかなど、食べるための環境を整えることが必要です。

また、食器や箸・スプーンを持つことができるか、口まで運ぶことができるか、咀嚼ができるか、嚥下ができるかなどについては、その程度を確認し、その利用者の状態に応じて、自立に向けた介助が必要となります。

2　食前の確認

食前には先に記した個々人の「できる能力」の把握とともに，以下のような確認を行い，食欲を減退させる要因や事故につながるような要因などあらかじめ取り除くことが大切です。

食前のチェックポイント

- ☐ 便秘・便意や尿意の有無
- ☐ 体の痛み，かゆみなど苦痛の有無
- ☐ 口腔内の炎症や虫歯などの有無
- ☐ 間食の有無
- ☐ 誤飲の危険性の有無
- ☐ 上肢の機能障害の有無と程度
- ☐ 見当識の有無
- ☐ 食べ物の状態（温度や味つけ，栄養のバランス，盛りつけ，咀嚼能力に合った調理方法であるかなど）
- ☐ 食事環境（悪臭の有無，清潔な状況，団らんの状況など）

3　「摂食すること」とは

「摂食すること」についてICFの視点で個々人の能力を確認しておくことが大切です。

食べる時間やリズムは個人差があり，個々の「心身機能」に合わせて食べられるように介助します。特に，誤嚥の危険性がある利用者には，十分配慮することが必要です。

食べこぼしがあったり時間がかかっても自分で食事しようとする意欲や楽しみを尊重し，福祉用具なども活用しながら，あまり手を出さずに一部介助や見守りなどを行い，自立に向けた介助を心がけることが重要です。

摂食行動に関するチェックポイント

- ☐ 食事することに意識が集中できる。
- ☐ 食べ物の大きさ，固さ，温度などが知覚できる。
- ☐ 適切に口や顎を動かすことができる。
- ☐ 口腔内に適量の唾液の分泌ができる。
- ☐ 食べる順番を適切に選ぶことができる。
- ☐ 食材や調理方法が自分の好みに適しているか判断することができる。

- ☐ 食べたいものに向けて箸やスプーン等を持っていくことができる。
- ☐ 自分に適切な1回分の量を判断し、口に入れることができる。
- ☐ 安全に食するための注意力があり、骨を取り除いたり適温になるまで待つことができる。
- ☐ 食べたいものを選んでつまむことができる。
- ☐ つまんだ食物をこぼさないように口まで運ぶことができる。
- ☐ 食事中に歯の異常（たまる、はさまる、つまる等）に気づき取り除くことができる。
- ☐ 周囲の人へ不快感等を与えないように配慮ができる。

※介護の視点のポイントは152頁を参照

4 介助者が行うべき食事中の確認

食事中のチェックポイント

- ☐ 個々人の好みに合わせて食事が準備されているか。
- ☐ 食事をおいしく楽しみながらとっているか。
- ☐ 周囲の人との関係は良好に維持できているか。
- ☐ 嗜好への配慮はできているか。
- ☐ 姿勢は正しく保持できているか。
- ☐ 嚥下状態は適切か。
- ☐ 箸やスプーンなどの自助具や福祉用具は適切か。
- ☐ 食べる量は適切か。
- ☐ 食べる速さは適切か。

※介護の視点のポイントは152頁を参照

「食後」に必要な動作について、ICFの視点で個々人の能力を確認しておくことが重要です。

食後行動におけるチェックポイント

- ☐ 血糖値が上昇し満腹感を感じることができる。
- ☐ 何を食べたか記憶し判断できる。
- ☐ 食べ終わることを意思や言葉で表現できる。
- ☐ 使った食器や箸を元に戻すことができる。

> - ☐ 口腔内に残った食物を感じ取り，お茶や水を飲んだりうがい等で清潔にすることができる。
> - ☐ 食後薬の服用が必要な場合，水分とともに適切な時間に服薬することができる。

※介護の視点のポイントは152頁を参照

5　介助者が行うべき食後の確認

> **食後のチェックポイント**
>
> - ☐ 食事，水分の摂取量の確認。
> - ☐ 満腹感はあったか。
> - ☐ 好みにあった食事であったか。
> - ☐ 疲労感はなかったか。
> - ☐ 食事の残量の確認。

　食事の残量が多い場合は，「心身機能」の確認のほか，食事量，調理内容，介助方法などについても再確認します。その際には状態も含めて記録に残し，関係職種に連絡等を行い，今後の対応の検討材料にします。

2　楽しく食事ができる環境づくり

　毎日の生活では，食べる場所がベッド上，暗いところ，臭いのあるところかどうかなど，周りの環境は食欲に大きく影響します。また，一人で食べる食事環境の場合，食事の内容がいくら充実していても食欲が湧かず，おいしく，楽しく食べることもできないこともあります。

　介助者はまず離床を促し，清潔で明るい食事の環境の整備を行い，家族・仲間と一緒に食べられるような雰囲気をつくることが必要です。

3　好みへの配慮

　食べ物を食べるということは，人が生きていくために必要なことであるとともに，楽しみでもあります。老化や障害などにより，味覚の機能などが衰えたり，食欲が減退することがあっても，食べることが楽しみであることは変わりません。

　食べ物の素材，味つけ，調理の方法などの好みは，一人ひとり異なることが多いものです。食事の介助では，利用者が生活してきた地域の食文化を背景に，食習慣，嗜好を十分配慮することで食欲が増進され，生活への

意欲にもつなげるようにします。

また,糖尿病や高血圧などがある場合には,栄養のバランスと制限についても留意します。

4 調理の工夫

加齢や障害などによる味覚,嗅覚などの機能低下や口腔内の状態など,利用者の身体状況や状態に応じて最も適した調理の工夫が必要です。煮る,焼く,蒸す,つぶす,すりおろす,刻むなどの調理方法があります。

刻み食でもうまく飲み込めない場合は,ミキサー食や流動食など食形態について検討することが必要です。流動食の方法には経口と経管があり,経管流動食は意識障害などで嚥下能力が低下し,誤嚥しやすい利用者に用います。その際には,管が詰まらないように温度に十分配慮しなければなりません。

5 福祉用具などの活用

麻痺や障害があるために,調理ができない,食器が持てない,箸やスプーンが上手に持てないなど,食事の自立が損なわれることがあります。この

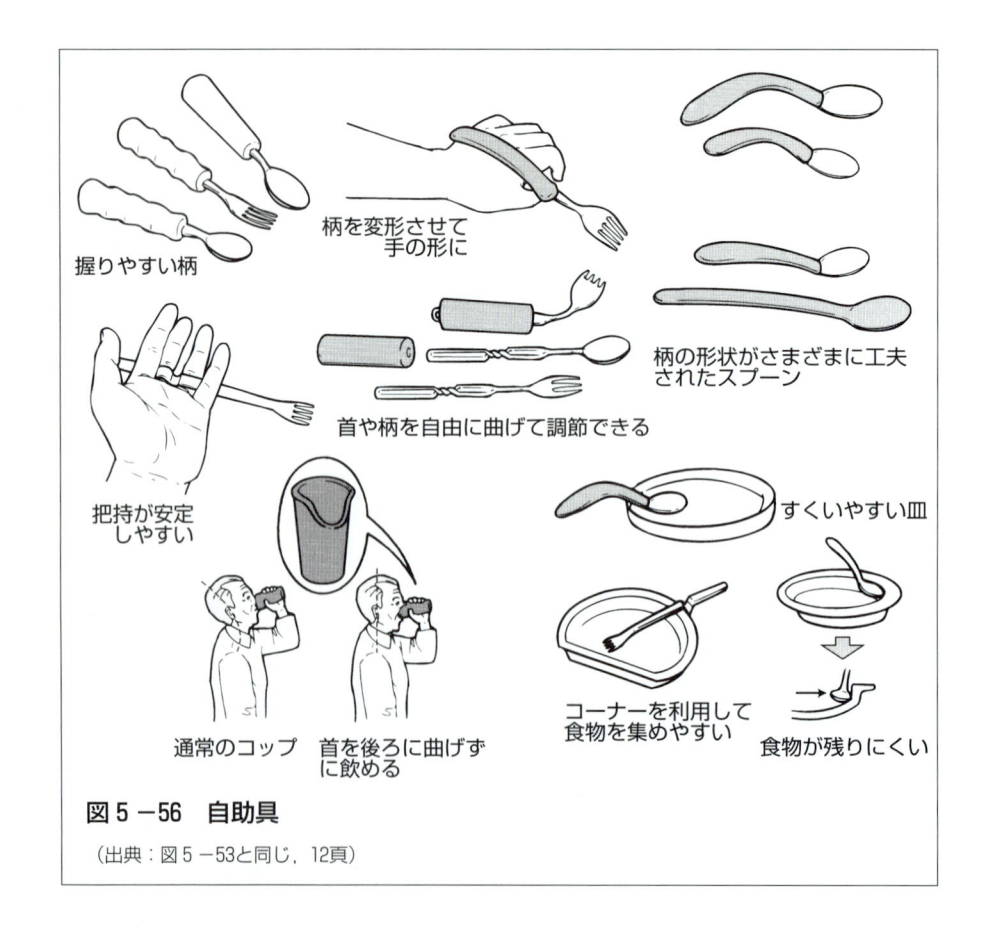

図5-56 自助具
(出典:図5-53と同じ,12頁)

ように一連の動作ができず食事の自立が妨げられている場合には,利用者の「心身機能・身体構造」や環境に合う福祉用具(自助具・調理具など)を活用し,食事がとりやすくなるように支援することが大切です。

関節の動きが悪い人が使える調理具

長柄水栓回し　　　手首の負担が少ない包丁　　　パックオープナー

運動機能のコントロールがうまくできない人が使える調理具

ガター式包丁とまな板　　　滑り止めシート

片麻痺がある人が使える調理具

鍋ストッパー　　　吸盤付き調理ブラシ　　　固定式皮むき器

図5-57　調理具

（出典：社団法人日本介護福祉士養成施設協会：介護福祉士国家試験・実技試験免除のための介護技術講習テキスト,148頁,2005年）

6　食事の姿勢と基本的な介護

1　食堂のいすに座って（座位）

踵が床につく高さのいすに座る（背もたれ，肘当てのあるものがよい）。深く腰かけると，安定感がある

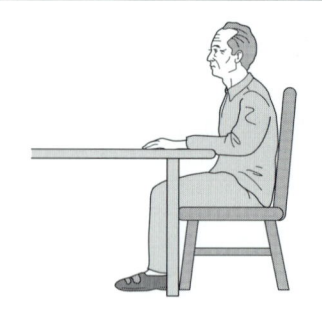

身体をテーブルに近づける。肘が置けるぐらいの高さに配慮する（車いす用テーブルもある）

図5-58　食堂のいすに座って

（出典：図5-57と同じ，149頁）

2　車いすで

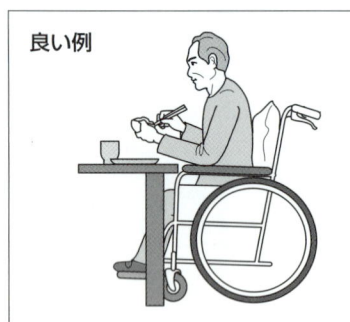

良い例

悪い例

車いすを使用して食事する場合の留意点（スタンダードタイプ）

・テーブルの高さに配慮する
　車いすの肘当てよりテーブルが高くならないようにしましょう。
　利用者の肘がテーブルより落ちてしまい動作がしにくくなってしまいます。

・姿勢に配慮する
　車いすの背部は後方に傾斜しています。前傾姿勢が保持できない場合や麻痺側に傾斜しないようクッション等で工夫しましょう。
　フットレストがあるために前傾姿勢や足底がフットスタンドに着面しにくい場合もありますので注意しましょう。
　「前かがみの姿勢がとれるように配慮しましょう」

車いすを使用して食事する場合の留意点（リクライニングタイプ）

・テーブルの高さや位置に配慮する
　リクライニングタイプの車いすを使用する場合でも自分で食行動が可能な場合は視野（自分で食べてみよう。自分で食べたいものを選べる等）や自分で食物がとれるよう配慮しましょう。
・姿勢に配慮する
　この場合，「嚥下力」が低下している場合があります。個々の利用者の嚥下しやすい車いすの角度を的確に把握しましょう。
　足底はフットスタンドに着くように配慮しましょう。

※介護者は，スタンダードタイプ車いすやリクライニングタイプの車いすを使っての食事場面の体験をしておきましょう。

図5-59　車いすで

3　ベッド上で

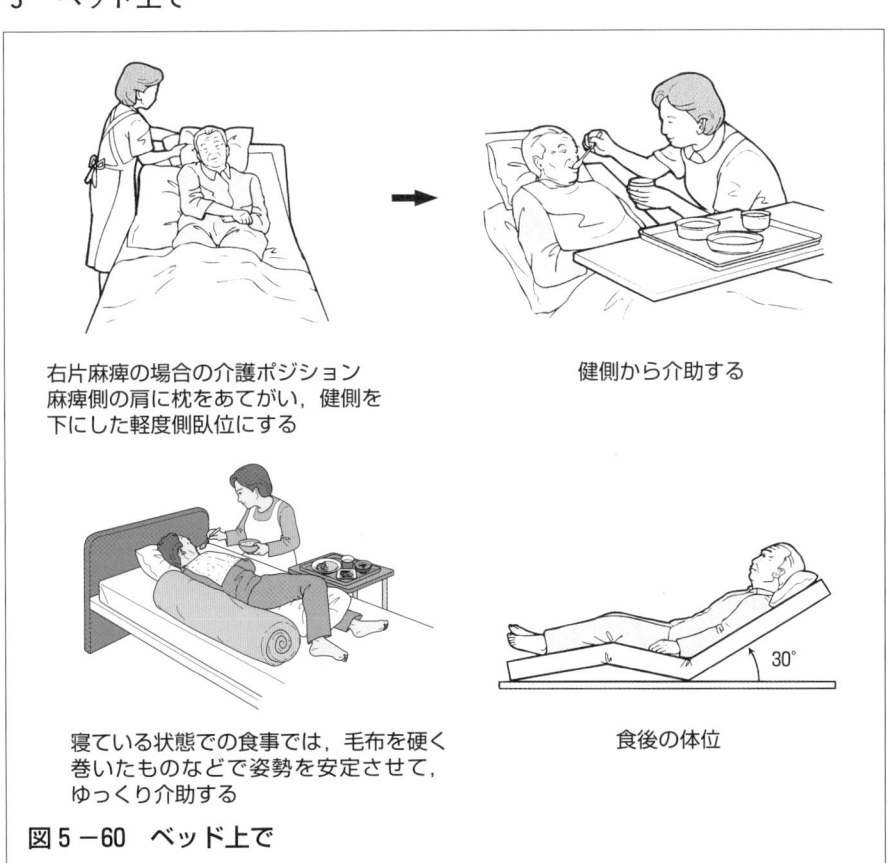

右片麻痺の場合の介護ポジション
麻痺側の肩に枕をあてがい，健側を下にした軽度側臥位にする

健側から介助する

寝ている状態での食事では，毛布を硬く巻いたものなどで姿勢を安定させて，ゆっくり介助する

食後の体位

図5-60　ベッド上で

（出典：図5-53と同じ，10頁）

4 嚥下を円滑にする動作

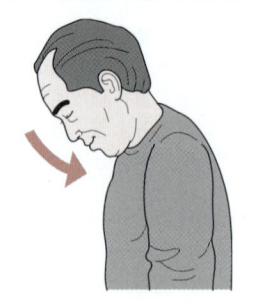

嚥下反射の遅れのとき，飲み込むときにあごを首につくまで引く	食塊の咽頭への送り込み困難のとき，身体を後ろに傾ける
舌や唇・頬・咽頭の麻痺があるとき，頭と体を麻痺のない側に傾けて食事をする	咽頭や喉頭の麻痺があるとき，首を麻痺のある側に向けて飲み込む

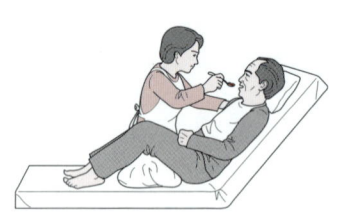

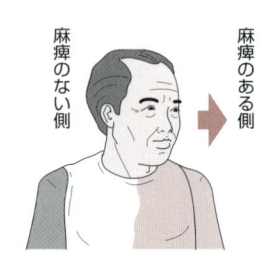

図5-61 嚥下を円滑にする動作

5 食事介助の一般的な手順

・利用者の心身機能を把握する。
・利用者の意向を確認し，これから行う介護の説明を行う。
・できるだけ離床させ，寝食分離を心がける。離床が困難な場合でもできるだけ起こす。
・尿意，便意の有無などを確認し，排泄を先にすませる。
・テーブルの高さなど食べやすい環境を整え，エプロン，タオル，食器などの準備をする。
・手洗い，またはおしぼりで手を清潔にする。
・適切な食器類を選択して配膳するとともに，食事は適温にする。
・食事環境を整え，利用者のペースに合わせて，必要な食事介助をする。
・下膳時には，食べ残しなどをチェックする。
・安楽な姿勢を確保し，静かに身体を休める。

6　食事介助時の注意事項

・利用者の食事のペースに合わせて，好みにも配慮しながら主食，副食と交互に行う。
・食べ物が気管に入ると肺炎や呼吸困難になることもあるので，誤嚥に注意しながら行う。
・食後にはお茶や水をすすめ，口の中に食べ物が残っていないか確認する。その後，うがい，歯磨きなどの口腔ケアを実施する。
・必要な場合は服薬の確認を行う。
・食事量を把握して記録する。
・自助具，福祉用具などを活用し，できるだけ自分で食べられるように工夫する。また，必要に応じて見守り，声かけを行う。

7　形態別の介護方法

1　片麻痺のある利用者の場合

片麻痺がある場合は，利用者によって可動の範囲が異なるので，まずは可動域を確認します。そのうえで，生体機能などを十分確認し，個々に合わせた食事介助を行うことが大切です。

利き手が健側である場合は，箸やスプーンを持つことにあまり支障はありませんが，利き手が麻痺側の場合は，利き手でない反対側の手を使うことになるので，麻痺のある手は補助的な役割を担います。

また，口腔内に麻痺がある場合は，麻痺側の咀しゃくが十分できないため，食べ物が残っていることもあるので注意します。

2　嚥下障害のある利用者の場合

嚥下障害がある場合は，食事中の誤嚥によって，嚥下性肺炎（誤嚥性肺炎）になりやすく，また窒息などの危険性もあるので，食事介助時には十分注意します。

特に脳卒中，パーキンソン病，長期臥床などによる嚥下障害がある場合には，嚥下しやすい食べ物や調理の工夫によって誤嚥を防ぐことが必要です。

> **コラム**
>
> 嚥下障害を引き起こす病気に関する知識
>
> 　嚥下障害は，食物等を口腔から胃へ送り込む障害の起こり方によって，大きく二つに分けられます。
>
> (1)　静的障害

送り込む通り道が狭くなったり，つまったり，通り道の一部がなくなったりするために起こる障害。例としては，通り道に発生した腫瘍や手術によって通り道が損傷したときなど。

① 腫瘍
② 外傷（手術を含む）
③ 異物
④ 奇形（口唇口蓋裂，食道奇形，血管輪など）
⑤ 瘢痕狭窄（炎症の後遺症など）
⑥ その他

(2) 動的障害

送り込む動作の異常のために起こる障害。例えば，脳卒中により舌や咽頭などが麻痺してうまく動かなくなったときなど。

① 脳血管障害
② 変性疾患（筋萎縮性側索硬化症，パーキンソン病など）
③ 炎症（膠原病，脳幹脳炎，末梢神経炎など）
④ 腫瘍
⑤ 中毒（有機リン酸中毒，ボツリヌス中毒など）
⑥ 外傷（手術を含む）
⑦ 筋疾患（重症筋無力症，筋ジストロフィーなど）
⑧ 内分泌障害（ステロイドミオパチー，甲状腺機能亢進症など）
⑨ その他（脳性麻痺，神経性奇形，食道痙攣など）

3 認知症のある利用者の場合

認知症がある利用者の食事介助では，食べたことを忘れることや過食などへの対応をする必要があります。特に個々の利用者の個別性に合わせた対応方法を考慮しなければなりません。

食べたことを忘れる場合は，決して否定しないで，「今，準備中なので待ってください」などの話をしたり，ほかに気が紛れることをしたり，上手に話題を変えていくことも大切です。

過食の場合は，次のようなことに注意します。

・「1回の食事量を減らす」，「低カロリーのものを多めにする」など，その分回数を増やす工夫を行ったり，食事以外のことに興味をもつように働きかけてみる。
・常に満腹感がなく食物を求め続けることが多い場合，誤って異物を食べないように，手の届く範囲には危険なものを置かないようにする。

・その他，利用者との信頼関係を保ち，観察を十分に行って，状態を把握し，精神的に安定するような環境づくりに配慮し，一人ひとりに合った食事介護の工夫をする。

8　事故の予防と対応

1　誤嚥の予防と対応

食べ物や水，唾液などが食道ではなく気管に入ってしまうことを誤嚥といいます。

一般的には，誤嚥すると咳き込んだりして異物を排出する防御反応が起きますが，高齢者や体力が弱っている利用者の場合，異物を十分に排出できずに誤嚥した食べ物が肺の中に蓄積し，嚥下性肺炎（誤嚥性肺炎）になりやすく，窒息などの危険性もあるので十分注意します。

摂食・嚥下機能評価方法等を医師，看護師等と協同で確認することが望ましいといえます。

1）食べ物を認識できるか	できる　できない
2）口を開くことができるか	できる　できない
3）舌を前に出したり，左右に動かすことができるか	できる　できない
4）唾液を飲み込むことができるか（喉仏を3本の指で押さえて上下するか確かめる）	できる　できない
5）唾液を続けて3回飲み込むことができるか	できる　できない
6）水を飲み込むことができるか	できる　できない
7）水を飲んで咳き込むか	咳き込む　咳き込まない

摂食・嚥下機能に問題があると判断された場合の対応は以下のとおりです。

①　3種類の濃度（1.6%，2.0%，2.5%）のゼラチンゼリーを何回か飲み込んでもらい，どの濃度が最も適しているかを摂食・嚥下リハビリテーションチーム（医師・看護職・介護職・OT・PT・管理栄養士・栄養士等の専門職で構成）で判断する。

②　判断基準は，咳き込まずにスムーズに飲めるか，いつまでも口の中に残っていないか（30～40分以上残っている場合は摂食・嚥下不可とする）である。

③　その後，食事形態を決定する。

2　誤嚥の予防対策

障害の程度に合わせて，以下のような対応方法があります。

① 軽度障害食
  ・柔らかい食品を用いる。
  ・軽度の口腔障害，咽頭障害で誤嚥の危険性がほとんどない場合でも，「食べにくいもの」は提供しないことが基本である。
  ・見た目には普通の内容でいいが「やや柔らかめ」に調理する配慮がいる。
  ・食事する姿勢や速度，食べ方に配慮が必要である。
  「食べにくいもの」は，次のとおりである。
  ・「パサパサ」，「バラバラ」，「カサカサ」といった水分の少ないもの
  ・「ベタベタ」として口腔内に貼りつきやすいもの
  ・「硬いもの」（歯牙の状態にもよる）

② 中等度口腔障害食
  ・柔らかい半固形物と低粘度の液体を用いる。
  ・口腔諸器官の障害が主で，食塊が口腔を過ぎて咽頭に入れば遅延することもなく嚥下反射が起きて，誤嚥もなく飲み込むことができる利用者が対象となる。
  ・症状としては，「口を閉じていられない」，「咀しゃくが難しい」，「咀しゃく中に咽頭に食物が侵入してしまう」，「口内で食塊形成ができない」

③ 中等度咽頭障害食
  ・ゼリーからピューレなどの半固形物・やや高粘度の液体を用いる。
  ・咽頭部分の障害が強く，誤嚥の危険が高い。
  ・口腔内の障害は少ない。
  注意点は次のとおりである。
  ・咽頭反射が遅いのでサラサラの液体やとろみの少ない液体は危険である。
  ・咽頭期の障害に応じてできるだけ咽頭反射を起こしやすく誤嚥の少ない飲み込み方になるようにする。そのため，口腔で保持しやすく量のコントロールのできる状態にすることが必要である。

④ 重度障害食
  ・柔らかいゼリー・低粘度の液体を用いる。
  ・口腔障害も咽頭障害も重度で，誤嚥の危険性も大きい場合の訓練開始食である。

中等度口腔障害食・中等度咽頭障害食・重度障害食のつくり方のポイントをあげます。

① 一度調理した料理を再調理する方法
  軽度障害食をミキサーにかけ，それをゼラチン，デンプン，増粘剤な

どを加えてゼリーのようなゲル状に形成する。またはゾル状にとろみをつける。

② 嚥下障害食として適している状態をもった料理の活用

健常者が普通のメニューとして食べているゲル状（ゼリー状のもの）やゾル状（クリームスープなど）の食事を障害程度に合った状態に変える。

嚥下障害食の品質管理については，毎食ほぼ同じものが提供できるように十分配慮することが，誤嚥事故防止対策の視点も含めて重要です。そのために，誰が調理しても同質のものが提供できるようにする必要があります。

・正確なレシピ（温度と時間で規定）
・正確な計量
・提供中の温度管理

嚥下障害のある利用者に適さない食形態には，以下のものがあります。

① さらさらした液体
　　水，お茶，汁物，ジュースなど。
② 口腔内でばらばらになり，まとまりにくいもの
　　肉，かまぼこ，こんにゃく，レンコンなど。
③ 水分が少なく，パサパサしたもの
　　パン，カステラ，マドレーヌ，焼き魚，生キャベツ，高野豆腐など。
④ 口腔内や咽頭に貼りつきやすいもの
　　焼き海苔，わかめ，もなかの皮，ウエハース，餅など。
⑤ 粘りの強いもの
　　餅，団子など。
⑥ 滑りのよすぎるもの
　　ところてん，寒天ゼリーなど。
⑦ 硬いもの
　　たこ，いか，ごぼう，れんこん，アスパラ，昆布など。
⑧ 酸味の強いもの
　　酢の物，柑橘類など。

ゼラチンタイプの食品など嚥下しやすいものを選んだり，肉，野菜，魚などは柔らかく調理するなど工夫します。また，市販のプリン，ヨーグルトなども利用します。

水分の多いものは市販の粉末寒天を水などで溶き，とろみをつけます。その際には，利用者の好みの味つけをしたり，市販のゼリーなども活用します。

なお，食前の嚥下体操やアイスマッサージなども有効です。

嚥下困難を誘発しやすい食品としては大豆類，こんにゃく，かまぼこ製品，カステラなどがあり，スポンジ状のものや餅などを食べるときは，一度にたくさん口に入れない，細かくきざむ，よくかんでゆっくり食べるように促すなどの注意が必要です。

9 脱水の予防と対応

体内の液体成分が過度に減少した状態（成人で60％以下）を脱水（症）といい，必要な水分補給を行わないと体内の水分が失われ，便秘，発熱，認知症の悪化を招きます。1日に1000〜1500mℓの水分摂取が目安であり，水分摂取が困難で脱水状態になりやすい利用者には，皮膚の状態，唇や舌の渇きなどを観察し，1日の水分量を決めるなどして，定期的に水分補給を行う意識づけが重要です。

嚥下障害のある利用者の場合，利用者個々の嚥下状態に合わせた「お茶ゼリー」（1個100cc）をまとめてつくり，食後の口腔清潔を含めて行うと確実に水分摂取が図れます。また，下痢や嘔吐がある場合には，水分補給をさらに行う必要があります。

④ 口腔の清潔のポイントと留意点

1 利用者の状態把握と介護方法の選択

全介助が必要な利用者や認知症高齢者であっても，口の中を清潔に保つことは，虫歯や歯槽膿漏の予防だけではなく，肺炎などの感染症の予防，食欲増進などに効果があり，重要なことです。

口腔ケアを行う際にも，事前に身体，精神，環境などの利用者の状況を十分把握し，そのうえで個々に適した口腔ケアの介助方法を選択していくことが大切です。

寝たきりの人でも，絶対安静でない場合は，座位を保った姿勢で口腔ケアの介助を行うことが大切です。また，片麻痺などがあり，口腔ケアが自立できない人に対しては，歯ブラシの柄を握りやすくするなど福祉用具も活用しながら，あまり手を出さずに一部介助や見守りなど，自立に向けた介助を心がける必要があります。

なお，虫歯や歯槽膿漏の予防のためにも日頃から口腔内の観察を行い，必要であれば歯科医師や歯科衛生士などに連絡して，早期に治療や専門的

ケアを受けることが大切です。

　口腔の清潔のためには，口腔清拭に使用する液体，うがい薬，レモン水，お茶，冷塩水（1％），ぬるま湯などの清拭剤があります。

　口腔の清潔の方法としては，ブラッシング法があります。虫歯の原因になる歯垢を取り除くため，食後すぐに歯を磨くことが大切です。歯ブラシは柔らかめまたは普通の硬さで，軽く使用しやすいものを選択し，歯の上下を隅から隅まで磨くようにします。

　利用者本人が行うことが望ましいのですが，自力でできない場合は，介護者が相手の状態に合わせてできないところを介助します。

① うがいができる場合（洗口法）

　口をすすぎ，うがいをすることで口腔内の残渣物を取り除き，口腔粘膜，舌の汚れなども取り除くことができる。また，口臭を防ぎ，爽快感を高めることができる。

② うがいができない場合（口腔清拭法）

　口腔内に炎症があり，歯ブラシの使用が困難な場合清潔を保つために行う。

○用意するもの

　巻綿子，綿棒，脱脂綿，ガーゼ，清拭剤，ガーグルベースン，コップ，タオルなど

・手順
　ⅰ　まず，利用者に口腔ケアの必要性と手順を説明し，自分でできることは自分で行うように同意を得る。
　ⅱ　介護者は，自分の手の保清を行い，必要物品を用意する。
　ⅲ　座位または側臥位をとり，前胸部にタオルをあて，ガーグルベースンを近くに置く。
　ⅳ　清拭剤に浸した巻綿子で歯，歯肉および口腔内の汚れをとる。
　ⅴ　巻綿子は適宜取り替えながら行い，口腔を傷つけないように注意する。

・清拭中は口腔内の観察も行う。
・歯の表面や舌の汚れなどは，清拭剤に浸したガーゼで拭く。
・タオルなどで口の周りをよく拭く。
・後始末する。

○留意点

　口腔内の観察や，摂食機能を高めるために口の中，頬や口の周りのマッサージ，口の開閉運動などを行うことも大切である。

③ 義歯の手入れ

　義歯は食べ物の残りかすがつきやすく，感染や口臭の原因となるので，清潔を保つためには，正しい手入れと保管を行う。

- 食後や寝る前は，義歯を外す。
- 歯ブラシを使用して表面，内面ともに流水でよく洗う（部分入れ歯は金具もよく磨く）。
- 義歯を外したときは，残りの歯も磨く。
- 使用しない場合は，専用の容器に洗浄剤などを入れた水の中で保存する。
- 義歯が合わない場合は，歯科医師などに相談する。

2　形態別の介護の方法

1　片麻痺のある利用者の場合

　片麻痺のある場合は，利用者によって身体の動かせる範囲が異なるので，まずは可動域や生体機能などを十分確認したうえで，個人に合った口腔ケアを行うことが大切です。

- 立位が保持できる場合は，洗面所などに移動し，介護者は利用者を支える，または見守るなどして口腔ケアを行う。
- 座位が可能な場合は車いすに移乗し，洗面所などで口腔ケアを行う。
- 利き手が重度の麻痺の場合は，動かせるほうの手で歯ブラシ，コップを持って口腔の清潔を行う。
- 歯ブラシ，コップなどは持ちやすいように柄の太いものを使用するなど，手に馴染みやすいように個人に合った工夫をする。

2　嚥下障害のある利用者の場合

　嚥下障害がみられる場合，うがいなどにより，水分が誤って気管に入って咳き込んだりするので，口腔ケアでは十分注意する必要があります。

　特に，脳卒中，パーキンソン病，長期臥床などで嚥下障害がある人には十分注意が必要です。

- 麻痺がある場合は，麻痺側に食べ物などが残っていないかどうかを注意する。
- 座位しかとれない場合は，できるだけ前傾姿勢で行う。
- うがいは，回数を分けて少量の水で行う。
- スポンジブラシなど自助具を活用する。
- 口腔ケアの前に嚥下体操などを行う。

> **コラム**
>
> 危機管理「誤嚥事故を未然に防ぐために」
> ① アセスメントを十分に行う。
> ② それをもとに他職種との連携を図り、その内容を十分に把握しておく。
> ③ ①，②に基づいた見守りや介助方法の実施する。
> ④ 食事介助のときは，「食べさせる」ことより「嚥下動作を観察する」ことに比重を置く。
> ⑤ ほんの少し「むせた」程度でも，誤嚥性肺炎を引き起こす危険性があることを認識する。
> ⑥ 異変がみられたら食事を中止し，「どのような異変か」の詳細を観察してすみやかに医療職等につなげる報告能力を養っておく。
> ⑦ いざというときの応急・救命処置の方法を身につけておく。
> 「裏づけのない経験主義はかえって危険を増幅する」
> 「誤嚥事故防止は刻み食やペースト食に変更することだけではない」

3　認知症のある利用者の場合

認知症があっても口腔ケアは大切であり，基本的な生活のリズムをつくるためにも，毎日定期的に行うことが大切です。

ただし，歯磨きを嫌がる場合は無理に行わないほうがよいといえます。後でタイミングをみてすすめることも必要であり，場合によってはうがいだけ行うこともあります。

また，認知症高齢者の場合は自分で訴えることができない場合もあるので，介護者は普段から虫歯や口腔内の傷の有無，義歯の状態などの観察を行うことが大切です。

留意点としては，普段のかかわりを通して信頼関係を確立することが大切であり，そのうえで介護者が見本を示して一緒にブラッシングするなど，その人に適した方法を工夫しながら介助を行うことが望まれます。

5　栄養ケア・マネジメントの意義

1　栄養ケア・マネジメントの基本理念

・利用者の低栄養状態の予防・改善を重要な課題として位置づけるが，その取り組みにおいては，単に栄養指標の改善を目標とするのではなく，

低栄養状態の予防・改善を通じて，利用者の生活機能の維持・改善や尊厳ある自己実現に寄与することを目的とする。
- 利用者の低栄養状態の改善にあたっては，利用者の基本的な日常生活行為であり，生きる意欲や楽しみにつながる「食べること」を優先して他職種が協同で支援する。
- 利用者に対して漫然と経腸栄養を行うことがないように，経口摂取への移行の可能性に関する評価を適切に行い，移行計画を作成し，「口から食べること」を支援する。
- 利用者が必要なエネルギー，蛋白質などの摂取が，食事からでは不十分な場合には栄養補助食品の活用も検討する。
- 利用者本人によるサービスの選択を基本とし，利用者および家族にはサービスの内容を，文章を用いてわかりやすく説明し，同意の確認を行う。
- 「栄養ケア・マネジメント」の運用にあたっては，食事の提供も含めて，具体的な栄養ケアに関する計画を策定し，利用者に対して説明する。
- 「栄養ケア」の提供にあたっては，医師の指導等に基づいて提供する。
- 「栄養ケア」は，施設および居宅サービス間の連続的なサービスとして提供する。
- 利用者の低栄養状態の改善は継続的にモニタリングし，常に適正な「栄養ケア」の提供を行う。
- 栄養ケア・マネジメント体制については，栄養改善，身体状況および生活機能の維持・改善の観点から評価し，継続的な業務の品質改善活動へとつなげる。

(『介護保険施設における栄養ケア・マネジメント実務の手引』より)

表5-1 栄養ケア・マネジメントにおいて介護福祉士がかかわる範囲と関連職種

栄養ケアの必要な高齢者の把握	全専門職
全身状態の把握	医師・看護師
食事摂取状況の把握，食事介助	看護師・介護福祉士（介護職員）
口腔ケア	歯科医師・歯科衛生士 看護師・介護福祉士（介護職員）
摂食・嚥下リハビリテーション	言語聴覚士
薬剤と栄養の相互関係	薬剤師
生活機能・身体活動と食事摂取	理学療法士・作業療法士
栄養スクリーニング・栄養アセスメント・栄養ケアプラン	管理栄養士
栄養ケア（導入時）の説明	ソーシャルワーカー

2　介護福祉士としてのかかわり方

　食生活の直接的支援を担う介護福祉士は，表5-1で示したように幅広い部分でかかわらなければなりません。関連職種への連絡，報告，相談を行うにあたって，個々の利用者の食生活を十分把握しておかなければなりません。また，対応する利用者の特性（心理面，身体面，社会面等）を踏まえ，「個々の利用者の食生活に関する代弁機能」を有しているため，的確な支援・介護等を行わなければなりません。

⑥ まとめ

　高齢者・障害者等の生活を支える私たち介護福祉士は，個々の利用者の食生活をいかに支えることができるかによって「生活の質」が大きく変わることを十分認識し，施設・居宅を問わず「生活歴，地域性，季節感，個々の好み，その時々の利用者の身体状況，障害程度等」に合わせた援助・介助方法を行えるよう日々研鑽を行うことが大切です。

　そして，食生活の充実こそ「精神的安定」を確保するポイントであることを理解し，最近は施設においても個別ケアへと転換していることを踏まえ，個々の利用者に合わせた食事ケアが実践できる介護福祉士となっていかなくてはなりません。

● 文献
財団法人社会福祉振興・試験センター：介護技術講習テキスト，平成16年度
田中元：介護事故完全防止マニュアル，ぱる出版，2002年

4. 排泄の介助

① 排泄自立と介護の視点

　排泄の習慣は幼児期に自立し，社会生活に支障をきたさないように調整され当然のこととして日常行われている行動です。この排泄行動の一連の動作は実に複雑な構成であることに気づくことと思います。その一部がうまく働かなくなると，ふだんは意識することなくふつうに行われていた排泄行動がたちまち日常生活を脅かすことになります。排泄は生命を維持し健康な生活を送るための基本的な条件であり，「下の世話にはなりたくない」という思い，さらに出かけることに不安を生じるなど，身体的にも精神的にも社会的にも影響を及ぼします。

　排泄の一連の動作を思い浮かべてください。排泄行動は，尿意・便意を感じ，生活に支障のないタイミングを調整し，トイレの確認，移動動作，ズボンやパンツを下ろして，排泄の姿勢をとり，排泄し，後始末，パンツやズボンをはいて元の場所に戻るというプロセスがあります。このプロセスに障害があっても，まずは高齢者自身がいろいろ工夫したりして補助的な手段を用い自分で解決していくことが可能です。また，高齢者自身が主体的に他者の助けを得ることで排泄にかかわる一連の動作をスムーズに行えることも排泄の自立と考えてもよいのではないかと思います。

　介護にあたって，排泄の自立を維持することが，自尊心の低下をきたさないためにも日常生活を自立して営むためにも重要であることがわかります。介護を受ける側は排泄という羞恥心や負い目を感じていることを介護者は自覚し，知らず知らずのうちに優位に立つことにならないように対等な立場を意識していたいものです。

② 排泄機能の加齢変化と障害

1　排尿機能の基礎知識

　尿の生成は左右にある腎臓で行われ，尿管，膀胱を経て尿道から排出されます。その過程は次のとおりです。水分は大腸で吸収され血管に入り，腎臓に送られます。腎臓では血液から老廃物や余分な電解質を尿中に廃棄し，必要な物質を必要量だけ血中に再吸収し，血液を浄化しています。尿

図5-62 泌尿器と生殖器

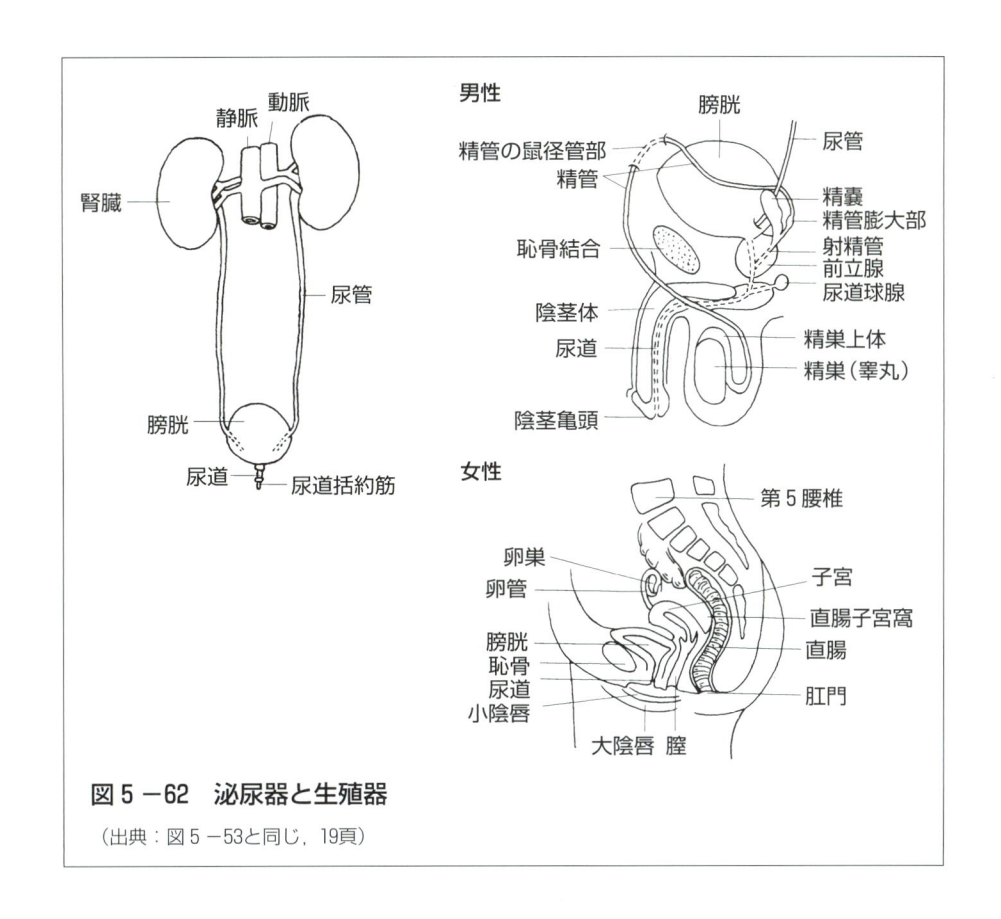

（出典：図5-53と同じ，19頁）

は腎盂（腎盤）に集められ，尿管を通り一時的な貯蔵庫である膀胱へ送り込まれます。膀胱内に200～300mℓ溜まると，膀胱内圧は上昇し，排尿反射が起こり尿意として感じられ，排尿にいたります。成人の1日の尿量は1000～1500mℓ，排尿回数は4～6回で，1回の排尿は30秒以内で終了します。排泄されたばかりの尿は清澄で，淡黄色ないし黄褐色です。

排尿を左右する因子としては，水分摂取量，飲食の内容，発汗，排尿行動能力，年齢，ストレス，気候，排尿設備などがあげられます。

2　排尿機能の加齢変化

排尿を円滑に行えているのは，腎臓で尿が正常に生成され，膀胱内にいったん尿を貯留し，体外に排出する働きがうまく調和されているからです。しかし，加齢により，腎臓の機能低下で尿の濃縮力（水の再吸収力）が低下するため，尿量が増え頻尿にならざるを得ない状態となります。心臓の機能が低下すると，夜間仰臥位になることによって心臓の負担が軽減し，血液循環がよくなるので腎臓で尿が生成しやすくなり，多量の尿が生成されることにもなり，何回も排尿のために目が覚めるということが起こります。膀胱の容量の低下や尿を溜めておくために必要な骨盤底筋群（尿道，

膣，肛門の周りの筋肉）の筋力の低下，排尿を我慢する働きに大切な外尿道括約筋の収縮力の低下，排尿筋の収縮力の低下などがみられます。このために，少量の尿の貯留で尿意を感じる，失禁がある，排尿に時間がかかるなどの状態が現れます。女性の高齢者では，閉経後エストロゲンの低下によって尿道の閉鎖能力が低下し尿路感染や尿漏れが起こりやすくなります。男性の高齢者では前立腺肥大によって尿道を圧迫し排尿が困難になり，ついには排尿ができない尿閉の状態になることもあります。

　排尿は脊髄での反射と大脳でのコントロールで行われていますが，この働きが弱くなってくると，尿意を感じる能力や出かける前に排尿するなどの判断ができにくくなってきます。排尿に関する神経の障害で，少量の尿でも尿意を感じる，尿意はあるが排出できない，尿意を感じないが排出してしまうなど排尿のコントロールが難しくなることもあります。尿意を感じてもどのような行動をとればいいのか判断できないことや介助を必要とするがうまく伝えられないこともあります。

3　排尿機能の障害

　排尿は膀胱における蓄尿と排出が調節されています。膀胱に十分尿を溜めておくことができないと頻尿，尿失禁といった症状が現れ，尿の排出に障害が起きると排尿困難，尿閉といった症状が現れます。これらを排尿障害といいます。

❶　頻尿

　1日の排尿回数が正常の排尿回数より異常に多いものをいい，一般的には排尿回数が8～10回以上あります。全体の尿量に変化がないにもかかわらず，膀胱炎などの炎症，膀胱の縮小，心因性などの原因で少量ずつ頻回な排尿がみられます。一方，多飲や利尿剤使用のため尿量が増加したときにもみられます。特に夜間に多いものを夜間頻尿といいます。

❷　尿失禁

　尿失禁は，国際禁制学会（International Continence Society：ICS）で「客観的に証明できる不随意の尿漏出で，このために日常生活を送るうえでも衛生的にも支障をきたしている状態」と定義されています。尿失禁はいくつかのタイプに分類され，腹圧性尿失禁，切迫性尿失禁，溢流性尿失禁，機能性尿失禁があげられます。

・腹圧性尿失禁：咳，くしゃみ，笑う，運動，重いものを持ったときなどに，尿道の括約筋の収縮が十分に行えずに失禁する。
・切迫性尿失禁：激しい尿意を伴い，トイレに行くまでに排尿を我慢できずに失禁する。急性膀胱炎など粘膜の病変で知覚過敏，膀胱容量の

減少，前立腺肥大症などにより起こる。
- 溢流性尿失禁：尿閉傾向にある場合，尿が膀胱内に充満し膀胱からあふれて尿漏れが起こる。常に排尿後も膀胱内に尿が残っている状態（残尿）である。排尿筋の収縮力の減弱や前立腺肥大症などで尿道抵抗の亢進による。このままの状態だと尿路感染や腎機能障害を引き起こすこともあるため，医療的な処置の必要な尿失禁である。
- 機能性尿失禁：膀胱・尿道の機能は正常であるが，ADLの障害や認知症など排尿行動を適切に行えずに尿失禁する。十分な注意や適切な介護を行わなかったことによっても起こる尿失禁であるといえる。

> **コラム**
>
> 前立腺肥大症
>
> 前立腺は，膀胱の真下で尿道上部を取り囲むようにあるクルミ大の大きさとかたちをした腺で，精子を活発化する役割がある。前立腺の内腺の肥大は45歳頃から出現し，ほとんどすべての高齢男性に及ぶ。肥大により尿道を圧迫し，夜間頻尿や残尿，尿閉といった症状が現れる。治療としては，初期には薬物療法があるが，進行すると手術療法の適応となる。

❸ 排尿困難

膀胱に溜まっている尿が出にくい状態を排尿困難といいます。尿意を催して排尿姿勢をとっても排尿が始まらない遷延性排尿，排尿が始まっても終了するまでに時間がかかる苒延性排尿があります。排尿時にいきむ，尿が細く勢いがない，排尿終了後の残尿感などが観察されます。

❹ 尿閉

膀胱内に多量の尿が溜まっているにもかかわらず，自力で排出できない状態をいいます。

原因としては，前立腺肥大や腫瘍で尿道が圧迫される，尿道が結石や腫瘍などで閉塞されるなど機械的障害によるもの，尿道や，膀胱などの疼痛が激しいことによるもの，尿に関係のある神経が障害されたときなど神経性の障害によるもの，膀胱壁の障害によるものがあります。膀胱内に尿が充満している状態が続くと，尿が尿管を逆流し腎盂に到達し充満すると，腎で生成された尿の受け皿がなくなります。このような状態が続くと，腎での尿の生成ができなくなり，生命が危険な状態になります。

4 排便機能の基礎知識

　おいしく食べたものを栄養として吸収し，不要になったものを排泄するという繰り返しは生きていくうえで重要なことです。食べられなくなっても排便できなくなっても健康な生活が脅かされます。

　排便は次のような過程で行われます。食物が摂取されると，食道，胃，小腸，大腸を経て，消化・吸収され，最終的に消化されなかった食物残渣，粘液，細菌，水分を含んだものが便として排出されます。食道から胃に達し食物がすべて胃を通過するのに4時間ほどかかり，小腸では4～8時間かけて消化・吸収が行われます。最終的に大腸に到着したものはほとんど栄養素を含んでいませんが12～24時間以上とどまり，水分を吸収し便を形成します。S状結腸部に溜まった便は，食事中または食後に起こる強い収縮力である総蠕動が起こり，内容物が直腸に達します。直腸にある一定の圧力（30～50mmHg）がかかると直腸壁に分布している骨盤神経を刺激し，その興奮が脊髄を経て大脳に伝えられ便意を感じます。便意を感じたとき，排便することに適している場合には直腸内の肛門括約筋が緩み，外肛門括約筋を意図的に緩め腹圧をかけ，声門を閉じて息をつめるなどを行い便が排出されます。都合が悪い場合には排便を我慢することができますが，常時これを行っていると直腸壁に強い圧がかかっても便意を生じなくなることがあります。食物が摂取され便になる時間はおよそ24～72時間で，1日の排便量は成人で100～250g程度です。

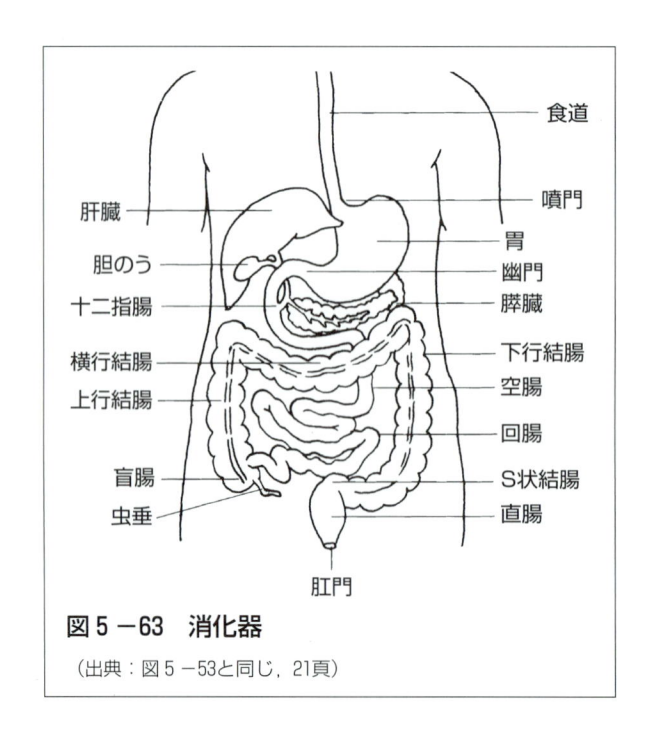

図5－63　消化器

（出典：図5－53と同じ，21頁）

5　排便機能の加齢変化

　加齢により排便機能に変化が現れます。腸粘膜が萎縮し，腸の弾力性繊維の減少もあり，腸の蠕動運動が低下します。消化液分泌量の減少，腹筋力の低下，排便反射が減弱します。さらに，歯牙の欠損，食事内容の偏り，水分摂取不足があり，運動不足もからまって慢性の便秘になりやすくなります。小腸の吸収機能が低下することから，栄養素が十分に吸収されずに大腸に達し，大腸内にとどまっていることによってガス産生が増加し腹部膨満や腹痛をきたすことにもなります。反対に，腸の蠕動運動が異常に亢進すると，腸内容物の吸収が十分行われないまま大腸に送られ，その刺激で下痢になります。また，抵抗力や免疫力の低下，ストレスによる自律神経系の乱れなどにより下痢を起こしやすくなります。肛門括約筋の緊張性の低下や運動機能の低下によりトイレに間に合わない，便意を伝えられないなどで，便失禁になることもあります。

6　排便機能の障害

　食事などの日常生活習慣の影響や病気，薬剤使用の影響によって下痢や便秘，腸閉塞などの異常を起こすことがあります。

❶　便秘

　便秘とは，便が大腸や直腸に長くとどまり，水分が吸収されて固くなり，排便に困難と苦痛を伴う状態をいいます。1日1回の排便が標準ですが，回数だけの問題ではありません。2〜3日に1回の排便でも便の固さが普通で排便が困難でない場合は便秘ではありませんが，毎日少量の排便があっても，固くて排便時に苦痛を伴う場合は便秘といえます。

　便秘は，大腸の機能が障害されて起こる機能性便秘と通過障害があるために起こる器質性便秘に分けられます。機能性便秘には大腸の蠕動運

種類	器質性便秘	機能性便秘		
		結腸性(弛緩性)便秘	直腸性便秘(排便困難症)	痙攣性便秘
便性状	軟〜硬，疾患によっては粘血便	硬便，大きい 粘血便（−）	軟〜硬，ときに液状便 粘血便（−）	硬便，小さい（兎糞状）ときに便秘・下痢の交替

図5−64　慢性便秘の病態模式図

（出典：足立幸彦：便秘，亀山正邦監・琵琶湖長寿科学シンポジウム実行委員会編：高齢者の日常生活と「ありふれた病気」，医歯薬出版，127頁，1994年）

動の低下によって起こる弛緩性便秘と排便反射が低下し直腸内の便排出困難をきたす直腸性便秘，腸内で痙攣性収縮が起こり腸の内容物が移動できない痙攣性便秘があります。痙攣性便秘の場合は，固くて小さい（兎糞状）便となります。器質性便秘には，腫瘍や炎症などで腸管が通過障害を起こした場合や病気に伴う便秘があります。

❷ 下痢

水性もしくは無形の便が排泄される状態を下痢といいます。排便回数は一般には増加しますが，1日1回のこともあります。

下痢は，①腸粘膜の障害により水分が吸収されない，②腸の蠕動運動の亢進で腸内容物が早く通過する，③腸粘膜からの腸液の分泌が亢進することで起こります。

原因としては，不消化物や冷たい飲み物を大量に摂取した場合，牛乳や卵などの食物アレルギー，不安や恐怖などが自律神経を失調させる場合などがあります。腸管の腫瘍，炎症，潰瘍などの腸管粘膜障害は，腸液の分泌亢進や蛋白質や血液の漏出，水や電解質の吸収障害をきたします。細菌やウイルスなどの感染によっても下痢を起こします。高齢者では視力や嗅覚の低下で腐敗したものやカビの生えたものを口にするなどということも起こり，社会問題になった病原性大腸菌O-157のような食中毒などの注意も必要です。

高齢者では緩下剤が効かないからと飲み過ぎることにより，下痢が始まることもあります。

下痢でトイレに間に合わないなどで一時的に便失禁の状態になることもあります。

③ 排泄の自立を妨げる影響要因

高齢者は加齢によって排泄にかかわる身体機能に影響を受け，排泄障害を起こしやすい状態にあります。さらに，高血圧や脳血管障害などの慢性の病気や移動能力が低下するなどで，排尿障害や排便障害を引き起こします。

環境も排泄の自立に影響を与えるといえます。

1 病気と治療の影響

高齢者に起こりやすい病気や治療が排泄に影響を及ぼすことがあります。脳血管障害などで，神経の伝達がうまくいかなくなり便意を感じなかっ

たり，麻痺のために排泄動作ができなかったり，痔などで排便時の痛みを思い浮かべて排便を我慢していることもあります。

高齢者に限らず病気や障害のためにベッド上で排泄せざるを得ない場合，怒責しようとしても腹圧をかけられない，周囲を汚してしまうかもしれない，臭いが気になる，後始末してもらう気兼ね，恥ずかしさからなかなか排泄することは困難です。

循環器の病気や神経系の病気などに使用される薬剤のなかには腸管運動を抑制する作用のものがあり，便秘になることがあります。

睡眠薬の服用によって熟睡して失禁する，身体がふらつきトイレまで尿意を我慢できず失禁することもあります。風邪をこじらせたり，肺炎で高熱がある場合，一時的に尿を漏らすこともあります。

寝たきり高齢者の便秘者の割合は同年代の健康高齢者の5倍以上であり，寝たきり度が重度になるほど便秘者の割合も多くなる傾向があるという研究結果[※8]が出ています。ですから，高齢者は便秘でもしかたがないと思わず，原因となることはないか観察することが大切です。

認知症により，トイレの位置がわからないため失禁したりトイレ以外の場所で排泄することもあります。

2 環境の影響

トイレの位置や距離・道筋，便器の種類，手すりの有無，暗い，寒いなど排泄環境が整っていないことが排泄に影響します。トイレに行くのが面倒だから，また介助を頼むことを遠慮しておむつを使用することにもなります。トイレへ行く回数を減らそうと水分や食事摂取を制限することもあります。その結果，便秘になったり，尿量が少なくなり脱水に陥るなど身体に悪影響が出てきます。

施設や病院というように生活の場や生活スタイル，食生活の変化や人間関係が変化し便秘になったり，ストレスで下痢にもなります。介護者に遠慮する，言っても聞いてもらえないから言わない，介護者の都合でおむつを使用するなど介護者との関係も影響してきます。

※8　深井喜代子・塚原貴子・人見裕江「日本語版便秘評価尺度を用いた高齢者の便秘評価」『看護研究』28（3），209～216頁，1995年。

④ 排泄の観察

ここでは，観察のポイントとどのように観察を進めていくか，観察したことをどのように考え，どんな対処をするかについて述べていきます。

高齢者自身が支障の出てきたことを自覚し，自分では対処が困難になっているにもかかわらず言えない状態にあることもあります。介護にあたっては，排泄の自立の障害はどこにどの程度起きていて，高齢者はどの程度対処できているのかを知り援助することが大切です。

1　排便の観察

❶　観察項目

便意の有無，排便回数，便の量と性状，日常の便通状況，腹部膨満感，便秘時の対処法，水分と食事摂取量，活動状態，ストレス，緩下剤の使用の有無，腹痛，しぶり腹，嘔吐，発熱，皮膚や粘膜の乾燥，便失禁の有無，肛門周囲の状態。

❷　観察の進め方

それぞれ排便習慣がありますので，通常の排便回数や排便時間，排便に関する習慣を知っておくことは，その人に合った援助につながるためにも大切なことです。人によっては「いつも3日に1回くらいのお通じが普通です」，「お通じのないときにはこの薬が自分に合っています」，「和式のトイレでないと排便ができません」，「便秘のときには○○を食べると調子よく排便ができます」など，さまざまな排便習慣や対処法があります。

便意はあるのかどうかは，言葉で訴えられない場合は何らかの合図を送っていることがありますので注意して観察します。便がどんな状態でも排泄されていれば便秘でないという判断は危険です。直腸内で便塊が硬く乾燥してしまい，そのうえに運び込まれた便が漏れ出す状態のときがあります。腹部膨満感の有無やさかのぼって様子を聞くことや観察記録を見る必要があります。

便秘の状態が続くと，腸内に便が貯留することでの心身への影響があります。腹痛を起こしたり，腸内で便塊が発酵したり腐敗して有害物質やガスが発生し，その結果，嘔気や嘔吐が起こったり食欲を低下させます。

下痢により水分や電解質が失われて脱水症状を起こしていないかの観察，肛門周囲の皮膚状態の観察が必要です。

2　排尿の観察

❶　観察項目

排尿回数と排尿間隔（昼間，夜間），尿量と色，臭い，尿の混濁の有無，尿の出方・勢い，尿意の有無，排尿時痛や不快感，残尿量と残尿感，排尿方法，おむつ・パッドなどの利用，尿漏れ，排尿にかかる時間。

❷ 観察の進め方

最近よくトイレに行く姿を見かける，下着の汚れていることがある，トイレに行くとなかなか戻ってこない，夜間のトイレ回数が多く睡眠不足のようだなどと気づくことがあります。

頻回に排尿がある原因として，多量の水分摂取，排尿困難のため膀胱内の尿を排出しきれず残尿がありすぐに尿意を感じる，膀胱容量が減少しているために尿量が少なくても尿意を感じる，膀胱炎を起こして膀胱壁が過敏になり尿意を感じる，その他精神的緊張や感情の高ぶり，失禁の不安から尿意がなくても排尿を試みることなどが考えられます。こんなときには，本人の尿意に合わせて排尿介助するだけでは，原因となっている身体の重要な変化を見逃すことになります。水分摂取量はどれくらいか，尿量はどれくらいか，排尿後も尿が残っている感じ（残尿感）はしないか，膀胱部（恥骨上部）は膨らんでいないか，尿は濁っていないか，発熱していないかなどを観察することが大切です。また，尿を出しにくくて気張らないと出ない，排尿開始までに時間がかかる，排尿に所要する時間が長いなどの症状も現れることがあるので注意します。

排尿回数が少ない場合にも水分摂取量はどれくらいか，尿量はどれくらいか，汗のかき具合はどうか，尿意の有無，尿が出にくいことはないか，膀胱部のはり具合はどうかを観察します。夏の暑いとき汗をかくと尿量が減少し色の濃い尿が排出されるときがあります。このように理由がはっきりしているときには水分の補給が浮かぶと思います。しかし，尿が出にくい，つまり排尿困難なときには医療職による判断が必要になります。具体的に状態としては，最初の一滴が出始めるのに時間がかかる（遷延性排尿），出始めてから終了までに時間がかかる（苒延性排尿），尿線が細くて勢いに乏しい，無意識のうちに気張っている，排尿が終わったのに残尿感があるなどです。排尿困難の最大のものが尿閉の状態です。膀胱部が膨らみ，触れると痛みがあるようなときには尿閉が疑われ，早急にカテーテルなどで尿を排出する処置が必要になります。日ごろから排尿が困難な高齢者や尿意を伝えられない高齢者には排尿状態を把握し，早期発見することが大切です。

ちょこちょこ漏れる，量が多すぎて漏れる，昼と夜では漏れ方が違うなど尿失禁の場合には先にあげた尿失禁の分類をもとに観察を進めます。

3　排泄に共通する観察事項

- 運動機能の状態：寝返り，上肢の機能（どのような動作が可能か），下肢の機能（立位の安定性，歩行の状態，補装具の有無，車いす，歩行器，杖，履物，介助の有無），麻痺，しびれ，疼痛の有無，転倒の経験
- 知覚機能：理解力，記憶の保持，表現能力
- 感覚機能：視力，聴力，手指の感覚，嗅覚
- 皮膚の状態：清潔さ，かぶれ，乾燥，発赤
- 睡眠：夜間の覚醒，熟睡，眠剤の服用
- 生活習慣：食習慣と水分摂取量，衣類
- 排泄に関する気持ち：現在の排泄状況をどのように思っているか，困っていること，望むこと
- トイレの環境：位置や距離，手すり，段差，障害物，床，照明，プライバシーなど
- 家族関係，経済的状況，社会活動への参加，女性の場合は出産状況

5　排泄自立に向けての介護

　排泄の観察を根拠として援助を行っていくことは，行っている介護の意味を明らかにし，効果を評価していくうえでも大切です。観察で，高齢者個々の排泄に関する状況がみえてくると，それぞれの状況に応じた介護計画が立てられます。

　排泄の失敗体験は高齢者の気持ちを後退させ，成功体験や爽快感は自立への意欲を増します。介護者は成功したときには一緒に喜び，失敗したときはやさしい励ましや相手の立場に立った表現を用いて高齢者の惨めな気持ちを救うことで，気兼ねなくやってみようという気持ちになれるようなかかわりが大切です。トイレの位置や排泄行為が自立できるような環境，プライバシー保持など排泄環境を整えることも大切です。

1　排泄環境を整える

　トイレの位置はADLを考えた距離とし，尿意・便意を感じたらすぐに行動できるようにベッドの高さの調整やベッドから降りるとき，あるいはふとんから立ち上がるときに支えになるようなバーや柵が必要です。トイレの構造は，膝の痛みや立ったり座ったりが困難な高齢者のために洋式で手すりがついていると利用しやすく，介護者や車いすのスペースが必要です。トイレットペーパーを使用しやすい位置に置くことやトイレットペーパー

が使えない場合は洗浄器つき便座を設置することも考えられます。最近，自動切り取り式になっているトイレットペーパーホルダーも開発されているようです。トイレまでの歩行や移動時の障害物の除去，歩きやすい履物を準備します。

環境には物的資源を整えることや，十分な人的資源も調える必要があります。環境が整えられていることで安心して，気兼ねなく排尿の援助を受けられることにつながります。施設では，朝食後に多くの人が便意を感じるため，介護できる体制を考えなくてはなりません。

安全で安楽に排泄できるために，暖房，照明，ナースコールなどがあります。

自室でポータブルトイレ等を使用する場合には，衝立などを利用するほか，音や臭気にも配慮するなど，プライバシーが守れるような環境を準備します。音楽を流すことや消臭スプレーなどの工夫ができます。尿器などを使用する場合は，シーツを汚染しない工夫や，できれば部屋の外で待つなどの配慮をしたいものです。

寒い時期に寒い環境だと厚着をしているために，下着をとるまでに失禁ということになりかねません。排泄行為がスムーズに行えるような衣類の工夫は，排泄の自立を促すと同時に介護者の負担軽減にもつながります。しかし，衣類を身につけるのは本人ですので，相談して選択することは忘れてはならないことです。

紙おむつ使用にあたっては家庭の状況に合わせて経済的な負担を少なくする工夫も考えます。パッドを併用すると，おむつの汚染を減らすこともでき経済的ですが，使用する本人のつけ心地や排尿量，回数など考慮して選択する必要があります。

トイレの工夫

❶ 手すりを付ける

便器のそばに手すりを設置することを考えてみましょう。手すりの位置は本人の体格，利き手，トイレの位置によって考えなければなりません。本人が便座に座るとき，立ち上がるとき，どのような動作をしているのか観察するとよい位置が見つかります。

❷ 便座の高さを調節する

股関節や膝の曲がりにくい高齢者は，普通の洋式トイレの高さだと座れなかったり，立ち上がりにくい場合があります。そのようなとき，便座を高くすることで動作が楽になります。利用時のみ取り付ける簡易便座もあります。反対に便座の位置が高くて座ることができない場合には，床を高くして座る工夫もできます。

❸　ポータブルトイレ

　ポータブルトイレは，歩行が困難になったり，介護者が支援できにくくなるに従って使用されるようになります。しかし，使い慣れたトイレでの排泄習慣が長年にわたって身についているので排泄しにくいものです。今は，さまざまな形態のものが市販されていますので，試してみて本人が快適に使用でき，介護者にとっても使いやすいものを選びましょう。具体的には，安定感がある，座ったとき足底が床に着く，便座の大きさが殿部の大きさに合う，身体機能に合わせて肘掛けや背もたれがある，足引きスペースがあり立ち上がりやすい，手入れがしやすいなどがあげられます。

❹　シャワートイレチェアー

　座マットを置けば車いす代わりになり，洋式トイレに移動して便器に移乗しないまま排泄できるものです。シャワー時にも利用できます。

2　排尿自立への援助

　治療が必要な失禁や排尿自立を阻害する病気がある場合には，早期に治療が受けられるようにする必要があります。

　頻尿のなかには，気持ちをそらすような働きかけで落ち着くこともあります。尿失禁が介護者の働きかけでよい状態になる経験もあり，治療をしなければならない重大な病気でない場合，尿失禁があったとしても健康や生活が障害されなければよしと考えられる場合もあるのではないでしょうか。腹圧性尿失禁は，軽度の場合，骨盤底筋運動で効果の得られる場合があります。

排尿誘導

　排尿は私たちの生活の一部です。尿意がなくて失禁してしまう場合や尿意があっても伝えることができない，あるいは遠慮してぎりぎりまで我慢してしまう場合などには排尿に効果的に誘うことで失禁することなく排尿がスムーズに生活に組み込まれます。

　施設においても排尿誘導の時間や間隔は，身体機能と生活リズム（例えば，睡眠，食事，入浴，レクリエーション，外出など）を踏まえて組み入れていくことが大切です。排尿誘導は介助者側からという一方的な考えでなく，高齢者の訴えに耳を傾け，自ら尿意を訴えることがあればすぐに反応し適切な援助を行います。

　認知症がある場合には，尿失禁が生じやすくなります。排尿したくても方法がわからなかったり，尿意を訴えたり汚染による不快感を訴えることが困難なためです。そのため，トイレ以外で放尿したり，下着を脱ぐ援助

図5-65 便座の工夫

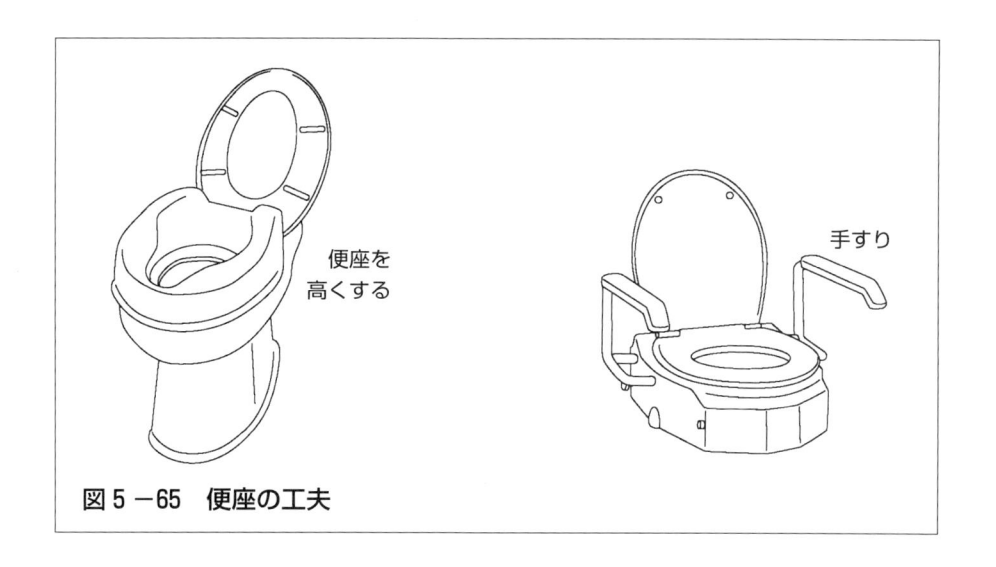

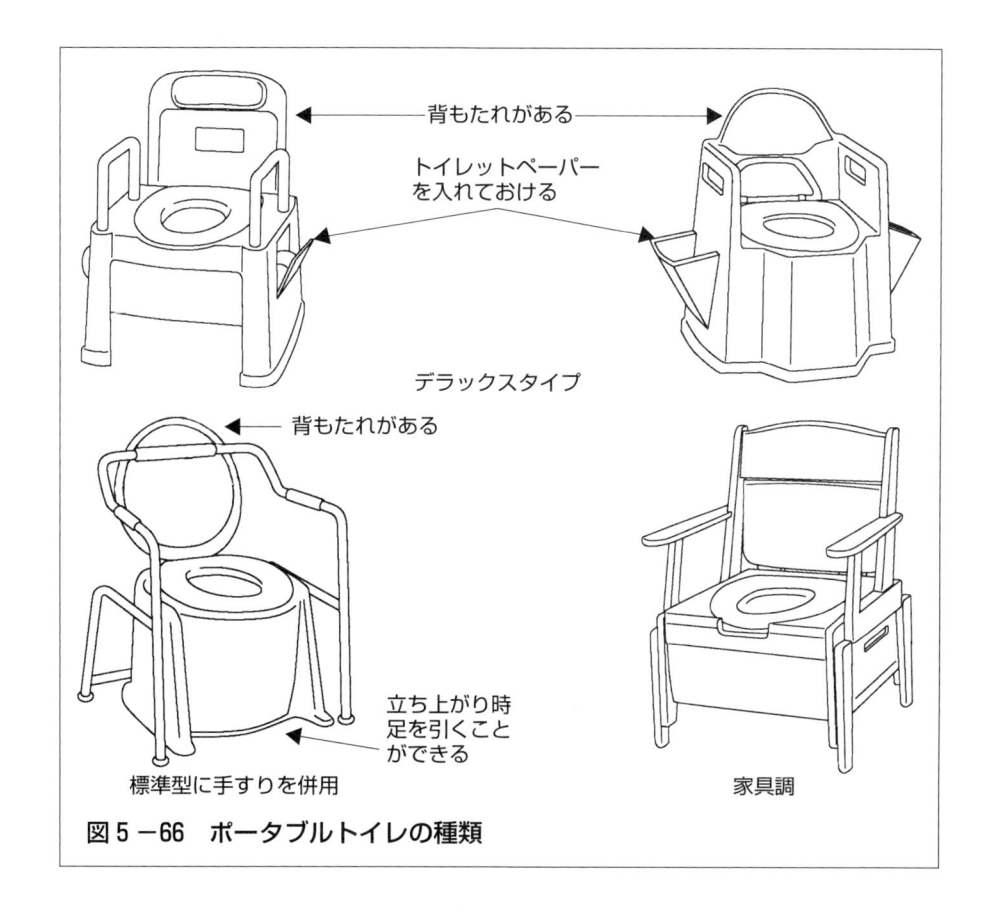

図5-66 ポータブルトイレの種類

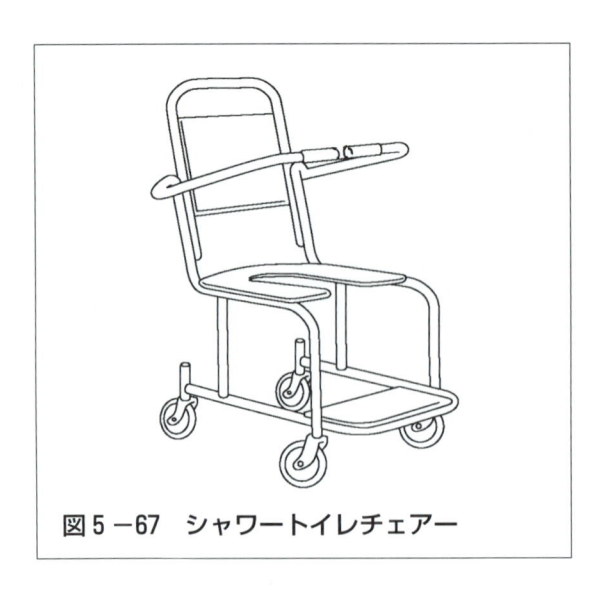

図5-67 シャワートイレチェアー

> **コラム**
>
> 排泄と転倒・転落
>
> 　川村らが実施した1999（平成11）年に全国218施設の病院における転倒・転落に関するヒヤリハット事例の分析結果[注]が報告されています。転倒・転落事例の分析において，排泄行動はほかの意図的行動よりも行動そのものの転倒リスクが高いとして，その他の事例と分けています。
>
> 　その理由として，①必須の生理的行動である，②生理的切迫感を伴い夜間でも行動しなければならない，③人間の自尊心と深くかかわり，自らの「できる行動」と「したい行動」に乖離が生じやすく危険が高い，という点をあげています。
>
> 　自立排泄行動による事例では，約8割が65歳以上の高齢者で約6割が深夜帯に発生，排泄行動の行程（5行程：1.臥位より起き，ベッドより下りる，2.ベッドサイドに立つ，3.トイレに移動する，4.便座に座る～排泄～立ち上がる，5.ベッド（病室）に向かって移動し，ベッドに上がる，6.その他）からみると，"往路"に多いことなどが明らかにされ，「転倒・転落マップ」が作成されています。ほとんどが急性期病院という環境から，高齢者施設にはすぐには置き換えられませんが，詳細な分析は転倒・転落予防に役立ちます。
>
> 　　　　　（注：川村治子：医療のリスクマネジメントシステム構築に関する研究，2001年3月）

に抵抗をすることもあります。何かサインはないか，何ができるかという見方で一人ひとりに合った援助方法を見つけていきたいものです。例えば，手が下腹部に行くような行動がみられたとき，立ち上がってうろうろする様子がみられたとき，探すような姿がみられたときなど「ちょっと私トイレに寄っていこうと思うのですが，一緒に行きませんか」などと声をかけてみたり，「お手洗いをすませて食事にしませんか」などと誘ってみることもできます。

運動機能が低下するパーキンソン病の人では運動レベルの変動があります。寝起きより，活動を始めてからのほうが動きのよいことや，疲労なども影響するので，そのときの状態に合わせて援助方法を変えていく必要も出てきます。

コラム

パーキンソン病の人の行動特徴

安静臥床時に手や足を曲げたり伸ばしたりしようとすると，筋肉が硬くて抵抗があります。手指など身体の末梢部に振戦がみられます。ベッドから起き上がろうとしても自分の思うように身体が動きません。動作の開始がうまくいきません。歩行時は前につんのめって歩き，次第に小走りになっていきます。

コラム

骨盤底筋体操

腹圧性尿失禁は，骨盤底筋体操を根気よく行って筋肉を強化することで効果を期待できます。女性の骨盤の底にある筋肉を骨盤底筋群とよび，骨盤内にある膀胱，尿道，膣，子宮，直腸を支えるために重要な働きをしています。排尿を中断するときに働く筋肉が骨盤底筋群です。骨盤底筋群が弱くなると，腹圧がかかった際に十分な抵抗のない尿道から尿が漏れます。体操の基本は，尿道，膣，肛門周囲の筋を収縮させる運動です。方法は，肛門や膣の周りの筋肉を3～10秒収縮させ，リラックスする，これを毎日10～20分繰り返し行う方法があります。

❶ 尿器・便器の使用

尿意はあるが，起き上がることが困難な場合には尿器を用いて排尿ができます。尿器には，従来からの尿器，タンク式尿器，吸引式尿器などがあります。吸引式尿器はセンサーが感知し尿を吸引するので，臥位でも逆流の心配がなく使用できます。まずは，何ができるかということを

常に考えることで，本人に合った尿器を見つけることや工夫することができます。

便器は，金属やホーローの場合は暖めて用います。女性の場合は排尿もみられますので，トイレットペーパーを細長く重ねて陰部を覆い，端を便器の中に入れ，尿が外に飛び散らないようにします。尿器での排尿がうまくいかないときには排尿時にも便器を用いるとよいでしょう。男性の場合は尿器を一緒に使用する方法をとります。排便時は，足に力が入るように膝を立てた姿勢で，できればベッドを少し上げ，上半身を起こした姿勢になるようにします。

❷ おむつの使用

尿で下着を汚すからといって，すぐにおむつを使用することは，排尿の自立を妨げ，高齢者のプライドを傷つけることにもなりますので，必要最小限にするべきです。しかし，何が何でもおむつを使用しない，ということがかえって高齢者を苦しめることもあります。おむつも下着の一部として，目的に合った種類のおむつを選択することが大切です。おむつには布おむつと紙おむつがあります。それぞれ長所と短所があるので，特性を理解して使用します。おむつの選択については，便失禁の有無や1回の排尿量，活動の状況によって考えます。紙おむつの種類には，パンツ型，テープ型，フラット型，パッド型，失禁パンツなどがあります。メーカーにより，給水力，カーブやギャザーなどの横漏れ防止効果，通気性，防菌性，防臭効果，おむつカバー併用型，切って使えるタイプなどさまざまなものがあり，価格にも多少の違いがあります。価格をみておくことも生活を支える介護職としては基本的なことです。

外出時の少量の尿漏れには厚手のパンツにパッドまたは失禁パンツをつけることで安心できますし，下着が尿で汚染し尿臭がしたり，皮膚が湿潤することが防止できます。自分で取り替えることができないベッド上で過ごしていることの多い方にはテープ型，フラット型のほうが介護者にとっては負担が少ないといえます。

夜間，少量ずつの失禁がある場合，おむつを使用すると安心して睡眠がとれますし，洗濯の負担が軽減できます。

反対に，おむつを使用することで安心し，自立を妨げ，外せなくなることがあります。また，長期間の使用により皮膚の障害や尿路に感染を起こすことがあります。活動性を低下させることや，おむつをつけたことに対するショックや動揺をきたすことにもなります。

おむつを使用するにあたって，以下のような事項に留意します。

① プライバシーを確保します。

② 「おむつ交換です」という直接的な表現でなく,「下着を着替えませんか」などという表現にしましょう。

③ 汚れたおむつはできるだけ早く交換します。

④ おむつ交換時には皮膚の状態や排泄物を観察します。

⑤ 陰部,殿部の清拭・洗浄をし,よく乾燥させてから,おむつをあて,清潔に保ちます。

⑥ そけい部,腹部から尿が漏れないようにする必要がありますが,締めつけすぎないように,腹部周りに指が2本程度入るゆとりをもたせましょう。

⑦ 認知症の方の場合,人格を傷つける態度を避け,排泄援助に参加してもらえるような働きかけが重要です。

❸ おむつからの離脱

おむつをつけても常におむつを外す可能性の検討をするということは大切です。排尿環境の整備や排尿誘導により,尿失禁が改善されてきたらおむつを外す具体的な働きかけをします。その日の体調や介護者の働きかけによって後退することもあります。特に長期にわたりおむつを使用していると,自分の生活にトイレに行くという習慣のない生活リズムができている場合もあります。おむつを外すことによる快刺激の体験をもつことが重要になります。

しかし,急におむつを外すことにより,失禁してはならない,失禁するのではないかなど,失禁に対する不安で日常生活に支障が出たり,夜間の失禁をおそれて睡眠不足になることもあります。夜間だけおむつをつけ,朝になると外すなど徐々に進めていくことも高齢者と相談して行っていきます。

施設などに移ってからおむつを外すことになった場合には,自宅と異なる排泄環境になったことによる混乱がみられることもあります。失禁しないことを最優先した介護者の働きかけにより,利用者の生活を無視した排尿誘導になってしまうこともあります。排尿パターンを知ったうえでの働きかけであっても結果として失禁はなくなったという一見よくなったかのようにみえますが,これでは介護する側の満足だけで高齢者の生活を無視したものといえます。少し早めでもレクリエーション参加前に排尿を進めるなど,生活リズムに組み入れていくことが大切です。

❹ カテーテルの留置

排尿困難や尿閉のため,膀胱にカテーテルが留置されていることがあります。カテーテルが長期に留置されると,膀胱が尿を貯留することなく,常に排出しているため,膀胱の容量が低下し排尿機能に影響を及ぼ

したり，感染を起こしやすい状態になることがあります。尿路感染の予防と，膀胱機能を維持するために，排尿のたびにカテーテルを挿入する方法や本人自身あるいは家族が間隔をおいてカテーテルを膀胱に挿入し，排尿が終われば抜去する間欠自己導尿という排尿方法もあります。介護職は自己導尿の補助をするため，カテーテルの準備や体位の保持を行うことはできますので，医療職との連携のもと介護にあたります。膀胱へのカテーテル挿入，膀胱カテーテル留置は医療的な処置のため，介護にあたっては以下のことに留意し，医師や看護職との連携が必要です。

① カテーテルの仕組みを知っておきましょう。
② カテーテルを折り曲げたり，引っ張ったり，体の下敷きにならないように体位変換時や体動時には注意が必要です。
③ 蓄尿バッグ内の尿は毎日捨て，尿を観察します。
④ 尿の逆流を防ぐため，蓄尿バッグは膀胱部より低い位置につるします。
⑤ カテーテルを挿入している尿道口周囲は清拭や洗浄をして清潔に保ちます。
⑥ 自浄作用を促すため，水分摂取の制限のない場合には1日尿量を1500～2000mlに保つよう水分摂取をすすめます。

3　排便自立への援助

❶ 便秘傾向の方への援助

① 食事の工夫と水分摂取

　　食事を工夫して，できるだけ排泄しやすい便にするように援助します。食物繊維は便の容積を増やし腸管を刺激するので，食物繊維を含む野菜，海草類や果物，豆類，こんにゃくやさつまいもなどを多く摂取するようにすすめます。食事の摂取量の少ない高齢者には，おかずから食べるようにすすめるとよいでしょう。水分摂取が少ないために硬い便になることもあるので,水分を十分にとるようにすすめますが，心臓や腎臓の機能が低下している場合は水分のとりすぎに注意しなければなりません。食事で胃や腸が満たされることがきっかけに大（総）蠕動が起こり，内容物が直腸に送られます。朝食後に多くみられますので，朝食を十分とるようにし，排便できるように働きかけることが排便習慣をつけるために効果的です。早朝に冷たい牛乳や水を飲むなどは便秘の解消に役立つ援助としてあげられます。

② 腹部のマッサージや温罨法

　　腸の働きをよくするために腸の走行に沿って時計の進行方向にマッ

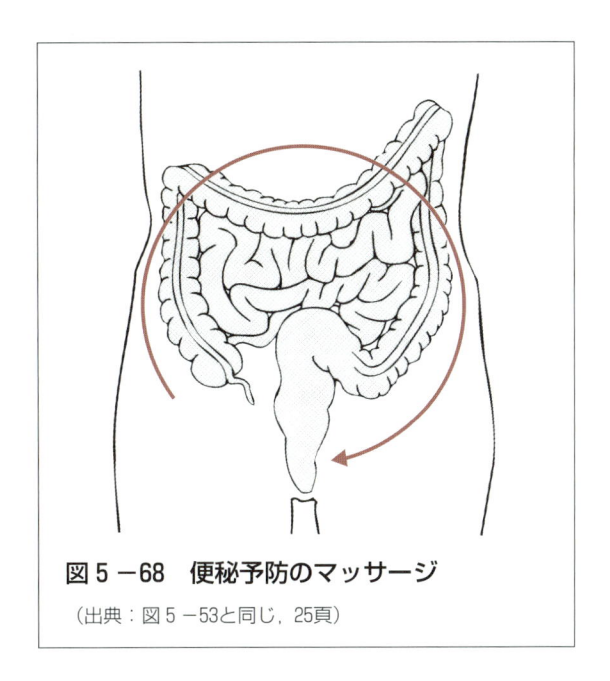

図5-68 便秘予防のマッサージ
（出典：図5-53と同じ、25頁）

サージすることや腰背部を熱いタオルなどで温める方法があります[※9]。消化管の穿孔や閉塞のある場合や出血傾向にある場合，全身衰弱，血圧の変動が激しい場合には禁忌とされています。入浴でお腹を温めることで腸の運動が活発になるので，お湯につかったときにマッサージをすることもよい方法です。

③ 運動する

寝たきりの高齢者であっても，体位変換や可能な限り四肢の自動他動運動ができます。寝ていることが多い場合は，腹筋が弱くなっているうえに仰向けのままでは腹筋に力を入れにくいため，できるだけポータブルトイレに座るなど腹筋に力が入る姿勢を工夫することが大切です。排便時の怒責に必要な腹筋を強くするために，腹筋運動などの運動をすすめます。体操や散歩なども日常生活に組み入れていくなどの工夫ができます。ベッド上で排泄しなければならないときには，腹圧のかけやすい体位を工夫します。

④ 摘便

長期にわたって排便がないと，水分がどんどん吸収されて硬い便になり，自力での排出が困難になります。そういうときに手指で便を掘り出す摘便という方法があります。摘便は，肛門周囲に傷がある人，挿入で出血を起こす可能性がある人や腸の疾患以外にも禁忌な場合が

[※9] 川島みどり「排便，排ガスの技術―腰背部の罨法」『ナーシング・トゥデイ』9（4），8～11頁，1984年。

あります。医療職の判断のもと医療職が行います。
⑤　下剤

　　下剤に頼ることもあります。下剤は便を水分で膨張し便意を催させる機械的下剤と腸の働きを活発にして排便させる刺激性の下剤に大別されます。下剤を服用したときには，その後の効果を観察することが大切です。薬剤の使用は医療行為です。薬剤の服用に際しては適切な投与が必要なため，医療との連携が必要です。

　　排便を促すための薬剤としては，内服薬のほかに座剤や浣腸といった選択肢があります。病状等の安定していることを前提に，介護職は市販のディスポータブルグリセリン浣腸器を用いて浣腸することができますが，実施にあたっては医療職の判断のもと行います。下剤の使用後，排便の有無や性状の確認や排便時，排便後の援助が必要になります。

❷　下痢傾向の方への援助

　いつも食べると下痢になるという食物があれば，それを避けるように促し，消化吸収能力が悪くなっているような原因はないかを観察します。

　下痢が頻回にみられる場合は，ポータブルトイレや便器をすぐに使えるようにし，必要に応じておむつをあてます。便で肛門周囲が刺激されるのでお湯で洗ったり絞ったタオルなどで清潔にします。脱水を予防するために経口での摂取が可能であれば湯冷ましや番茶，電解質入り飲料などをすすめます。医師による治療の必要な場合があり，医療職への報告と連絡が必要です。

● 文献

平成17年7月26日厚生労働省医政局長通知「医師法第17条，歯科医師法第17条及び保健師助産師看護師法第31条の解釈について」

エレイン,N.マリーブ，林正健二・ほか訳：人体の構造と機能，医学書院，351～357頁，389～407頁，1997年

巻田ふき，矢部弘子：老年者の生活と看護，中央法規出版，93～115頁，1996年

奥野茂代，大西和子：老年看護学Ⅱ，廣川書店，202～214頁，338～341頁，2001年

六角僚子，柄澤行雄：高齢者ケアの考え方と技術，医学書院，77～94頁，2001年

山根信子監修：身体機能のアセスメント，中央法規出版，100～117頁，1998年

山根信子監修：生活行動のアセスメント，中央法規出版，50～58頁，1998年

福祉士養成講座編集委員会編：介護技術Ⅱ，新版介護福祉士養成講座⑬，中央法規出版，18～38頁，2001年

川島みどり・北島靖子監修：看護記録用語事典，中央法規出版，1994年

5. 緊急時の対応

① はじめに

　介護福祉士が緊急時の対応を習得する必要性とは何でしょうか。介護福祉士が業務を提供する場所は，利用者各自の生活の場であることから，生活上のあらゆる場面に潜む危険性と事故を想定し，未然に防ぐ力が必要です。ですが，想定し安全に配慮したなかでも思いもよらないことは必ず起きるのが世の常です。そのような時その場に遭遇しても，あわてずに対応し，利用者の生命を確保する技術や医療機関につなぐまでの技術を習得しておくことが求められます。

　この節では介護福祉士の活動の場である，施設および在宅で想定される緊急時の対応に関してまとめてありますが，介護福祉士は医療職との連携が重要になりますし，介護福祉士は医療の専門職ではありません。医療を提供するのではなくあくまでも緊急時の対応に関しての知識と技術です。利用者個人に対して，その対応方法が事前に示されている場合は，その内容に関して熟知し医療職との連携を忘れないでください。病気やけがの治療は医師が行います。

　また，近年では公共の場に，AED（Automated External Defibrillator：自動体外式除細動器）が準備されているのを目にすることが多くなりました。自動車教習所でも応急救護処置の講習が行われています。介護にかかわるみなさんもこのような講習会を受講する機会をもち，自己研鑽を忘れないよう心がけましょう。

② 応急手当の重要性

　施設で働く介護福祉士の場合，「おかしい」と感じたり，倒れている利用者がいたら，医療関係者を呼ぶことから，その利用者の応急処置を開始できます。しかし，在宅の場で利用者が倒れている場面に遭遇した場合はどうでしょうか。そばにはだれもいないことも多いでしょう。また，介護に向かう場所の途中で交通事故に遭遇する場合もあることでしょう。このように，いろいろな場面で私たちは緊急の場に遭遇することがあります。

　緊急の場に遭遇した場合，私たちのすることでは，まず救急車を呼ぶことが重要になります。では，救急車はどのくらいで到着するのでしょうか。

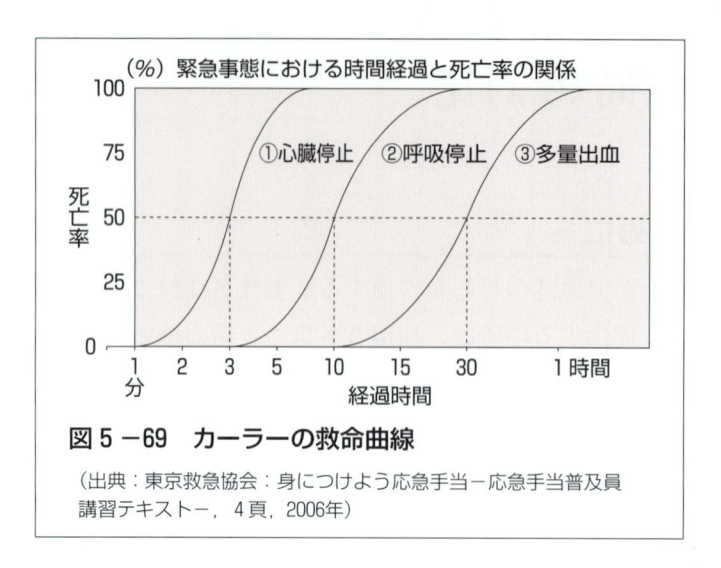

図5-69 カーラーの救命曲線
（出典：東京救急協会：身につけよう応急手当-応急手当普及員講習テキスト-，4頁，2006年）

全国平均では約6分，東京都内では約5分という報告があります。カーラーの救命曲線というものがあります。これは緊急事態（心停止・呼吸停止・出血）における経過時間と死亡率の関係を示したものです。心停止では3分間放置されると死亡率が50％に，呼吸停止では10分間放置されると死亡率が50％になることを示しています。人の生命に重要な脳は酸素なしでは約3分で生命維持に重大な支障をきたすといわれています。救急車が到着するまでに行う人工呼吸などは重要なことになります。心停止・呼吸停止・意識障害・大出血・熱傷・中毒は，発見者の手当てがその人の生命維持に重要となります。人工呼吸の方法などは，講習会を定期的に受講するなど技術の研鑽を忘れないようにしましょう。

③ 応急手当の目的

応急手当の目的には次の3点があるとされています。
① 傷病者の命を救う（救命）
② 症状を現在以上に悪化させない（悪化防止）
③ 苦痛の軽減を図る（苦痛の軽減）

④ 手当ての基本

1　観察

まず重要なのは，利用者を観察するということです。そのポイントとしては，意識状態，呼吸状態，脈拍，顔色，出血の有無があります。焦ることなく冷静に全身を観察し，今何をすべきかを判断し行動します。また，利用者の日頃の状態を知っておくことも重要になります。

2　意識の確認方法

肩を軽くたたきながら名前をよんだり，耳元で「もしもし」「大丈夫ですか」とよびかけます。よびかけは初めは普通の声で，徐々に大きな声でよびかけます。よびかけに対して何かしらの反応があれば「意識あり」，何も反応がなければ「意識なし」と判断します。

頭や首にけがをしている場合，身体をゆすったり，首を動かすことをしてはいけません。

3　呼吸状態の確認方法

胸腹部に注目し，上下の動きをみることで，確認できます。鼻に鏡をかざす方法もありますが，鏡のない場合には自分の指先をぬらして鼻にあて，空気の動きを確認する方法もあります。

呼吸が確認できず，口腔内に異物があると疑われる場合には，口腔内を調べ，異物を除去します。

正常な呼吸数は成人で15〜20回／分です。

4　脈拍の確認方法

手首の動脈で確認する方法が一般的ですが，ショック状態の際には触れない場合もあります。その場合には，頸部の総頸動脈で確認する方法もあります。

正常な脈拍数は成人で60〜80回／分です。

5　体位

利用者の状態に応じて最もよい体位を保つことが重要になります。

利用者に意識がある場合には，本人の一番楽な体位にします。心臓疾患や呼吸困難の場合には，一般的には上体を高くした（起座位）ほうが呼吸が楽になります。その理由としては，仰臥位の状態は横隔膜より低い位置

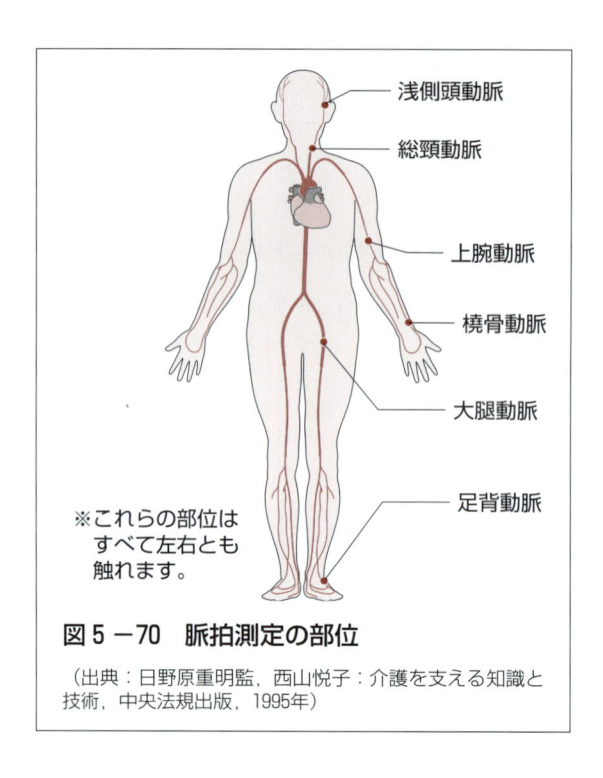

図5-70 脈拍測定の部位
- 浅側頭動脈
- 総頸動脈
- 上腕動脈
- 橈骨動脈
- 大腿動脈
- 足背動脈

※これらの部位はすべて左右とも触れます。

（出典：日野原重明監，西山悦子：介護を支える知識と技術，中央法規出版，1995年）

にある臓器が横隔膜を押し上げ，肺の換気面積を狭くすることで，呼吸困難を増すことになるからです。

　利用者に意識があり，かつ次のような症状を確認した場合には，ショック体位をとります。ショック体位とは頭部を低く下肢を上げた状態です。水平面では仰臥位をとらせ，両下肢を約30cm位高く上げるとよいでしょう。これは頭部に流れる循環血液量を改善させることを目的としています。ネクタイやベルトなどがあれば，緩めるとよいでしょう。

図5-71　回復体位
（出典：図5-69と同じ，36頁）

6　ショック症状

ショック症状を起こすと，次のような状態が観察できます。
・うつろな目つき
・ぼんやりした表情
・皮膚は蒼白で冷たい
・冷汗
・呼吸は浅く速くなる
・脈拍は弱く速い
・唇が白く紫色にみえる　　等

　利用者に意識がない場合には，舌根沈下や嘔吐物により気道閉塞を起こしやすい状態になるため，これを防ぐために回復体位をとります。

7　利用者の保温

　利用者が寒さを訴えている場合には，寒さを感じさせないように毛布等で保温を行いますが，その原因が明確でない場合の積極的な加温は体調を悪化させる場合があるので，慎重に行う必要性があります。

8　飲食物の摂取

　利用者が飲食物を希望しても，その状態の原因が明確でないので，原則飲食物の摂取は介助しないようにしましょう。

⑤ 協力者および救急車の要請

　私たちが緊急の場に遭遇した場合にまずしたいことは，周囲に声を出し助けを求めることです。施設の場合には，同僚への協力依頼がそれにあたります。在宅では，家族の支援や救急車を呼ぶことが重要になります。
　ここでは，救急車の要請について確認しておきます。

救急車を呼ぶ場合
119番通報
　　　　　　・公衆電話を利用する場合の三つの方法
　　　　　　　①緊急通報ボタンのない公衆電話の場合，受話器を外し，「119」
　　　　　　　　を押すことで通話が可能になります。
　　　　　　　②電話に赤色の緊急通報ボタンがある場合，受話器を外し，ボ

　　　　　タンを押し,「119」を押します。①と②のどちらの場合でも，硬貨やテレホンカードは必要ありません。
　　　　　③緊急通報ボタンのないピンク電話の場合は，店の人に声をかける必要があります。
　　　・携帯電話の場合
　　　　　「119」を押すことで通話ができます。この場合，通報後連絡が入る場合があるので，電源を切らないようにしましょう。

「火事ですか，救急ですか」とたずねられます。「救急です」と答えます。
↓
「場所はどこですか」とたずねられます。住所を伝えますが，わからない場合は大きな目標物を伝えます。
　　　　在宅介護の場合，利用者の同意があれば，電話のそばに，住所，電話番号を記載したメモを常備しておいてもらうと，緊急時に重宝します。そのメモには，家族の連絡先，かかりつけ医師の連絡先，かかりつけの病院などの情報もあると役立ちます。
「どうしましたか」とたずねられます。見たままの状態を簡潔に答えます。
↓
通報者の名前をたずねられます。フルネームで答えます。

⑥ 緊急時の対応

　緊急事態の対応として，ここでは主に高齢利用者を想定し，その対応について確認しておきます。いずれの場合も，あくまでも医療職や医療機関までの対応であることを再確認しておきましょう。

1　気道内異物

❶　考えられる状況

　食事中，利用者がのどに手をあてて，のどをつかむような仕草（チョークサイン）をみたら，呼吸ができなくなって他人に知らせようとしている状態です。

❷　対応

①　利用者の口の中をみて，取り出せるものであれば取り出します。

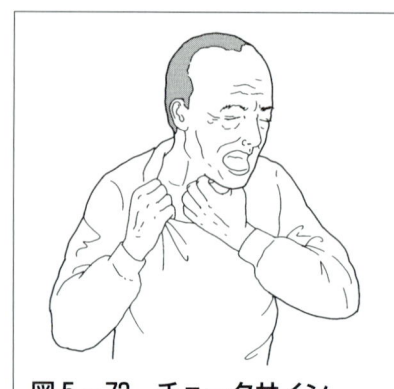

図5-72　チョークサイン
（出典：図5-53と同じ，182頁）

その際，口のあけ方が弱い場合には，指を交差し，親指を上の歯に，人差し指を下の歯にあてて口をあけさせます（指交差法）。

指だけでは取りにくい場合もあるので，この場合には人差し指にガーゼやハンカチ，布を巻いて異物を取り出すようにします。

また，義歯があれば外します。さらに，自分の指で異物を押し込まないようにします。

取り出すことができなくても，異物を少しでも横に寄せることで呼吸ができるようになることがあります。

② 利用者に意識があって咳が出ている場合は，その咳を続けさせるように声をかけます。この状態のときには，自分の咳で異物を吐き出させることが有効な方法とされているからです。

ここで異物が少しでも押し出されれば，口の中を確認し，取り出したり，横に寄せるようにします。

③ 背部叩打法

咳が弱くなってきたら，片方の腕で利用者の胸を支え，もう一方の手のひらで肩甲骨の間をすばやく4～5回たたきます。この場合，利用者の頭部は胸よりも低くしておくことが必要です。

すでに床に倒れている状態の場合には，利用者の顔を自分のほうに向け，側臥位にし，利用者の肩を支え，他方の手で上記の方法を行います。

ここで異物が少しでも押し出されれば，口の中を確認し，取り出したり，横に寄せるようにします。

④ 用手側胸部圧迫法

③の方法でも効果がない立位や座位にある利用者の場合には，利用

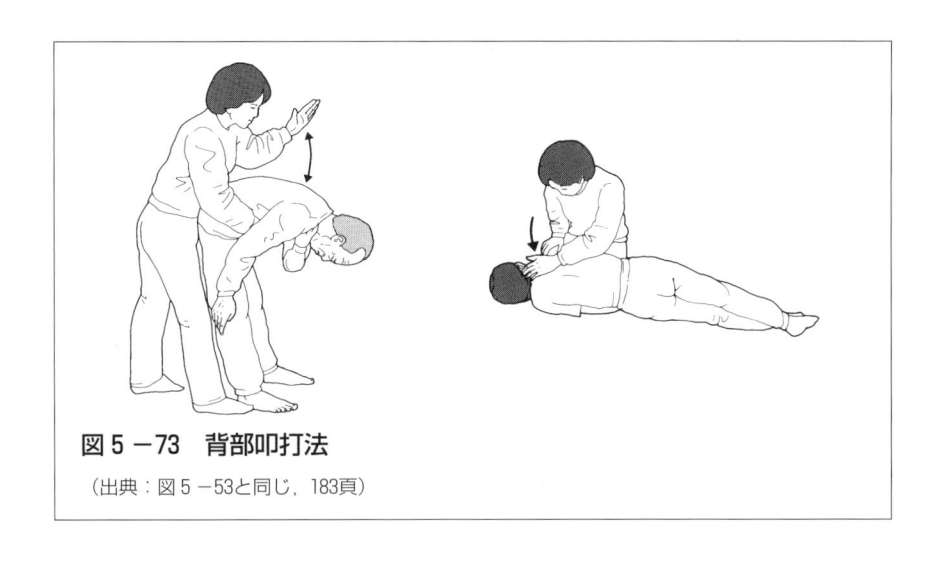

図5－73　背部叩打法

（出典：図5－53と同じ，183頁）

者の上腹部を圧迫し，異物を除去する方法を行います。

　利用者の後ろに回り，両方の手を脇の下から通し，片方の手で握りこぶしをつくり，利用者のみぞおちと臍部の中間部にあてます。もう一方の手で握りこぶしをしっかりつかむように握り，体を密着させ上内方に向けて押し上げるようにし，左右のわき腹を瞬間的に強く引き絞ります。

　この方法は上腹部圧迫法（ハイムリック法）といい，成人には推奨されていますが，8歳未満児や妊婦には推奨されません。また，胃破裂や肝臓破裂の危険性があることも確認しておきましょう。

　利用者が仰臥位に倒れている場合は，利用者の側方または下半身にまたがって両膝をおります。指を広げた手を側胸下部壁に置き，下部胸壁を下内方に強く引き絞るように瞬時に圧迫します。

　腹臥位の場合にはそのまま，上記方法を行います。このとき利用者の顔は横を向かせておきます。

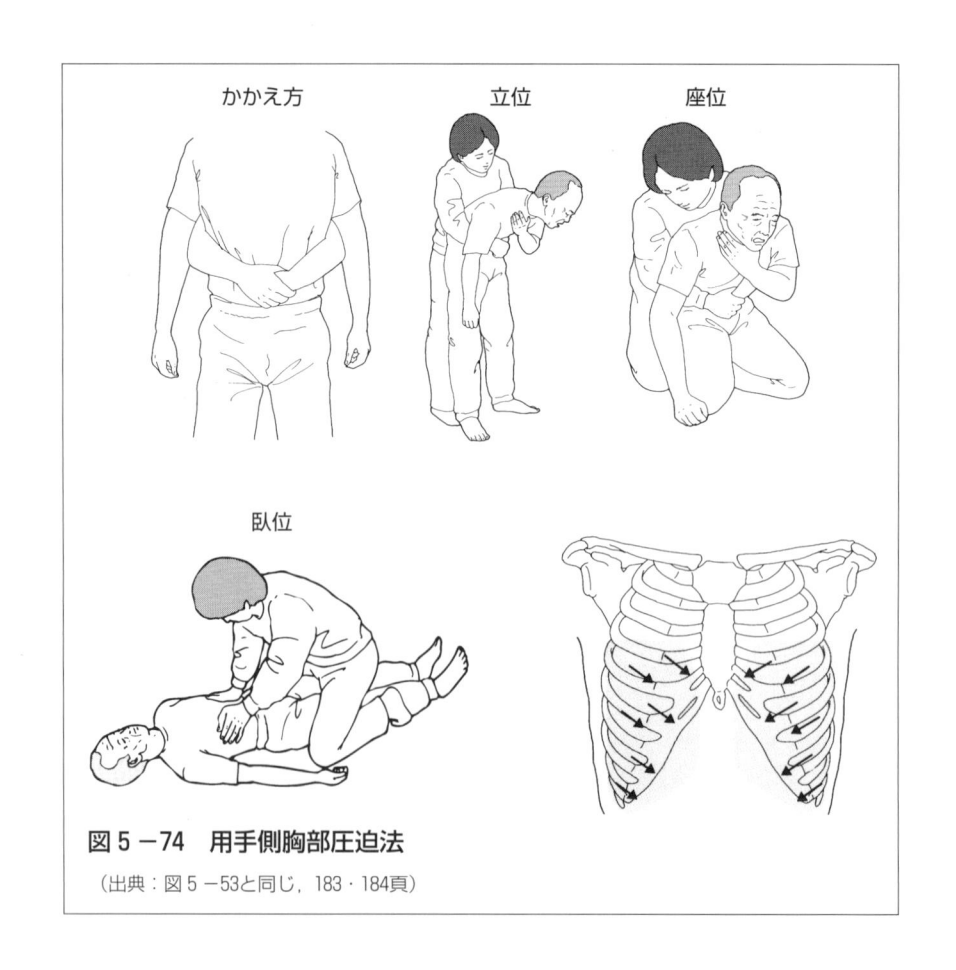

図5-74　用手側胸部圧迫法

（出典：図5-53と同じ，183・184頁）

2　呼吸困難

❶　考えられる状況

　　窒息や呼吸器・心臓疾患による呼吸困難等が考えられます。呼吸が止まった場合には，気道がふさがった状態を解消させる人工呼吸が必要となります。

❷　対応

①　気道確保

　　意識がない場合で，頸椎損傷の疑われない場合に行われます。頸椎損傷が疑われる場合には下顎のみを引き上げます。

　　人差し指と中指の2指をあごの先にあて，他方の手を額にあてます。あごを持ち上げるようにしながら，静かに後方に押し上げるようにして頭を後ろに反らせます。

　　この場合，指で下あごの柔らかい部分を圧迫せず，頭を急激に後ろに反らせないように注意することが必要です。

　　利用者の呼吸状態の観察として，気道を確保した状態で利用者の呼吸音や吐く息を感じとることや，胸の動きに注意します。この時間は約10秒以内です。

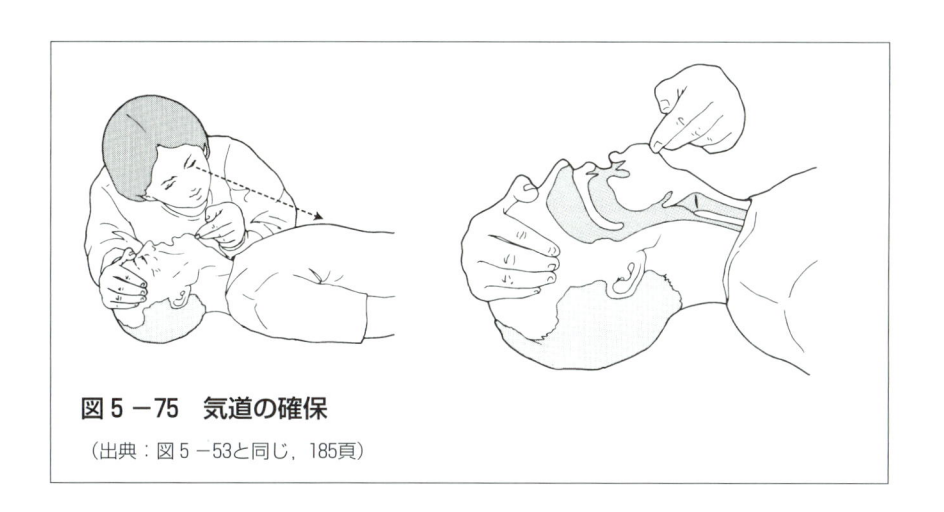

図5−75　気道の確保
（出典：図5−53と同じ，185頁）

②　人工呼吸

　　気道を確保しても呼吸が停止しているときや呼吸が著しく低下している場合には，利用者に援助者の吐く息を口から吹き込む方法をいいます。

　　気道を確保したまま（額の手は離さない），親指と人差し指で鼻をつまみます。この押さえが弱いと，空気が漏れるので注意します。

　　援助者は息を吸い大きく口をあけ，利用者の口を覆い，静かに（2

秒くらい）息を1回吹き込みます。この際に，利用者の口を覆うように口で覆うことが重要となります。

　吹き込んだ後に，鼻をつまんだ手を放し，顔を胸腹部側に向け，胸の動きと呼気の確認をします。その後，さらにもう一度息を吹き込みます。息を吹き込む量の目安としては利用者の胸が軽くふくらむ程度です。

　10秒以内に循環のサインを確認します。循環のサインとは，呼吸の有無・人工呼吸後の咳き込みの有無・体動の有無をいいます。この三つがない場合を循環サインなしと判断します。

　もし，息が吹き込まれない場合には，異物により気道が閉塞していることが考えられます。

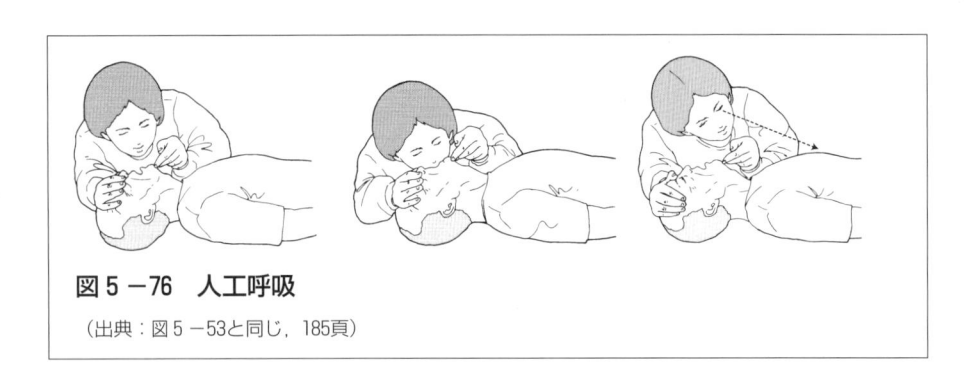

図5－76　人工呼吸
（出典：図5－53と同じ，185頁）

　循環のサインがなければ心肺蘇生を行います。

③　心マッサージ

　心臓の拍動が停止している場合や心臓機能が低下して血液が送り出せない状態の場合には，人工呼吸と心マッサージを実施します。これは，マッサージで心臓からの血液循環を行い，ガス交換を行うために実施します。

ⅰ　利用者の片側に位置し，胸付近に膝をつきます。
ⅱ　利用者の足側にある手の人差し指と中指の2本を使い，利用者の肋骨縁にあてます。
ⅲ　その位置を確認したら，そこから肋骨縁に沿って指を中央に移動させます。そうすると，人差し指が利用者の胸骨部分にあたります（剣状突起部分は避けます）。
ⅳ　胸骨上に片方の手の付け根を置き，その上に他方の手を重ね合わせます。
ⅴ　両足を軽く開き，膝を伸ばし，利用者の体の中心線上に位置する

手掌基部

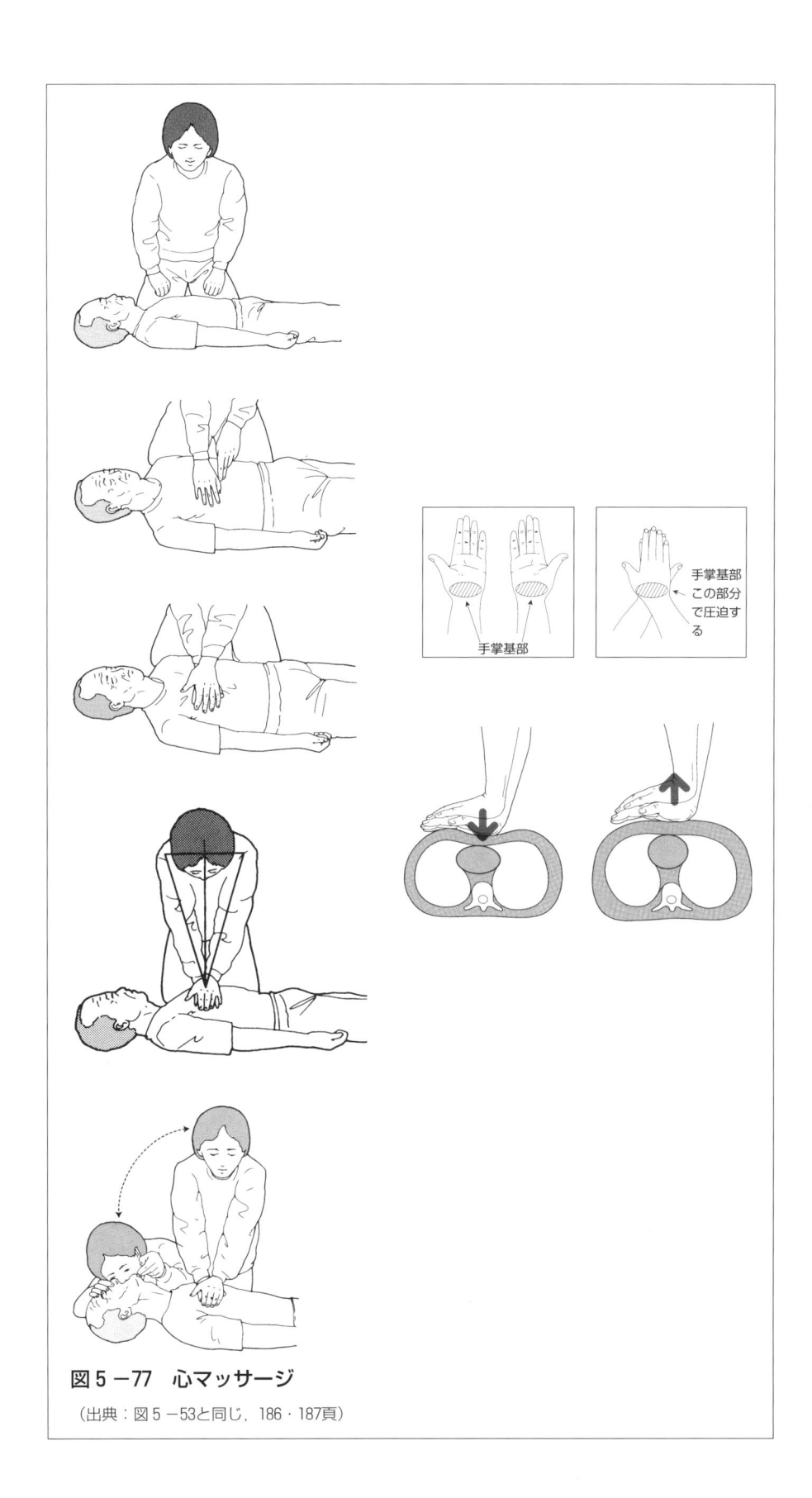

手掌基部
この部分で圧迫する

図5-77 心マッサージ

（出典：図5-53と同じ，186・187頁）

ように両肘を伸ばし，そのまま体重をかけます。3.5～5cm，胸骨を押し下げるように体重をかけます。この場合，肘を曲げない，斜めに圧迫しない，この2点に注意します。1分間に約100回のスピードで15回心マッサージを行います。

次に，気道を確保し，2回の人工呼吸を行います。ほかに援助者がいれば，人工呼吸と心マッサージを分担し，協力して行うこともあります。これらの手技は，循環のサインが完全に回復するか，救急隊や医療機関に引き継ぐまで行います。

人工呼吸および心マッサージに関しては，講習会を受講するなどして技術の修得に心がけることが必要です。また，人工呼吸を行う場合には，人工呼吸用マスクやレサコなどを用いることが，感染防止の視点からも推奨されています。

3　やけど（熱傷）

皮膚は，身体の表面を覆う組織で，その面積は畳1帖の部屋と同じくらいとされています。またその役割には，身体を外的刺激から守る，皮下脂肪を貯蔵する，体温を調節する，外界の様子を知る，呼吸吸収作用の働きをする，があります。風呂の湯温，薬缶の蒸気，カイロ等生活場面におけるやけどは思わぬところで考えられます。皮膚はやけどが身体の表面積の20～30％以上である場合や，深さを判断することが重要とされています。

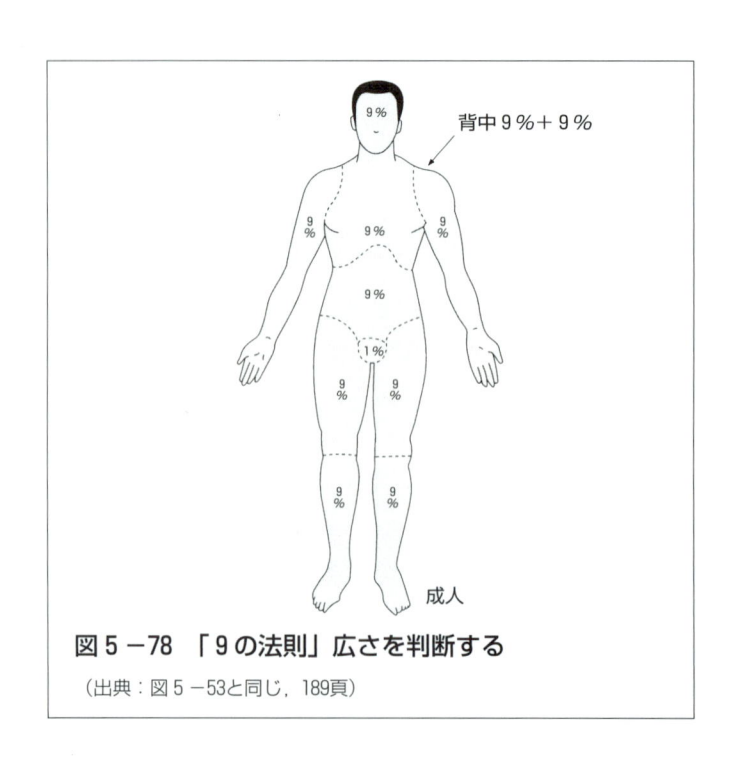

図5－78　「9の法則」広さを判断する
（出典：図5－53と同じ，189頁）

表5−2　やけどの程度

	外見	症状	経過
1度	皮膚の色は赤い。	ひりひりする感じ，痛み。	数日で治癒。
2度	水ぶくれや表面に皮膚の崩れがみられたりする。	強い痛み，灼熱感。	1〜2週間で治癒。感染により経過が重くなる場合があるので注意。
3度	皮膚が蒼白になる。かたい。弾力性を失う。	痛みや皮膚の感覚はない。	ケロイド治癒。植皮が必要な場合もある。

重症度の高いやけど（高齢者や乳児は下記以外でも重症の場合がある）
顔のやけどで鼻毛がこげている場合
2度のやけどで，体表面積の30％以上の場合
3度のやけどで，体表面積の10％以上の場合

広範囲で深いやけどほど重症度も高くなります。

やけどの広さを判断する指標として「9の法則」があります。これはやけどをした人の手のひらの面積を1％として計算するものです。やけどの程度は表5−2を参照にしてください。

● 対応

① 早く冷やすことが重要となります。

　水をやけどした部分に痛みと熱さを感じなくなるまで流し続けます。10〜15分を目安とします。

　顔のやけどの場合には，洗面器に水を張り，水を流しながら冷やします。

　衣服を着ている場合には，無理に脱がせずに衣服の上から水をかけます。水をかけながら脱がすかハサミで衣服を切りますが，無理に脱がすことで皮膚組織を傷めることにもなるので，無理はやめましょう。

② やけどした部位をガーゼ等で覆います。

　冷やした後はやけど部分を清潔なガーゼや布で覆いますが，この場合，軽く覆うようにします。きっちり覆う必要はありません。

　水ぶくれはつぶさないようにします。つぶすことで感染の危険性が増すからです。

　治療は医療機関にまかせましょう。勝手に薬品を使うことは治癒を阻止することにもなりますので注意しましょう。

　高齢者では，冷やすことが体温を下げることになるので，保温に注意しましょう。

4　骨折

　そもそも骨は200kgの圧力にも耐える頑丈な組織ですが，高齢者は骨粗しょう症のため骨がもろくなり，弱い力でも骨折します。

　骨折している場合，開放性骨折では目で見て確認できますが，皮下骨折では腫れや変形や痛み，通常の動きができない等が観察の要点となります。上下肢などの場合には，健側との対比により，変形を確認することができます。

表5－3　骨折の原因

外傷性骨折	骨自体に問題はなく，外力での骨折。
病的骨折	骨自体に腫瘍や骨粗しょう症があり，通常は問題ない外力による。
疲労骨折	スポーツ障害として起こる場合が多く，弱い外力が繰り返し同じ場所に与えられることによる。

表5－4　骨折の分類と手当て

皮下骨折（非開放性骨折）	骨折部が外部と交通していない，皮膚の損傷がない場合。全身・骨折部の安静と固定。
開放性骨折	骨折部が外部と交通しており，皮膚の損傷がある場合。出血のある場合には止血と傷の手当てをしてから固定する。

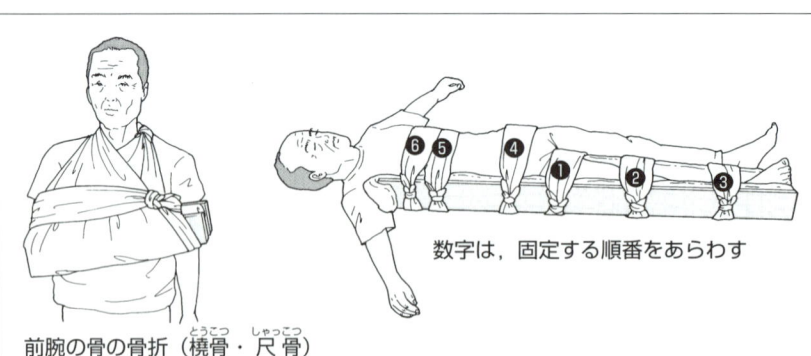

前腕の骨の骨折（橈骨・尺骨）

数字は，固定する順番をあらわす

大腿骨の骨折

図5－79　骨折の固定
（出典：図5－53と同じ，191頁）

骨折の手当ての基本は，固定です。骨折した部位の上下二つの関節を固定するのが基本となります。

5 鼻血

鼻血の部位の大部分は鼻の入り口に近い鼻中隔粘膜（キーゼルバッハ部位）で，その部位の細い血管が外傷や血圧の変化等で破れて，出血するとされています。ですから，鼻血を止めるには，この部分を強く圧迫すればよいことになります。ただし，この手当てで止まらない場合には，ほかの部位からの出血や疾患が考えられるので，医師の診断が必要です。

頭を後ろに反らせることや首の後ろをたたくのはやめましょう。鼻血がのどの奥に入って嘔吐の原因になります。

● 対応

座位で軽く下を向き，鼻の入り口に近い鼻中隔粘膜を親指と人差し指でつまんで強く圧迫する。

鼻の部分を冷やし，安静にする。清潔なガーゼをつめる（奥につめすぎない）。

血が止まってもすぐに鼻をかまない。

6 その他の症状と対応

症状	原因	対応
けいれん	脳疾患や発熱等	けいれん発作時には，倒れてもけがのないように周囲の危険物を取り除きます。 衣服を緩めて横向きの姿勢（回復体位）で安静に寝かせます。 舌を嚙み切るようなことはありませんが，心配なときには，ガーゼを割り箸に巻いて歯の間にかませますが，無理に行うことでけいれんを悪化させたり，窒息させることがありますので，注意します。 呼吸が停止したり，唇や顔が紫色になったときには，気道確保や人工呼吸とともに医療機関への搬送が必要です。
傷を受けたとき	さまざま	出血がある場合には，出血部位を清潔なガーゼで覆い，手や指で止血するまで圧迫する。 受傷後，動かしたり，温めたりすることは出血を助長しますので注意します。 腫れや痛みのある場合には，ガーゼの上から冷やします。

胸痛の場合	心筋梗塞・狭心症など	呼吸状態に注意し，痛みの強い場合には，すぐ医療機関へ。 狭心症既往がある場合は，ニトログリセリンの舌下投与（本人が持っている場合が多い）。 心筋梗塞の場合には，胸痛が激しく冷汗も伴う場合が多い。 衣服を緩め，本人が楽に感じる体位をとります。 座位で枕を抱えるなどすると楽な場合が多い。
腹痛	さまざま	低い枕をあて，安静を保つ。膝を曲げた状態にしたほうが，腹部の緊張をとる姿勢となります。 えびのように身体を曲げて痛みを訴える場合の腹痛は非常に激しいものです。
低血糖発作	インスリンや経口糖尿病薬による低血糖	冷汗や震え，ショック症状がみられたら，氷砂糖等を与えます。

7　緊急時の対応において注意したいこと

　緊急の場面に遭遇した際には，だれしもまず驚きを感じると思います。そのとき，あなたはまずどのような行動をとるのがよいのでしょうか。「早くなんとかしなくては」という思いが先に立ち，周囲のことがみえなくなってしまってはいませんか。まず，あなたがすることは，「ゆっくり大きく息を吐くことです」。人は驚くと無意識に息を吸い，呼吸を止めてしまいます。特に目の前に大量の出血があったりすると，赤い色をみただけで交感神経が興奮し，呼吸や脈拍は亢進してくることでしょう。そんなとき，「ゆっくり大きく息を吐く」と，次に大きく息を吸うことができます。そうすると，少し周囲を冷静にみることができます。時間にしたら，わずかな時間です。その時間があとに好影響を与えると思います。

　緊急の対応を行う際に注意したいことはいろいろありますが，二次災害を予防することが重要です。道端に倒れている人を発見しました。すかさず駆け寄り，自分が車にひかれてしまったら，どうでしょうか。救急車が2台必要になってしまいますね。その後の対応も2倍必要になります。まずは，周囲の環境が自分にとっても安全か否かを確認してから，緊急の対応に移りましょう。さらに，出血や嘔吐物への対応では，感染防止に注意することが重要になります。出血がある場合には，周囲にあるビニール袋等を利用して，自分の身を守ることにも注意してください。少しの判断と工夫であなたの安全も確保されます。

● 文献

福祉士養成講座編集委員会編：新版介護福祉士養成講座⑫介護技術Ⅰ　⑬介護技術Ⅱ　第3版，中央法規出版，2006年

東京救急協会：身につけよう応急手当―応急手当普及員講習テキスト―，2006年

日本救急医学会編著：最新図解　救急・応急―手当ての手引き　改訂新版，小学館，1995年

第6章
介護過程の展開

1. 介護過程を学ぶ意義

① なぜ介護過程を学ぶのか

　介護は専門家でなくてもできる生活行為への援助です。しかし，日常生活に不自由や不便を有する人々への援助を行うためには，明確な根拠（エビデンス）をもった援助を行うことが重要です。また，ライフスタイルも心身の障害もそれぞれ異なる人への援助を効率よく展開するために，利用者のニーズを的確に把握し即座に対応することが求められます。その際に，介護者は過去の成功体験の蓄積から応用し，技術として再現している場合が多くあります。「再現性がある」とは「誰が」「いつ」実施しても「同様」の結果が得られることをいいますが，これは多様な人々が関係する「介護」の質を均質化するうえでも重要なことです。

　その人が必要としている介護上の課題（介護ニーズ）を考察して，改善すべき課題と目標を設定し，目標に達成するための介護計画（ケアプラン）を作成します。計画に基づき，ケアを実施し，評価します。この過程を「介護過程」といいます。

　介護ニーズは一人ひとり異なるため，介護計画も個別性があります。介護の専門的知識を十分に活用して作成しても，実践する場合には成功もあれば失敗することもあります。実践を通して修正を重ねながら，よりよい介護を展開できるよう介護計画の精度を高めていきます。その結果，質の高い介護サービスを提供することができるようになります。その経過で介護の専門性を高めるとともに介護の独自性も明らかにすることができます。

② 科学的課題解決法

　介護過程とは，介護の実践に必要で十分な利用者の情報を収集し，その人の生活改善を目標として最適な介護援助方法を科学的に考える「思考過程」です。その結果，利用者の生活が活性化され，ライフスタイルが顕著に改善します。そして，その人が満足感を味わうことのできる生活・人生を過ごすという目的が果たされます。介護者は利用者の介護上の課題を策定し，介護目標と計画を立てて実践し，効果を測定し，よりよい介護となるよう日常生活の実践課題に取り組みます。得られた結果について，評価

し，再び新たな課題を見いだして再度目標・計画・実施の作業を循環させて，よりよい介護へと改善していきます。一見単調な繰り返し業務で誰でもできる単純作業と思われている日常生活上の介護ですが，実は科学的理論に裏づけられた，介護の専門的な視線が毎日利用者に注がれて日常生活が改善されているのです。

「科学的課題解決方法」は，広くビジネスの領域でも用いられている思考過程です。そのプロセスは，①客観的な情報を収集し，各種のツールなど（7．アセスメントツール参照）を用いて，②その情報を分析し，課題を抽出し，③解決案を導き出し，利用者の生活が改善できるように，④具体的な目標を設定し，介護援助計画を立てます。課題の設定をする際には「自立支援」や「利用者本位」「生活の質の向上」「生命の安全」「快適な生活」など介護の目的に則した視点で検討が行われます。介護者の視点が重要です。介護の視点がない場合には課題が見いだせないという結果にもつながります。介護者は観察力を磨き，利用者の発するどのような小さなサインも見逃さない感性が要求されます。

また，介護計画はサービスの対象となる利用者本人および家族にも「説明されて了解を得て」（インフォームドコンセントという），実施の運びとなると，さらに利用者の参加が得られるので，自立的，主体的な取り組みとなり得ます。そのため，効果的な実践となり，よい結果を結ぶことができます。

③ 利用者本位の介護

介護過程は利用者のためにつくります。アセスメントが適切でない場合には，介護計画を立てる際に，本人の意思との間にずれが生じるおそれがあります。どのような理想的な計画でも，利用者に納得して受け入れてもらえなければ，「絵に描いた餅」となり，実施は困難です。それを防ぐには，利用者本位の介護計画となっているか常に確認しながら，本人の意思とのずれが生じないよう計画を修正しなければなりません。介護過程の各段階で，利用者の生活改善が実現できるか否か，常に介護者は点検・確認をしながら進めるようにします。情報収集の際には利用者の訴えをよく傾聴するようにしますが，信頼関係ができないときは，利用者は容易に本音を話してくれないものです。利用者が何を求めているのか，なかなかわからないこともあります。あるいは，会話が成立しない場合や適切な表現手段がないこともあります。介護者は利用者がどのようになってほしいのか，

さまざまなコミュニケーション方法を用いて利用者の気持ちを洞察し，介護上の要望を把握するよう工夫を行います。

傾聴により本人の主観的な要望やしたいことを引き出すことができます。また，きめ細やかな介護観察力は客観的な情報収集の能力を高めます。依存傾向が強い利用者は，内心の不安・不満を表出しているのかもしれません。慎重に状況を観察し判断するようにします。介護者の価値観による偏った判断をしないよう白紙の気持ちで介護にあたる必要があります。

④ 利用者とともに成長する介護職員

介護計画を立てる際には，介護者自身の過去の経験や，先輩職員の実践例を参考にすることが多くあります。また，専門誌や研究文献などからもヒントを得ます。その実践過程を通しても，専門的知識を深め，経験知を蓄積することができます。

また，利用者のこれまでの生き方，価値観，人生観などにふれることは介護福祉専門職にとっても学びになります。高齢者や障害者は生きる知恵をもとに，豊かな人格者として尊厳をもって生活してきた生活者として，介護者が学ぶことは大変に多いものです。重い認知症の方であっても介護者に対するいたわりの気持ちや感謝の意を表現して，利用者から介護者がいやされることもあります。専門職として彼らに向き合うことで成長させられている側面を実感できます。いわば介護過程の作成を媒体にしながら，職業的人格を成長させる機会となり得るのです。

要介護高齢者の立場からみると，生きる知恵を提供しながら，若い職員との「生涯育ち合い」の場となり，さらなる人格の完成を目指して生涯発達学習の機会になっています。

2. 介護過程の目的と理念

① 「満足できる人生・QOL」の追求

その人らしく，満足した人生の終焉を生ききるためには，これまでの利用者自身の人生観を尊重し，これまでの生き方とずれない生活ができるよ

うに，その人の生活課題を追求することが大切です。介護者は利用者自身がもっている潜在能力の開発をめざし，本来保持していた機能の維持強化が図れるよう支援します。

認知症など意識低下のある利用者を困惑させないように環境を整えて，その人らしく対応します。過去の生活の継続性を維持し，生活全般にわたる総合的な利用者支援をめざします。利用者の個別的志向性を最大限尊重したものとなるよう留意します。

② ICFモデルの考え方

最近では，高齢者・障害者が社会的存在であることを意識し，地域社会の一員として社会参加し，要介護状況であっても，何らかの社会的役割を見いだし，尊厳をもって生きるようなケアプランを作成することが望まれます。介護職は利用者を全人的に理解し，本人の生活の質，人生の質を高めるための援助課題を考える必要があります。そのために，利用者と家族の要望（ニーズ）をよく吟味して，主体的に社会参加できるような計画を案出します。

最近の障害に関する考え方の主流はICFモデルにより表現されます。障害を「心身機能・身体構造」，「活動」，「参加」の3レベルで構成される「生活機能」の低下として広くとらえ，社会的活動への参加という理念を目標とする考えです。

ICFとは，障害に関するWHOの定義（2001年）から発したもので，International Classification functioning of disability and health（国際生活機能分類）の略称です。人間が生活するうえで使用しているすべての機能を「生活機能」とし，生活機能に影響を及ぼす背景因子を「環境因子」，

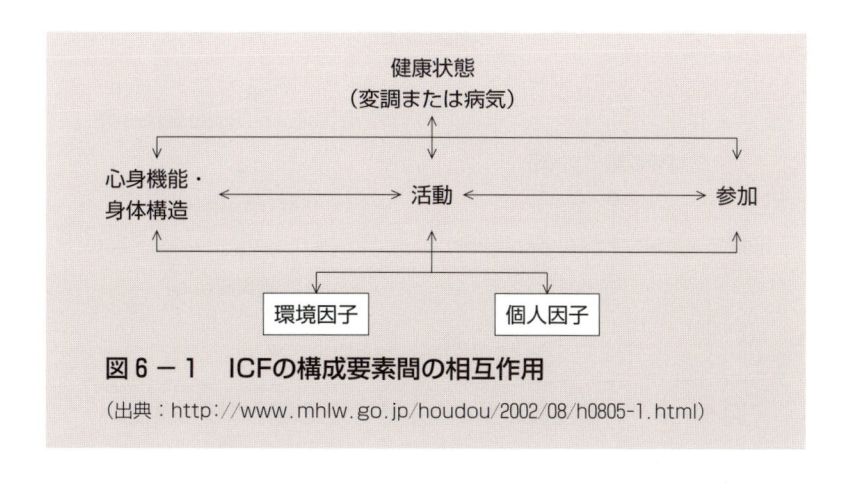

図6-1　ICFの構成要素間の相互作用

（出典：http://www.mhlw.go.jp/houdou/2002/08/h0805-1.html）

「個人因子」に分類します。疾病などの要素は「健康状態」に含まれます。「活動」を中心として置き，生活の目標を「参加」ととらえます。それぞれの要素は互いに関係し合い，相互作用をもたらして，一つの要素が変化すると，ほかの要素もダイナミックに変化します。図示すると図6－1のようになります。介護過程においては，利用者のやりたいこと（参加），できること（活動）を見いだし，その実現に向けて援助します。

3. 介護過程の構成要素

① アセスメント

　介護過程で用いられる方法は，生活改善のための課題を見いだし，その実現に向けて，解決のプロセスを考察することです。その際には利用者にとってどのような状態になれば望ましいか，介護目標を設定します。実現までの過程は図6－2のような段階を経ます。これは問題解決法としてパールマン（H.H.Perlman）という人が案出し，さまざまな場面で用いられている方法です。

　図6－2に示すアセスメントにおいては情報収集⇒解決要因分析・ニーズ特定⇒介護上の課題の三つの思考の過程を踏みます。利用者の介護上の課題を導き出したら，実現のための介護目標を設定し介護計画を立案します。計画実施後には，評価をし，その結果を再度アセスメントします。そのプロセスを繰り返しながら優先度の高いものから解決に取り組みます。

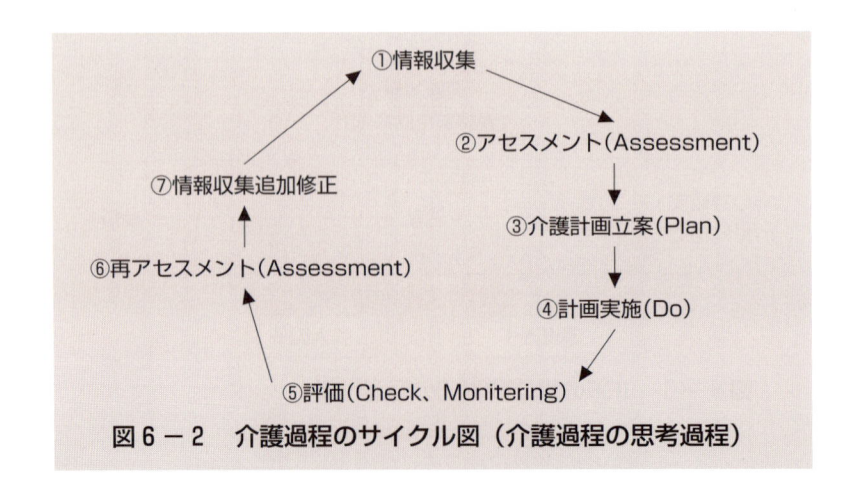

図6－2　介護過程のサイクル図（介護過程の思考過程）

①情報収集 → ②アセスメント（Assessment）→ ③介護計画立案（Plan）→ ④計画実施（Do）→ ⑤評価（Check、Monitering）→ ⑥再アセスメント（Assessment）→ ⑦情報収集追加修正 → ①情報収集

最も重要な思考過程はアセスメントです。この段階は，さまざまな情報を整理し，総合的な視点で検討し，介護上の課題を考察します。その際には，疾病や障害などのマイナス面のみをとらえるのではなく，利用者のできることに注目することが重要です。専門家としての役割は利用者本人も気づいていないような潜在機能の開発・発掘に努めることです。

　また，障害や欠陥に注目すると，解決の方向性が見つけにくくなります。その人にできること（潜在機能）を探し，その機能を維持向上させることに注目すると，介護においてやれることを見いだすことができます。

　また，本人の希望を辛抱強く聞き取ることも重要なことです。本人の意思表示が不十分な場合には，利用者についてよく知っている介護者が希望を洞察し代弁（アドボカシー）することもあります。これまでともに暮らしてきた家族から重要な情報を提供される場合が多くあります。

② チームワーク：介護過程の総合性

　残存機能の活用時など心身の機能をより科学的に評価することが重要です。四肢体幹機能の評価，精神・心理的機能の評価をするためには，理学療法士や作業療法士，臨床心理士など専門的知識技術を用いた観察および評価が必要です。

　現場では，多様な専門職種が参加するケア会議を開き，専門性を生かして検討します。介護方針が出されたら，チームワークよく協力して実践を行い，評価し，再アセスメントを行います。多職種の検討により，総合的な面から検討した介護計画になります。

　介護職もチームで実施するため誰が行っても同じような結果を引き出すよう「再現性」や「客観性」が求められます。そのため，チームメンバー間で，共通理解を進め，「標準化」します。ケアプランを作成したり評価するために事例検討会（ケースカンファレンス）が開催されます。チームメンバーが個々に観察し把握している情報を共有し合うことにより，未発見の重要な情報が明らかになります。介護職集団による検討会では，ベテラン職員による介護に関する意見が出されるので，初心者にとっては学びを得る機会です。

　また，グループダイナミックスにより構成員が対等平等で自由な発想を交換し合うことによって，利用者の全体像の理解に近づけることができ，総合的な視点のもとによりよい介護課題を見いだすことができます。多職種との連携が深まると，援助者各メンバーの介護・援助スキルが磨かれる

ことになります。事例検討会で課題抽出とケアプラン作成，実施評価が順調に進めば介護職が自信をもち，介護職としての自己一致を図り実力をつける機会となります。介護の醍醐味を味わうことにより，やりがいを感じる場となります。

　地域ケアの場合にも原則として同様の展開を行いますが，地域ケアの特徴は，多くの機関が参加するため，連携協力の必要があることです。地域ケアではメンバー間の報告・連絡・相談の機会を密にし，相互理解の状況を継続するための努力が必要です。そのために，コーディネーターの役割が重要であり，介護保険利用者の場合には，ケアマネジャーがコーディネーターの役割を果たすことが多くあります。コーディネーターは各専門職の間を調整し，方針の徹底や修正などもきめ細かく行います。直接面接して連携することも重要ですが，電話やメールなどの機器類の活用も助けとなります。

4. 情報収集・アセスメントにおける留意点

① 情報収集においてのポジティブ・シンキング

　アセスメント，情報収集において介護職員の利点は，利用者の生活援助者としてケア実践に参加しながら，継続的に長期間のかかわりができることです。介護計画を実践しながら同時に観察者として客観情報の収集を行います。また，生活援助を行うなかで潜在機能を発見することもできます。利用者とコミュニケーションをとるなかから，主観的情報として重要な心理状況および本人の望む暮らし方，願いなどを把握できます。

　得られた情報はアセスメントツールなどを用いて整理分析し，総合的な判断の結果，課題分析の精度を高めることができます。

　視点としては，利用者本人が望む生活をするため，潜在能力の活用につなげることです。日常生活の自立度を高めるためのきめ細かな動作・手技などの工夫，生命の安全のために必要な観察技術，尊厳および人権尊重を図るために必要なことは何かなどを柱として考察します。

　介護者がその人の可能性および，表出していることを肯定的にとらえようとする視点をもつことが重要です。そうすることにより，介護過程を実効性のあるものにすることができます。問題点を障害や疾病などのマイナ

ス要素としてとらえず，その人の生活要求に対する意思表現としてとらえる「ポジティブ・シンキング」をすることです。そのほうが援助の手がかりを見いだすことが容易となります。

利用者は要求を率直に表現するとは限らず，さまざまな手段で援助者に表現しようとしています。援助者の観察力や洞察力を鋭敏にして，利用者が伝えようとしているサインに気づき，真のニーズを汲み取るよう努力する必要があります。介護者が多忙であったり，過労により感性が鈍っているときには利用者のサインを見逃してしまうことがあります。

「デマンズ」と「ニーズ」の違いに注意する必要があります。利用者が訴えてくる言葉（デマンズ）を表面上で理解するだけではなく，内面で何を訴えたいのか（真のニーズ）を理解することが求められます。

コラム

現場の事例から：トイレ要求の頻回な利用者

しばしば遭遇する利用者のデマンズに「頻回なトイレ要求」があります。頻回なトイレ要求のある人に対して，「ちょっと待って」という声かけではなかなか落ち着いてもらえません。ベテランの介護者が「あと10分待ってみてください。そのときにトイレに行きたかったらお手伝いしましょう」と，肯定的でかつ具体的な声かけをしました。すると「10分なら」と納得して待っていられるようになり，少しずつ待つ時間が延長し，ついには2時間待てるようになった，ということです。頻回なトイレ要求は，「自分を大切にしてほしい。自分の訴えに注目してほしい」という隠れたニーズの表出だったのです。介護者が利用者の尊厳を傷つけないよう，要求にきちんと向き合ったとき，利用者の納得を得られて，しかも膀胱訓練の効果がありました。介護者の意識的な働きかけがあったからこそ，より専門性の高い介護計画になったのです。ただ要求（デマンズ）に無目的に応じて，トイレ誘導していたならこのような効果は引き出せなかったに違いありません。

② 情報収集はどのようなことを把握するか

まず利用者に関するどのような情報を収集するのか，表6－1におおよその項目をあげます。

日常生活の援助に必要な項目は，①利用者の心身の状況，②日常生活行動に関すること，③社会経済的状態，役割，人間関係・家族関係，④生活の質に関する生きがいや満足度，生涯発達の課題などです。

表6-1 情報収集の内容

QOLの視点	
身体的健康	健康,食欲,排泄,睡眠,病気の有無,自覚症状,バイタルサイン
心理的健康	意識・意欲,情緒・気分
日常生活行動	排泄動作,整容・洗面,清潔,食事行動,移動,家事(調理・掃除等)
社会経済的な状態 人間関係・役割・ 社会的活動	経済的背景,仕事,余暇活動,趣味 人間関係,人との付き合い,社会参加,家庭内の役割
環境	住居,居室,自然環境,近隣との関係,社会福祉サービス,マンパワー
全般的な満足度	QOL,生きがい,人生観
生涯教育	生涯学習,人生観,死生観,ターミナルケアに対する考え

表6-2 情報収集の方法

直接的な情報	本人の言葉・訴え
間接的な情報	本人以外の言葉 介護者が観察したこと 介護記録,入退所時の記録・サマリー
収集の方法	面接による方法 本人からの聞き取り 家族や職員からの聞き取り 観察による方法 客観的な観察 ほかの資料からの読み取り 介護活動に伴う観察

表6-3 情報収集時に注意すべきこと

正確さが求められる	思いこみ,推測,偏見,曖昧な記憶 利用者は,常に正しいことをいうとは限らない
本心を語らない場合もある	自分の利益になるようにいう 相手を信用していないときは真実をいわない

情報収集の方法（表6－2）に示す内容に考慮し，課題分析を図ります。介護職員の感性を磨き，認知症および障害をもつ人の心理を洞察する能力を発揮します。一般的な認知症の人の心理や障害をもつ人の心理についての知識を学んでおくことが前提です。専門的知識（介護の理論や経験から得たもの），関連領域の知識（医学知識，高齢者・障害者の心理，社会福祉の知識など）が必要です。判断力，洞察力，推察などの能力も要求されますので，経験を蓄えながら身につけます。また，先輩の面接技術をみて学ぶのもよい方法です。情報収集時に注意すべきことを表6－3にあげます。相手との信頼関係をつくり上げながら時間をかけて聞いていきます。介護活動を展開しながら意識的に日常会話のなかから聞き出すことが望まれます。主観的情報は本人の言葉，客観的情報は観察した事柄です。多角的に継続的に情報を収集します。心理的情報は信頼関係ができてから聞くようにします。プライバシーに関する情報は無理に聞かず，不要な情報収集はせず，必要最低限度にとどめます。

③ インフォームドコンセント

　介護の課題を見いだしたときは，利用者および家族に説明し了解を求めて実践します。その際には，自己決定・自己選択の手法を用います。介護目標は，利用者の了解を得て実施されます。実行されないケアプランは「絵に描いた餅」に過ぎません。インフォームドコンセントにより利用者および家族の了承を得ることが望まれます。

　介護援助者は家族との共同作業として介護技術を共有し，家族の介護力の向上をも図る必要があります。こうした機会を通して，現実的で実行可能な質の高いケアプランに改善していきます。

　利用者本人にも理解できるようにかみ砕いて丁寧に説明します。また，重度の認知症や終末期の方には，さらに納得を得るような方法を工夫します。

　「自己決定・自己選択」の理念を活かし，工夫を要しますが，利用者の自己決定を促すことにより，尊厳のある安定した生活を過ごすように変化を見いだす方が多いものです。家族または家族に準ずる人の了解を得ることも必要です。地域ケアの場合には地域ケアのチームメンバー全員への説明と了解を得る必要があります。

④ 介護上の課題分析

① アセスメントの方法と注意すべきこと

　得られた情報の信頼性を吟味する。情報を過信してはいけない。すべての情報が正しいとは限らない。

② アセスメントの仕方
- 情報収集した結果を判断し，介護ニーズを把握する。
- 情報収集の手段と情報の信頼性について吟味する。

　その人への介護を通しての判断や思いこみを取り除き，情報を吟味する。

　判断を入れない生の情報を取り上げる。

　心理的な防衛機制などを知っておく。

　非言語的なコミュニケーションによる表現方法と分析方法を知っている。

　隠された悪意がないか，あるいは意図的につくり上げようとしていないか。

③ 介護上の解釈判断

　ばらばらな情報を総合してどのような状況になっているのか解釈する。利用者の望んでいることは何か，以下の視点で課題を分析する。

　ⅰ 生命の安全，安楽で快適な生活
　ⅱ 生き甲斐や役割の発見
　ⅲ 生活の自立，ADLの自立，潜在機能の活用
　ⅳ 人間関係・家族関係の安定
　ⅴ 社会経済的生活環境の安定
　ⅵ 社会参加，本人の希望したライフスタイルを送る。
　ⅶ 病気や障害による不便・不快・苦痛からの解放，終末期ケアにおけるQOL

④ 課題分析の考え方

　ⅰ あるべき姿を目指す。
　ⅱ 理想の生活を掲げる。
　ⅲ 元気であれば，生きたいと思う生き方にできる限り近づける。
　ⅳ この人がしたいと思っていることを実現する援助を行う。
　ⅴ 健康で文化的な最低限度の生活を続けられるよう援助する。
　ⅵ 生命の質，生活の質，人生の質を望ましい状況に高める。
　ⅶ このまま放置したら生命力を弱める。その原因になっていることを解決する。

表6-4 課題分析の視点

1. 安全・健康で快適な生活を送っているか	健康，病気の有無，治療状況 日常生活習慣 食事，水分摂取，排泄，睡眠，身体の清潔，髪，口腔の清潔 衣類や寝具 家屋や地域の安全，治安，病害虫の有無
2. 日常生活は可能な限り自立して生活しているか	ADLの自立についての考え方 リハビリテーションについて 身体障害の有無，住居環境の改善の有無，福祉機器
3. 家族関係は良好か，介護者は健康か	家族関係，家族の健康，介護負担の質と量 介護支援の有無
4. 経済的不安はないか	経済的な不安の有無 生活費，住居管理運営費 公共料金の負担の可否 年金など収入の有無
5. 社会的活動・人付き合いは良好か	他者との交流を希望しているか 友人知人との交流 視力・聴力などコミュニケーション機能 社会資源の活用は十分か，質のよいサービスを受けているか
6. 生きがい，活気があるか，社会的役割があるか，QOLは守られているか	生活の不満の有無 楽しみ 自主的な活動の有無 趣味，前向きで，肯定的な生き方
7. 主体的な生活か，基本的人権が守られているか，尊厳をもって生きているか	本人の価値観，希望に添った生活か 主導権をもって生きているか 自己選択・自己決定できる環境か 本人の納得が得られているか

 (viii) その人が気づいてない能力を発揮できるよう潜在能力を引き出す。

 課題分析の視点を表6-4に整理します。

5. 介護計画の立案における留意点

① 目標の位置づけ

　利用者主体の介護をするために具体的な介護目標を立てます。潜在能力の活用を図り，生活機能改善をめざしたものとします。利用者・家族の人生の質を高めるものでなければなりません。利用者のライフスタイルを尊重し，これまでの生活を可能な限り壊さないこと。基本的人権を尊重し，尊厳を尊重します。人権思想に裏づけられたものでなければなりません。対象者となる利用者への温かい関心と敬愛の念をもち，専門性に裏づけられた介護計画とする必要があります。毎日の介護援助実践により，利用者自身の人生への願いや，日々の生活を快適に過ごすために何を改善するのか，利用者の要求・要望（デマンズ）をよく吟味します。

　利用者の生理的要求を満たすことは最低条件です。

　さらに文化的，社会的要求にも着目します。心身の改善と文化的要求は，実際には深いところで関係し合っています。例えば，「お墓参りのために，歩行訓練をしよう」とか，「孫の結婚式に出たいために，車いすに座位が安定するよう腹筋力をつけようと座位訓練に励む」などの具体的な目標をあげることが望まれます。

　人は今まで生きてきたライフスタイルのうえで生きています。たとえ認知症が高度であっても，その人の暮らし慣れた生活文化的状況の継続により，安定した環境のなかで暮らしていくことができます。

　人間の脳は日々何千もの細胞が死滅しますが，生き残った神経細胞がネットワークを形成して補い合っています。麻痺側を動かすことにより脳細胞への血流が復活するという研究も行われています。人間は自分の生活活動そのものを意識意欲の対象とするという特性をもちます。生活に合目的的に働きかけることにより変革し発達を遂げます。身体的には何もできない人でも介護者の働きかけに合わせてできることを懸命に引き出そうとします。例えば，おむつ交換をするとき介護者に協力し腰を上げようとしているなどの内発的な意欲の高揚を観察できるようになります。利用者と介護者との介護における信頼関係の確立により，かなり重度の障害をもっ

※1　石田一紀『介護福祉労働論』萌文社，36頁，2004年
※2　『熊本日日新聞』2006年3月1日
※3　※1，45頁
※4　※1，59頁

た方でも残存機能の開発により、よりQOLの高い生活を創造することができます。介護の原則である「総合性・継続性・地域性」などの要素を考慮しつつ利用者のあるべき生活を考察します。

② 介護目標の立て方

　以下の前提に立って、具体的で実現可能なものとします。利用者の個別性を考慮してその人の望んだ生活となるように考慮します。
① 利用者本位の生活目標である。
　・利用者の望む生活にできるだけ近づける。
　・生活機能の自立をめざして改善・維持、悪化を遅らせる。
② 生活の質、生命の質を高める。
　・充実感、充足感、幸福感を自覚できるものとする。
　・生命を守る、快適で安定した生活を過ごすものとする。
③ 利用者本人の価値観を尊重し、尊厳のある生活を過ごすことができる。
　・ターミナルケア
　・認知症の人への寄り添うケア
　・マズローの欲求の5段階に基づく基本的欲求
　具体的な目標の立て方は、以下のとおりです。
・短期目標：1～3か月以内に実現をめざす目標である。
・長期目標：1～数年で実現をめざすものである。
・短期目標の積み重ねが長期目標に対応できるよう、目標には一貫性が必要である。
・一定期間後に計画の実行状況を評価し、必要時介護計画の再修正を行う。

③ 「利用者および家族」本位の計画

　介護計画は、あくまで「利用者および家族」本位の計画でなければなりません。また、実現可能な具体的なものとし、目標を達成するために3～6か月などの一定期間を設けます。モニタリングといって、介護計画が実情に合っているのか、一定期間ごとに見直しをします。モニタリングは科学的な方法で行い、チームメンバーの誰が実施しても、同じ結果が予測されるものでなければなりません。モニタリングは一定期間毎に目的とのつきあわせをして、実施内容を点検します。実施状況が実情に合わない場合

には，どこに原因があるのか調査します。介護計画を立てた第三者であるケアマネジャーが点検を行うことが多いので，第三者にも理解されるように介護技術の標準化を図る必要があります。

④ 介護援助計画

利用者本位であり具体的，個別的な介護計画です。以下に援助計画の例を示します。
・自立支援，ADLの自立，IADLの自立を支援する。
・QOLの向上に通じる生きがい，やりがいのあることを見いだす。
・残存機能（潜在機能）を発掘し，生活の自立度を高める支援を行う。
・ターミナルケア時における生命の安全を守る援助。
・情緒の安定を目的とし，気持ちの表出機会をつくる。
・快適な生活，楽しみ，喜びを感じる時間を増やす。
・スキンシップなどのふれ合いを重視する援助。
・音楽，趣味活動，創作作業などを通して生き生きとした時間を過ごす。
・傾聴・コミュニケーションを通して受容的なかかわりをもつ。
・過去の思い出，経験を生かして他者とのかかわりを楽しむ。
・家事や子育ての経験を生かして，できることをして過ごすよう援助する。
・過去に行ってきた職業を生かして擬似的な生活を送る。

6. 具体的な事例による介護過程の展開

介護過程の進め方について，以下に示す具体例をもとに理解を深めてください。

1　情報収集

利用者：施設入所中のAさん
女性，80歳代。
生活歴：10年前夫と死別。
既往歴：5年前に多発性脳梗塞，2年前より認知症を発症。

> 現状：徘徊がひどく，在宅ケアが困難となり，特別養護老人ホームに入所。
> 現在の生活：身辺は自立しているが見当識障害があり，家を出ては道に迷ってしまう。気分変動が激しく，家族に暴力をふるうことがある。記銘力障害重度，認知症高齢者Ⅱb，要介護2。元来の性格は穏やかである。
> 家族：同居家族は息子夫婦と小学生の女の孫が2人。面会は長男のみ月1回程度。嫁の面会はほとんどなし。
> 心理的特徴：気分変動が激しい。急に気分が変わる。興奮すると暴力をふるう。孫の存在が気になり，帰宅願望を訴えて徘徊するなどのこだわりがある。落ち着けば元来の穏やかな性格になる。

2 アセスメント

① ADL

基本的には自立。機嫌の悪いときには介護拒否がみられる。見守りや促しを要する。四肢機能は問題なし。整容，洗面，食事，排泄，入浴，更衣，睡眠などは見守り・声かけにより自立。

② IADL

家事機能は調理，食卓の準備，食器片づけなど，見守りがあれば自立。

③ 家族・人間関係

家族のメンバーの存在にこだわりあり。

④ 健康状況

10年来，高血圧症により服薬中。

⑤ 心理的状況

日によって気分の変動がある。徘徊にはAさんなりの理由がある様子である。Aさんは自分がしたいことをさえぎられたり，制止されると，興奮して暴力をふるう。機嫌がよいときは穏やかな表情をしている。いつ機嫌が変わるか予測できない。

⑥ Aさんの希望

Aさんの希望は孫を含め家族がそろって暮らしていた過去の楽しい日々に戻ることである。

⑦ 介護上の課題

Aさんの意識は昔の生き生きとして過ごしていた主婦時代にある。見当識障害から，今の自分の状況を認識することができない。そこで，自分が安定していた時代にいると錯覚することで，気分的には落ち着いて過ごしていられるのではないかと考える。

3　介護計画

① 目標

　Aさんが「家族」とともに,「主婦」の役割を果たして心地よく過ごせるようになる。

② 援助計画

　ⅰ　Aさんの了解を得て, 家族の写真などを飾り, 居室を家庭的な雰囲気にする。

　ⅱ　馴染みの人間関係を形成し, 心地よい雰囲気にする。

　ⅲ　昔の遊びや若いときの出来事, 子どもの頃の遊びなどを通して, 若い頃の記憶を引き出し, 安定した気持ちになるよう生活環境を整える。

　ⅳ　見当識障害があるAさんと, 家族の写真を媒体に家族の話を聞く。

　ⅴ　子どもの頃のこと, 昔はやった歌や遊び, おやつなどを話題に取り上げる。可能ならば, 再現し体験できるようにする。

4　実施

　利用者が安心して過ごせる時間と空間を準備します。居室に家族の写真を飾り, 一人にするのではなく, しばしば居室を訪ねて好きな話題を傾聴し, ともに楽しく過ごす時間をふやすことによってAさんの気持ちが安定しました。

5　評価

　Aさんは, 今でも家族が会いにきてくれるのを待ちながら, 毎日を穏やかに過ごしています。

　認知症のケアは, その人の精神世界を大切にすることです。その人の発言を否定せず, 周囲がその人に合わせることが支援を受け入れてもらえる秘訣です。反対に, その人の思い違いなどを訂正したり, 行動を規制しようとすると, 怒り出し, 介護者に暴力行為をむける場合が多いので注意します。

介護福祉学生の体験した介護過程
残存機能の活用により排泄行動が自立し，在宅復帰条件が改善した事例

情報収集　利用者の状況	アセスメント	介護目標
・女性，80歳代 ・脳梗塞後遺症により不全麻痺（左側）変形性腰椎症による腰痛 ・ADL：一部介助 ・リハビリテーション病院より在宅復帰を目標に介護老人保健施設入所 ・本人の希望：自分でトイレに行けるようになり，在宅復帰したいと意欲的であるが，依存傾向もある。疲れやすい。記銘力低下軽度 長男と同居するが，日中独居	・ADL：立位になるとき不安定なため，腰を支持する介助を必要としている。 ・トイレで衣類着脱および立位になるとき介助が必要である。 ・歩行訓練：PT室にて，シルバーカー歩行，週2回30分間実施。歩行時疲れを訴えることがある。 ・食事：自立 ・入浴：一部介助 ・精神的状況：立位時不安になる。本人は在宅復帰したいが日中は独居である。記銘力低下がある。 ・環境：日中独居のため排泄時の援助が必要であり，在宅復帰上の課題となる。	・トイレで立位が安定してできる。 ・着脱行動が安全にできる。 ・衣類に改造を行う。ズボンに手がかりとなる紐等をつける。 ・本人の在宅復帰への意欲が高まる。自立への意欲が高まる。 ・歩行時の安定が図れる。
実施・結果	モニタリング	
・トイレでの立位動作を観察したところ，手すりを握るとき，親指を使っていないことが判明。親指を開いて，ほかの4本と向き合うように握ると力が入ることを助言。その結果，力が入れやすくなり，一人で立位になることができた。 ・自己努力により，健側でズボンの着脱ができるようになり，着脱時の介助が不要となった。 ・トイレ時の自立が自立心の助長に役立った。	＜ADL改善＞ ・立位になる手段を獲得したことにより，トイレでの安全な排泄行動が図られた。 ・着脱姿勢も安定したため，自分でズボンの着脱が可能になった。ズボンの改造は不要となった。 ＜自立心を引き出す＞ ・排泄の自立が契機となり，依存傾向があったが自立心を引き出すことができた。 ・今後，家族との調整が進めば在宅復帰が可能となる。 ・今後，ケアカンファレンスにおいて，長男とケアマネジャーとの調整が必要。	

コラム

認知症の人との信頼関係の形成

　家事の方法は忘れていることがありますが，掃除や洗濯など，実際にともに行動してまねてもらいます。言葉で聞いたことは記銘力の低下により記憶に残らないため，その日にしてもらいたいことはメモなどに書いて渡しておくと，いつもそれを眺めて落ち着いて安定した気持ちになることがあります。

　ささやかなことでもできたらほめます。手伝ってもらったら感謝します。その経験を重ねることにより，馴染みの関係が芽生えて気持ちを和ませる効果があります。

　ほめられたり相手から感謝されることは，重度の認知症の人との信頼関係を形成する際にも効果的な手段です。

　そのためには，その人の好きなこと得意だったことを知り，現在でもそれを実施することができるのか，身体的，心理的，社会的条件をアセスメントします。必要に応じて多職種とのチームワークを図り，理学療法士・作業療法士，医師・看護師などの専門職のアドバイスがもらえると有効です。

　また，介護者は常に生活支援を通して，その人を継時的にフォローすることができます。その強みを生かして，会話を楽しみながら過去の生活を拾い出し，何を望んでいるのか洞察力を働かせます。家族や友人が面会に来たときなども，その人たちと意見交換し，積極的にコミュニケーションを図り，その人の情報を収集します。得られた情報を交換し合い，課題分析に役立てます。

　観察力，洞察力を働かせることは，自分から訴えることの少ない重度の認知症の人の情報収集をするときには，必要な介護の技能です。

7. アセスメントツール

① ICF方式のアセスメント

　ICF方式のアセスメントでは，医学モデルではなく，その人がどのような機能をもっているかを見いだし，どう生きたいのか人生レベルで考えます。また「役割」，「社会参加」を視点に，その人がしたいことを「目標」として掲げます。

　「心身機能」として身体的・心理的状況を総合的にとらえます。

　「健康状態」は疾病要因および健康の変調を含み，そのため慢性疾患があっても，健康上管理できるなら本人の生活意欲には悪影響をもたらしません。

　「個人因子」以外は，環境因子として広範囲なものを含み，マンパワーも社会的環境に含みます。物理的環境の改善はその人の活性化を左右する存在となります。

　「参加」の要素は独自性があります。人生レベルで何らかの役割があるという意識をもつことが潜在能力を引き出す自覚につながります。人間としての可能性を追求するために，介護者が意識的にかかわることにより力を引き出すことができます。

　利用者の望む暮らしは何かや，利用者の生活問題は何が起因しているかに視点を置きます。

ICFの構成要素

　以下のポイントに沿って情報収集し分析します。

心身機能：身体系の生理的機能および心理的機能
身体構造：器官・肢体，その構成部分の解剖学的部分
健康状態：機能障害により活動制限はあるか。
個人因子：生活歴や性格などの個人的要因。個人の意志力を強める。
　　　　　利用者の生活問題に対する直接的な援助
環境因子：人々が生活している物理的・社会的環境。受容的・支持的
　　　　　援助，ヒューマン・サービス

・介護ニーズは利用者とともに利用者とコミュニケーションをとるなかで明らかにしていく。

表6-5 ICF方式によるアセスメントシート

健康状態	心身機能・身体構造障害	活動制限	参加制約	環境因子（阻害因子）	個人因子（否定的）
・疾病,障害,認知症 ・診断名よりも現在困っている病状を記載する。	・身体系の生理機能（心理機能を含む） ・器官,肢体とその構成部分など身体の解剖学的部分の不調	・個人の活動や行為,動作をさす日常生活動作例：読む,書く,理解するなど活動する際の困難さ	・社会生活・人生場面へのかかわりを経験する際の困難さ	・個人的環境家庭や職場など身近な環境 ・社会的環境 ・交通やコミュニティサービス ・人的環境	・個人の人生や生活背景など ・性別・年齢・教育,職業,過去の経験 ・性格など
	心身機能・身体構造	活動	参加	環境因子（促進因子）	個人因子（肯定的）
	・身体機能の改善 ・心理的機能望み,意欲,潜在機能	・生活機能動作の維持・継続・発展 ・課題遂行能力	・地域社会参加 ・家庭内の役割 ・自己実現生涯学習・発達課題の実現	・障害等への認識の改善,社会の理解,バリアフリー,ユニバーサルデザイン建築,福祉機器の開発 ・社会的システムの整備	・動機づけ ・対人関係能力 ・個人的特徴 ・生活機能の自立

演習シート

領域	必要と思われる情報	その情報はなぜ必要か
健康状態		
心身機能・構造		
活動		
参加		
環境要因		
個人的要因		

・生活ニーズは○○できないなどネガティブではなく，○○ができるようになりたい，したいなどのポジティブな側面に焦点を当てる。
・利用者が生活ニーズの解決に向けて主体的意欲的に取り組めるような視点が望ましい。

コラム

利用者の生活の全体像を描く

　利用者の生活の課題とは，利用者がこのような生活をしたいという思い（デマンズ）を大切にしながら，それを取り巻くさまざまな情報を根拠に，その思いの背景となる事柄を把握して表現します。

1．なぜそれを課題としたのか，原因と解決の方向性を考える。
2．利用者の問題をとらえると同時に，利用者のもっている能力や可能性に注目していく。
3．今は起きていないが今後予想される問題の発生を防いでいくという介護予防の視点である。
4．利用者の考えを取り入れて利用者主体で考え，利用者参加で目標を考える。
5．利用者の問題をとらえて，マズローの欲求の五段階説を手がかりに意欲の転換を表現する。

　「行動」がみやすいよう，具体的に表現します。

　利用者の意思を反映すること。そのためには利用者を主語形式にします。

　短期目標は長期目標の第一歩です。

（東京YWCA専門学校　児玉谷広子・高山法子）

② 介護保険におけるアセスメント

介護保険制度下においては，表6－6のような項目について情報収集し，アセスメントを行います。

表6－6 課題分析でたずねる標準項目

基本情報に関する項目

No	標準項目名	項目の主な内容（例）
1	基本情報（受付，利用者等基本情報）	居宅サービス計画作成についての利用者受付情報（受付日時，受付対応者，受付方法等），利用者の基本情報（氏名，性別，生年月日，住所・電話番号等の連絡先），利用者以外の家族等の基本情報について記載する項目
2	生活状況	利用者の現在の生活状況，生活歴等について記載する項目
3	利用者の被保険者情報	利用者の被保険者情報（介護保険，医療保険，生活保護，身体障害者手帳の有無等）について記載する項目
4	現在利用しているサービスの状況	介護保険給付の内外を問わず，利用者が現在受けているサービスの状況について記載する項目
5	障害老人の日常生活自立度	障害老人の日常生活自立度について記載する項目
6	認知症である老人の日常生活自立度	認知症である老人の日常生活自立度について記載する項目
7	主訴	利用者及びその家族の主訴や要望について記載する項目
8	認定情報	利用者の認定結果（要介護状態区分，審査会の意見，支給限度額等）について記載する項目
9	課題分析（アセスメント）理由	当該課題分析（アセスメント）の理由（初回，定期，退院退所時等）について記載する項目

課題分析（アセスメント）に関する項目

No	標準項目名	項目の主な内容（例）
10	健康状態	利用者の健康状態（既往歴，主傷病，症状，痛み等）について記載する項目
11	ADL	ADL（寝返り，起きあがり，移乗，歩行，着衣，入浴，排泄等）に関する項目
12	IADL	IADL（調理，掃除，買物，金銭管理，服薬状況等）に関する項目
13	認知	日常の意思決定を行うための認知能力の程度に関する項目
14	コミュニケーション能力	意思の伝達，視力，聴力等のコミュニケーションに関する項目
15	社会との関わり	社会との関わり（社会的活動への参加意欲，社会との関わりの変化，喪失感や孤独感等）に関する項目
16	排尿・排便	失禁の状況，排尿排泄後の後始末，コントロール方法，頻度などに関する項目
17	じょく瘡・皮膚の問題	じょく瘡の程度，皮膚の清潔状況等に関する項目

18	口腔衛生	歯・口腔内の状態や口腔衛生に関する項目
19	食事摂取	食事摂取（栄養，食事回数，水分量等）に関する項目
20	問題行動	問題行動（暴言暴行，徘徊，介護の抵抗，収集癖，火の不始末，不潔行為，異食行動等）に関する項目
21	介護力	利用者の介護力（介護者の有無，介護者の介護意思，介護負担，主な介護者に関する情報等）に関する項目
22	居住環境	住宅改修の必要性，危険個所等の現在の居住環境について記載する項目
23	特別な状況	特別な状況（虐待，ターミナルケア等）に関する項目

③ 認知症の専門的な介護を必要とするアセスメント

認知症介護研究・研修センター方式の認知症への援助を対象としたケア指針を紹介します。[※5]

・五つの視点
　①尊厳：その人らしいあり方
　②安心：その人の安心・快
　③リハビリテーション・自立：暮らしのなかでの心身の力の発揮
　④予防・健康づくり：その人にとっての安全・健やかさ
　⑤継続・地域包括：なじみの暮らしの継続（環境・関係・生活）

以下の状況を数種類のシートに書き込んでいきます。
①私の姿と気持ち：うれしいこと，楽しいこと，好きなこと，得意なこと・苦手なこと，不安・苦痛・悲しみ
②私の生活史，暮らし方：長年なじんだ習慣・好み
③24時間の生活，生活環境：暮らしの場面，していること・していないこと
④療養，生活リズム・パターン：現状，わかること・わからないこと
⑤自立経過支援マップ，介護への願い・要望：ターミナルや死後の願い

※5　認知症介護研究・研修東京・大府・仙台センター編『改訂　認知症の人のためのケアマネジメント　センター方式の使い方・活かし方』認知症介護研究・研修東京センター，2006年

④ アセスメントツールの考え方

　介護保険による情報把握を行う際には効率よくアセスメントするために，情報収集および課題分析について，専門職団体が各種のアセスメントツールを作成しています。それぞれの職能団体により重点の置き方が異なります。介護職員の場合には，生活全般を評価できるものが必要になります。施設介護，居宅介護，医療機関における介護など，使用目的により適したものを選択します。

　老人施設団体3団体方式，日本介護福祉士会方式，日本社会福祉士会方式，MDS－HC方式，日本訪問看護振興財団方式，KOMIチャート方式，TAI方式，ICF方式，認知症介護研究・研修センターによるセンター方式などがあります。それぞれ特徴がありますが，いずれも利用者の介護ニーズを見極めるために重要な役割を担います。

　基本的な項目は，ADL，心身機能，環境（援助者，住居家屋構造，自助具などの物理的条件，社会資源，経済的条件），個別状況，ライフスタイルなどです。アセスメントは，その人の生活の質の向上，生命の安全と快適・安楽な生活の保障，に対してあるべき姿を予測・考察し一人ひとりの介護目標を掲げます。

　以下に，主なアセスメントツールの特徴を記します。[※6]

1　MDS－HC方式（非営利団体 interRAI により開発されたもの）

　最低限の必要とされるアセスメント項目をケアチームの構成メンバーが理解できる共通な用語によって整理したもの。誰が評価してもぶれず，ケアの方向性についての指針が簡単にまとめられています。

1．ADL・リハビリテーションの可能性
2．手段的日常生活能力
3．健康増進
4．施設入所のリスク
5．コミュニケーション
6．視覚
7．アルコール依存と危険な飲酒
8．認知
9．行動

※6　介護支援専門員実務研修テキスト作成委員会編『改訂・介護支援専門員実務研修テキスト』長寿社会開発センター，2006年

10. うつと不安
11. 高齢者虐待
12. 社会的機能
13. 心肺の管理
14. 脱水
15. 転倒
16. 栄養
17. 口腔衛生
18. 痛みの管理
19. 褥瘡
20. 皮膚と足の状態
21. 順守
22. もろい支援体制
23. 薬剤管理
24. 緩和ケア
25. 保健予防サービス
26. 向精神薬
27. 在宅サービスの削減
28. 環境評価
29. 排便の管理
30. 尿失禁と留置カテーテル

　ある項目にチェックされると，それが引き金（トリガー）になって問題と考えられる課題が導き出されます。

　利点は，一人ひとりのケアの目標を明確に設定できる，科学的根拠に基づいて計画を策定し計画に沿って経過しているかモニタリングする際の判断基準が明確にできる，職種を超えて多様なスタッフが共通理解の下にケアを進めることができるなどです。

2　包括的自立支援プログラム（日本療養病床協会，全国老人福祉施設協議会，全国老人保健施設協会の3団体が協力開発したもの）

　「認定調査票」，「在宅復帰および在宅支援の検討」，「ケアチェック表」，「介護サービス計画書」，「サービス担当者会議の要点」からなります。職員と家族にもわかりやすく，客観的に迅速にケアプランが立てられます。

　ケアチェック表は，①食事，水分摂取等，②排泄，③入浴，清拭等，④洗面，口腔清潔，整容，更衣，⑤基本動作介助，リハビリテーション等，⑥医療，健康，⑦心理，社会面等の七つの領域に関するチェックがありま

す。本人・家族の訴えや希望を検討し，現代のケアを見直すようにチェック欄を設けています。提供したサービスの評価ができます。

3　生活援助を基礎とした自立支援アセスメント・ケアプラン（日本介護福祉士会）

　人間理解をベースに利用者一人ひとりの思いや願い，生きてきた歴史と生活習慣を尊重します。衣食住，心身の健康，家族関係，社会関係といった多面的な領域から利用者の生活障害となっている原因を把握し，さらに利用者の視点から「利用者の望む生活」，「利用者にとって望ましい生活」を営むのに，困難となっている問題を整理し解決にあたることができます。

　要介護高齢者や家族の生活リズムを尊重し，意欲や可能性を重視しています。

4　ケアマネジメント実践記録様式（日本社会福祉士会）

　アセスメント票の項目は，①健康状態，②理解・行動，③ADL，④家事・IADL，⑤生活の質と生活支援，⑥介護状況，⑦居住環境の7領域から構成されています。利用者本人の心身障害だけでなく，介護者の状況や生活環境など包括的なアセスメントができます。アセスメントは利用者の生活上の解決すべき課題，ニーズを把握し，心身の障害や環境上の支障などを客観的に把握できる事実と，利用者の主観的に感じている事実からニーズを判断します。アセスメントした項目について緊急度による対応レベルを記入します。

5　成人・高齢者用アセスメントとケアプラン（日本訪問看護振興財団）

　14のアセスメント票に分けて30の領域に関する項目を調査し，医療・保健・福祉の多職種で共有できます。

　アセスメント票の枠組みは，基本情報，生活療養情報（①コミュニケーション・視聴覚・認知の状態，②身体機能・リハビリテーション，③身体のコントロール，④皮膚の状態と清潔，⑤排泄のコントロール，⑥痛みの状態，⑦栄養状態と食べ方の状況，⑧歯と口腔の状況，⑨社会生活への参加意欲，⑩気分と行動・特異行動，⑪対人関係・ケア上の問題，⑫認知症の状態，⑬生活習慣・問題の兆候，⑭治療の状況，⑮薬・使用薬の状況），ターミナルケア情報，家族介護・家事の情報，社会資源導入情報となっています。

● 文献

諏訪さゆり・大瀧清作：ケアプランに活かすICFの視点，日総研，2005年
丹羽國子：専門的介護支援，アリスト，2003年
石野育子：介護過程，メヂカルフレンド社，2000年
介護支援専門員実務研修テキスト作成委員会編：改訂介護支援専門員実務研修テキスト，長寿社会開発センター，2006年
石田一紀：介護福祉労働論，萌文社，2004年
認知症介護研究・研修東京・大府・仙台センター編：改訂　認知症の人のためのケアマネジメント　センター方式の使い方・活かし方，認知症介護研究・研修東京センター，2006年

第 **7** 章

記録と報告

1. 記録

① 介護における記録の意義と目的

1　記録の意義

　私たちの記憶は実にあいまいなものです。昨日の夜，何を食べましたか，一昨日の15時，何をしていましたかなどと，尋ねられて正しく答えられる人が何人いるでしょうか。覚えているつもりでも時間とともに忘れてしまうのが私たちの常です。

　一人に情報を正しく伝えたつもりでも，口頭での伝達は，何人もの伝達を経るうちに思いがけない内容に変化していくことは，私たちの日常で経験することです。それゆえに，伝えたいことは書いて残すこと，書いて伝えることが大切です。「その日のうちに書くこと」が必要であり，「決して，明日にまわしてはいけない」ものです。記録はその場にいない人にも情報を伝え，情報を共有することができます。利用者の個別の記録を残すことにより最適な介護が行われているのか，もっとこうしたらよいのではないか，などといった介護計画の分析，見直しができます。

2　記録の目的

　介護記録の目的は施設であれ，在宅であれ，その利用者の介護に役立たせることです。介護の実践は正しい記録によって支えられ，その記録によって，よりよい介護が可能となります。介護は，一人の利用者を中心としてチームとして行われ，多くの職種がかかわっています。したがって，そこには当然情報の伝達が重要であり，利用者に関する正しい情報をチーム全体で共有し活用する必要があります。

　また，記録の目的は，書くこと，またそれを読むことにより，介護福祉士として自分の行った介護を客観化し，振り返ることができることです。

② 事実関係確認のための記録

　記録は行政による監査や，万が一何らかの事故が生じて訴訟になった場合の事実を証明する大切な資料となり得ます。記録はすべての場面において常に責任をもって利用者の生活を援助するためのものです。介護保険が

導入され,保険給付に見合った介護が行われているのかを証明するものでもあります。情報開示の動きから利用者やその家族から記録を見せてほしいといった要望も出てきます。そのためにも,事実を客観的に記入した①事故報告書(表7-1),②ひやり・はっと記録,③苦情受付記録など資料を残しておくことが望まれます。

表7-1 事故報告書(例)

報告者	T介護福祉士	報告日	平成18年9月1日
記入者	T介護福祉士		
事故発生日	平成18年9月1日11時30分頃		
事故発生場所	Aさんの居室		
事故状況	Aさんを,居室から食堂に移動させるために,ベッドに臥床しているAさんを端座位にした。 端座位での安定を確認し,車いすに移乗させようとした。そのとき,車いすのフットレストにAさんの右足が接触し,右下肢後部に皮膚剥離をさせてしまった。		
事故対応	すぐに,日勤の看護師に連絡し,救急箱を持参し,清潔なガーゼで消毒,止血をした。 その後,医師の診察を受ける。皮膚が5cm四方剥離しているが,切り傷にはなっていない。消毒と止血で大丈夫と言われた。 15時,その旨,家族に連絡する。		
事故の原因	私は,一人で車いすへの移乗ができる,Aさん程度の体重(45kg)ならばと,軽く考えていた。 Aさんが端座位から立ち上がり,車いすの方向に回転させるとき,十分に自分の身体に密着させずに車いすに座らせてしまうことになった。 Aさんが私の身体にしがみついたとき,「重い」と感じたが,倒れるのを避けることに集中し,Aさんの右足に注意することができなかった。		
今後の対応	私は一人でできる,と思い込んでいた。今まで同じような介護は何度もしてきた。しかし,今日のAさんは臥床状態であったために足の力が弱くなっていた。そのことを考慮して,きちんと腰を低くしたボディメカニクスを応用した介護を心がけるべきである。 一人では無理と判断して,協力を頼む。		
解決	その日に医師の診断を受け,家族の了承も得た。 3日後に,再度医師の診断を受け,経過良好であると報告あり。 　　　　　　　　　　　　　　　　　責任者　　○○　○○　印		

3 記録の種類

1 施設介護での記録

　24時間介護を行う施設では複数の職員がシフト勤務をしています。早出，日勤，夜勤，遅番などの勤務状態で情報を共有することは容易ではありません。そのために，交代時に口頭で申し送りをしますが，その場にいない職員には伝わりません。口頭伝達に加え，必ず情報を共有するためには重

表7-2　サービス提供記録　訪問介護　　　　　（複写）
　　　　　　　　訪問介護員名：[　　　　　　　　　　　　]

利用者名	様　印	訪問時間	：　〜　：	平成　年　月　日（　）

サービスの種類	身体介護	生活援助	健康チェック	環境整備
	30分未満 1時間半未満 2時間半未満 その他（　　）	1時間未満 2時間未満 3時間未満 未満	顔色（良・不良） 排便（有・無） 体温（　　℃） 血圧（　／　）	換気　戸締り 室温調整 相談援助・情報収集・提供 サービス提供後の記録

生活援助	掃　除		洗濯（衣類・寝具類・その他）	
	居室　　準備　　後片付け 台所　　ゴミ処理　ゴミ出し 風呂　　洗面所　布団干し トイレ　ポータブルトイレ その他〔　　　　　　　　〕		洗い　　　物干し　　たたみ 取り入れ　収納 衣類の整理整頓　補修	
			ベッドメイク	代行業務
			シーツ交換　防水シーツ交換 布団カバー交換　整頓 その他（　　　　　　）	用件 〔　　　　　　〕
	一般的な調理・配下膳		買い物・薬の受け取り	
	調理 下ごしらえ 配膳 下膳 後片付け	献立	病院（　　　　　）（　　　　　） 店名（　　　　　）（　　　　　） 　　　内容確認　　　　　お金の確認 立て替え金＿＿＿円　預かり金＿＿＿円 購入代金＿＿＿円　おつり＿＿＿円 診療費＿＿＿円　領収済　未収金	

身体介護	排泄介助	入浴	清拭	身体整容	更衣介助
	トイレ介助 ポータブルトイレ介助 ポータブルトイレ後始末 オムツ交換・処理 陰部・臀部の洗浄等 汚れた衣服の交換・処理 汚れた寝具の交換・処理	全身浴 シャワー浴 部分浴 　手浴 　足浴 洗髪	全身 一部 　顔 　上半身 　下半身 水分補給	洗面 整髪 口腔衛生 つめ切り 耳そうじ ひげの手入れ	着替えの準備 上半身脱衣・着衣 下半身脱衣・着衣 靴下 着替えた衣類の処理
	体位交換 服薬確認　服薬介助 見守り的援助 〔　　　　　　　　〕	移動・移乗介助		外出介助	食事介助
		車椅子移乗・移動 歩行介助 安全確認・声かけ・見守り その他（　　　　　）		散歩介助 通院介助 買い物介助	準備・後片付け 覚醒確認 摂食介助 特別な調理

特記事項	

　　　　　　　　　　　　　　　　　　　　　　　　　山川町社会福祉協議会

要事項は記録しておかなければなりません。

2　在宅介護での記録

　ホームヘルプサービスでは，利用者宅をホームヘルパーが一人で訪問しますので，その場の状況はそのヘルパーしか知りません。また，直行直帰の勤務状態で働いているヘルパーが多い事業所では，情報の共有はかなり困難です。できるならば，訪問の終了時に事業所に立ち寄り，利用者の状態を記録する時間がもてることが望ましいといえます。ほとんどの事業所がホームヘルパーに何らかの記録・報告義務を課しています。記録時間が介護保険の報酬単価（個別援助計画のなかに含める）として認められてはいますが，訪問時間内に長い時間をかけて記録することはできません。そのために，簡単な記録形式を各事業所が考案しています。また，利用者宅にその記録用紙を置いてきます（参考として，了解を得て福岡県みやま市山川町社会福祉協議会の記録用紙（複写になっている）を掲載（表7－2））。

④　記録の書き方

1　記録を書く能力

　記録を書くとき，文章をまとめることに集中しがちですが，利用者とのかかわりをそのまま文章に組み立ててみることが大切です。そのために基本となるのが，コミュニケーション能力と観察能力です。

　自分をどのような人間としてとらえているか。利用者と向き合ったとき，どのくらい相手の言うことに集中して傾聴できるのか。他人とのかかわりのなかで自分の感情を冷静に見つめることができるか，つまり，「何が悲しいのか，うれしいのか」など会話のなかで相手の感情をとらえることができるのかということです。相手の言ったことを自分がどのように感じ理解したかを素直に表現することです。

　記録の書き方の練習方法として，会話の観察記録演習（表7－3）とプロセスレコード演習（表7－4）の活用をお勧めします。

表7－3　会話の観察記録演習

※最初にＡ４用紙を配る（または下記の用紙参照）
1）演習の進め方
　① 2人の代表者を選ぶ
　② 会場の前方に出てきてもらい，5分程度の会話をする（会話内容は自由）。会話内容に戸惑うときは，あらかじめテーマを設定しておいてもよい（家族，職場，趣味，将来の夢，その他）。
　③ 全員でその会話内容を聞く。メモをとらない。
　④ 会話の終了後20分以内で記録を書く。
　⑤ 方法様式は問わない。自分の見たまま聞いたままをできるだけ正確に書く。
　⑥ 書いた記録を5人程度と交換し，互いに評価する。
　⑦ よく書けている，表現がわかりにくいところなどに印（○？など）をつける。
　⑧ 最後に簡単な評価を書き加える。
　⑨ 返す際に，コメントや質問を交わす。
2）演習のコツ
　① 互いを高め合うための交換，相互評価であり，丁寧に正直に評価すること。
　② 必ずよい点もみつけるようにする。
　③ 演習全体を通し，他者との違いから，自分の観察やとらえ方の傾向，記録の特徴を理解する。
　④ 他者のよい点を参考に自分の改善点をみつける。
3）演習のまとめ
　　グループで「正確に（そこにいない）他者に伝える」「わかりやすく書く」ためには，どのような点に注意して書けばよいか討議する。

演習用紙

演習テーマ		記 入 者 氏　　名	
記入者への コメント・ 質　　問			
演習のまとめ			

（出典：山田容：ワークブック　社会福祉援助技術演習①対人援助の基礎，ミネルヴァ書房，97頁，2003年を参考として作成）

プロセスレコードは介護者の理解や判断，感情の動きとそれに連動した行動が明確に記録されます。介護場面での利用者との会話のやりとりを記録することにより，対人関係を振り返り，よりよい介護に向けて，スキルアップにつなげていくものです。

　介護場面での会話のやりとりを記録し，自分の行動の振り返りと，チームによる共有の学習教材とすることができます。プロセスレコードは利用者との会話を記録するものですが，記憶をたどって会話を再構築するものであり，就業中にメモするものではありません。それゆえに，不全感の残る会話でも修正したりせず，素直に書いてみることが大切です。

・基礎編として，私たちの日常の何気ない会話のなかから，相手が何を思い，また自分がどう感じたのかを素直に記入してみる（表7－5）。
・応用編として利用者との会話を記入してみる（あくまでもこの事例がよいというのではなく，参考としていただきたい）（表7－6）。

表7－4　プロセスレコード演習用紙
プロセスレコードを書いてみましょう（例：友人との会話，職場での会話，家族との会話など，自由に思い出せる場面）

場所・日時	月　　日　　時頃	記録者名	
この場面をとった動機			
この場面状況の説明			
利用者の行動（言葉を含む）	私が感じたり，思ったり，考えたりしたこと	私の行動（言葉を含む）	私の行動に対する評価・考察
指導者のコメント			

表7-5　プロセスレコード　事例：日常会話からの記録

場所・日時	月　　日　　時頃	記録者名	
この場面をとった動機	児童が困っていたから		
この場面状況の説明	通学途中に○○小学校の児童がグランドでサッカーをしていて、道路にサッカーボールが柵を越えて落ちてきたので、取ってあげた。		

利用者の行動（言葉を含む）	私が感じたり、思ったり、考えたりしたこと	私の行動（言葉を含む）	私の行動に対する評価・考察
①児童から『すみません、ボールを取ってください』と頼まれた。	②最初は「誰に言ったんだろう」と思って辺りを見回すと私しかいなかったので自分に言っているんだと自覚する。	③すぐボールが落ちている場所へと向かう。 ④両手を使って一生懸命投げる。柵が高いため、1回目失敗。	そのまま無視して行くのではなく、取ってあげようと思えたことがよかった（それが普通だけど）。
⑤「蹴ってください」と言われる。	⑥私はサッカーの経験がほとんどなく、そして下手なので「無理だ」と思った。	⑦もう一度両手を使って投げる。2回目は成功。	「蹴ってください」と言われたが、私が蹴ったら隣の幼稚園に飛んでいくかもしれないという恐れがあったため、足を使わず再び手を使ったのがよかった。
⑧「ありがとうございます。すげえー、バレー部じゃ」と言われる。	⑨小学生なのにちゃんとお礼が言えて、しっかりしているなあと思う。けど、私は元バスケ部だったんだよなと一人、心のなかでつっこんだ。	⑩グランドへ戻って行く小学生を見て学校へ向かう。	「ありがとう」の一言がうれしかった。ちょっとしたことだったけど、私には大きく感じられた。
指導者のコメント			

表7-6 プロセスレコード　事例：利用者との会話からの記録

場所・日時	P介護老人保健施設　5月29日　15時頃	記録者名	H・Y子
この場面をとった動機	H氏のこれまでの習慣（体の洗い方）を発見したため		
この場面状況の説明	入浴介助でH氏の介助を行っている（体を洗っている）		

利用者の行動（言葉を含む）	私が感じたり，思ったり，考えたりしたこと	私の行動（言葉を含む）	私の行動に対する評価・考察
①「背中をもっと強く洗って」と言った。	②背中がかゆかったのかなと思った。	③「はい，わかりました。かゆいところがあったら言ってください」と言って強く洗った。	利用者の立場になって物事を考えたので利用者の気持ちもわかり，納得できたのでよかった。自分だったらこう洗ってほしいなどと考えながら介助していくと，よい入浴になっていくと思った。
④「そうそう」と納得している様子。	⑤納得しているので，ほっとした。自分だとしても背中は強く洗ってほしいなと思った。	⑥背中を流した。	
⑦「ちょっと，タオルを使いながら流してよ」と怒る。	⑧びっくりしてあわてた。タオルを使って流すとは？　悩んだ。	⑨「はい，すいません」と答え，とりあえずタオルを使って石鹸を流した。	この洗い方でよいのかはわからない。しかし，H氏を介助する前に，職員や本人に洗い方を聞くべきだった。
⑩あきれている様子。「タオルを使って流さんなら，石鹸はちゃんと流れ落ちないでしょ」と言う。	⑪そうかもしれないなと思う。これはきっと今までの習慣だったかなと感じた。	⑫「そうですね，しっかり流します」と言った。	不機嫌な様子に気づき，どうすればよい入浴になるか考えたのでよかった。
⑬少し不機嫌な様子。	⑭これからよい入浴にするためにはどうしようかと悩む。	⑮「すみません，初めてやったのでいろいろ教えてください」と謝る。	謝ってみたもののこれでよかったのかはわからない。ただ，納得されたのでよかった。今までの習慣を尊重することの大切さをこのH氏の入浴介助で改めて理解した。
⑯「そうね，初めてなら知らんのが当たり前ね」と言い，納得された様子。	⑰ほっとした。いつもと違う洗い方をしたために怒ったんだと確信した。	⑱「ゆっくり湯船につかってください」と声をかけた。	

指導者のコメント	

筆者の特記：学生が記入した文体をそのまま採用していますので，ご了承ください。

第7章　記録と報告

2　記録の書き方と注意

① 鉛筆は使用しない。ボールペンを使用し，間違ったときは修正液を使用せず，文字の上に二重線を引き，訂正者の印を押す。
② 一般的な専門用語を使用する。
③ 事実をありのままに書き，自分が想像したことと混同しない。
④ 情報を整理し，必要なものを書く。
⑤ だれが見ても読めるように，丁寧に，楷書で書く（パソコンの利用も考えられる）。
⑥ 責任の所在を明確にするため，記録に署名する。

　一朝一夕に文章が上手に書けるようにはなりません。うまく書こうとするのではなく，短い文のつなぎ合わせでもよいから，事実を書いてみることです。そして，他人の書いた文章をよく読み，自分の生活に書く習慣を取り入れることです。

⑤ 記録の保管

　個人情報の保護に関する法律（個人情報保護法）の関係上，記録は正しく管理されなければなりません。個々の利用者のプライバシーを保護し，他者に漏らしてはなりません。秘密を守る義務があります（社会福祉士及び介護福祉士法第46条「社会福祉士又は介護福祉士は，正当な理由がなく，その業務に関して知り得た人の秘密を漏らしてはならない」）。

　他職種との共有が必要な記録であるために，いつでも見ることができる状態にしておくことが求められますが，できることなら保管の責任者を決めて管理することが望ましいといえます。

2. 報告

① 介護における報告の意義と目的

　報告は利用者に対して行った介護行為とその実践と結果，そのなかで知り得た情報などをほかのスタッフや関係者に伝えることです。施設では，

朝夕の申し送り，勤務交代時の伝達時間に報告が行われています。在宅介護事業所でも決められた方法で報告が行われています。

緊急事態が発生したときなど自分一人で判断しないで，すぐにその状態を関係職種，指導者などに報告し指導を仰がなければなりません。自分だけの判断で動いていてはチームとしての介護は成り立ちません。個人の判断での対応は，責任問題に発展したとき，個人が窮地に立たされることになります。介護チームが必要な情報を共有することにより利用者に何らかの問題が生じたときには，報告・連絡・相談（ほうれんそう）し，そして指示，指導を受けることです。

② 報告の方法

報告とは，事実に基づいて自分の意見を述べることです。その報告が客観的であるのか，または主観的であるのかをきちんと表現する必要があります。

客観的とは「誰が見ても同じ受け止め方をする」ということです。それに対して，主観的とは「もしかしたら自分だけがそう考えているかもしれない」ということです。

例えば「山田はな子さん（80歳）は，朝食を食べなかった」ということは客観的な事実ですが，「山田はな子さんは，朝食のメニューのなかに嫌いなかぼちゃが含まれているのを理由に，朝食を食べなかった」というのは主観的な見方です。はな子さんが朝食を食べなかったという事実は確認できますが，朝食のメニューのなかに嫌いなかぼちゃが含まれているのを理由に朝食を食べなかったかどうかは，見る人の判断によって異なる可能性があります。

報告で求められているのは「客観的な事実」と，その事実に基づいた「自分の意見（考察）」です。単に自分が考えたことや意見などを，根拠なしに述べたものは，報告とはいえません。その方法としては，以下のようなものがあります。

① 口頭により，一定時刻に行われる報告（申し送り）
② 急変時に直ちに行われる報告（緊急時会議）
③ 決められた日程の会議による報告（カンファレンス，事例検討など）

それぞれの事業所により考案された報告の方法はありますが，報告はよりよい介護を目標とするうえで記録と一対になっています。

③ 正しい報告

前に記入した事例から，正しい報告とはどんな内容なのかを考えてみましょう。

山田はな子さんが朝食に手をつけなかった理由を，「朝食のメニューのなかに嫌いなかぼちゃが含まれている」と勝手に判断しています。いつもかぼちゃが嫌いだと山田さんが言っているからという先入観で決めつけていないか，山田さんの今朝の体調（顔色，唇の色，体温，脈拍），昨夜の睡眠状態，精神的なものは考えられないか，などを観察し見極める必要があります。

以上の観察，見極めを，正しく報告する方法を羅列してみます。

① 報告する内容，相手，時期（時間）が適切である。緊急時には直ちに行う。
② 要点をまとめて，わかりやすく，はっきりした口調で手短に報告する。
③ 内容は5W1H（記録の書き方にも応用（表7-7））が含まれている。
④ 結論から先に，そしてその理由・経過を報告する。
⑤ 内容を記録したものを持参し，報告した場所，時間，相手を書きとめる。
⑥ 報告内容が相手に正しく理解されたか必ず確認する。

④ 報告の受け方

自分が行ってきた介護や利用者に関する情報を報告し，記録に残すことと並行して，ほかのメンバーから報告を受ける立場でもあります。報告を受けるときの留意点として考えられる事柄を羅列してみます。

① 報告を受けた日時，報告者名，場所を記録する。
② 要点をメモし，わからないところはチェックしておく。
③ 相手やその報告内容に先入観をもって聞かない。
④ 報告内容が客観的な事実なのか，主観的な意見なのか区別して聞く。
⑤ 不明な事柄は，その時点または最後にまとめて質問する。
⑥ 最後に報告内容と理解した内容を復唱し，再確認する。

表7-7　5W1Hを含む観察記録演習

1. 5W1Hを入れた文章を書いてみましょう（自分，または身近な人の最近の行動をある一部分を思い出して記入してみる）。

例：朝起きたとき・食事のとき・入浴のとき・職場での一場面など

記 入 者	

（例）<u>夜中</u>（When）に，<u>私</u>（Who）が，トイレに行こうと<u>暗い廊下</u>（Where）を歩いていくと，何か丸いものが光っている。なんだろうと<u>手にとって触ってみた</u>（Why）。その瞬間その感触からそれが<u>ゴキブリの死骸</u>（What）であることに気がつき<u>「キャー！」と大きな声で叫んでしまった。その声で家族が起きてしまい，迷惑をかけてしまった</u>（How）。

5W1H：いつ（When）－時間，どこで（Where）－場所，だれが（Who）－主体，何を（What）－客体，なぜ（Why）－原因，どのように（How）－状態

2. 記入したものを互いに交換し，5W1H（の部分に棒線を引く）が含まれているか評価し合う。

● 文献

藤田哲也：大学基礎講座―これから大学で学ぶ人におくる「大学で教えてくれないこと」，北大路書房，2004年
福祉士養成講座編集委員会編集：新版介護福祉士養成講座⑬介護技術Ⅱ　第3版，中央法規出版，2006年
津久井十編著：介5基礎看護技術マニュアル（1），学習研究社，2000年
山岡喜美子・荏原順子編著：リーディングス介護福祉学⑮介護技術，建帛社，2005年
山田容：ワークブック　社会福祉援助技術演習①対人援助の基礎，ミネルヴァ書房，97頁，2005年
福祉士養成講座編集委員会編集：新版介護福祉士養成講座⑪介護概論　第3版，中央法規出版，2006年
佐藤ちよみ：よくわかり，すぐ使える訪問介護計画書のつくりかた，日本医療企画，2004年
田中元：改正　介護保険で仕事はここが変わる，ぱる出版，2006年

第 8 章
介護福祉士のための医学知識

医師, 看護師等の免許をもたないものが医行為を行ってはなりませんが, 高齢者介護や障害者介護の現場等において, ある行為が医行為であるかそうでないのか判断に困ることがあります。厚生労働省は平成17年7月26日付で都道府県知事に「医師法第17条, 歯科医師法第17条及び保健師助産師看護師法第31条の解釈について」(通知)を発出し, 医行為ではないと考えられる行為を示しました (279頁参照)。そのなかには軽微な切り傷などの処置, 医薬品使用の介助なども含まれ, 安全に行われるべきとされています。介護福祉士は医行為を行うことはできませんが, 医療職と連携するために基本的な医学知識をもつことが大切です。

　本節では, 高齢者にかかわる疾患や症状を中心に述べていきます。

1. 高齢者の疾患の概要とその特徴

　高齢者の健康を考えるとき, 疾患をもっているかどうかで決めつけられないと思います。高齢者は図8－1に示すように, 老年期までに何らかの疾患に罹患し慢性化している場合があります。それに, 加齢変化をベースに高齢者に多い疾患に罹患, そのうえ合併症を引き起こすと, 多くの疾患をもつことになります。長い人生の歴史を生きてきた高齢者はこのように何らかの疾患をもつと考えられますが, それでも多くはうまく対処しながら日常生活を自立して過ごしています。うまく対処して日常生活を送っている高齢者は, 健康な生活を過ごしていると考えられるのではないでしょうか。しかし, うまく対処できなくなった場合には, 一つの疾患でなく複雑な現れ方や経過をたどることが予測できます。そこで, 疾患の特徴を理解して, 高齢者の生活を支えることが重要といえます。

① 高齢者の疾患にかかわる特徴

1　複数の疾患をもつ

　過去に罹患して慢性化した疾患, 高齢者に起こりやすい疾患とそれに伴って発生した合併症と高齢者はいくつもの疾患をもっています。それらの疾患の治療をしていると薬の種類も多くなっています(図8－1)。

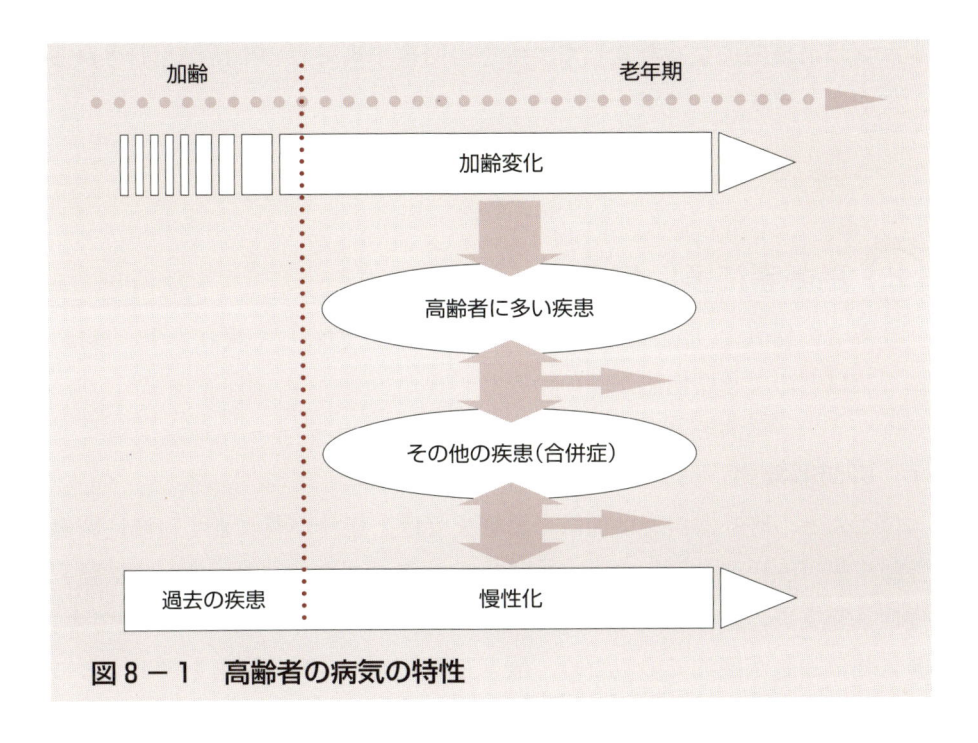

```
        加齢              老年期
    ┌─────┬──────────────────┐
    │|||||│    加齢変化       │→
    └─────┴──────────────────┘
              ↓
         ┌─────────────┐
         │ 高齢者に多い疾患 │
         └─────────────┘
              ↓      →
         ┌─────────────┐
         │その他の疾患(合併症)│
         └─────────────┘
              ↓      →
    ┌─────────┬──────────────┐
    │ 過去の疾患 │    慢性化    │→
    └─────────┴──────────────┘
```

図8−1　高齢者の病気の特性

2　定型的な症状を示さない

例えば，心筋梗塞は激しい胸部痛が特徴ですが胃部不快感や肩の痛みなどを訴え，肺炎は発熱や咳を主症状としますが微熱程度や食欲不振などの症状のことがあります。

3　合併症を起こしやすい

一つの疾患によって，安静を必要以上にとったときには廃用症候群を引き起こしたり，疾患に関係ない，ほかの疾患を引き起こしたりすることが少なくありません。

腎機能や肝機能の低下によって，薬物が体内に蓄積して副作用が現れやすくなります。

4　慢性的に経過することが多い

回復力が低下しているために，治癒に時間がかかり，そのうえ合併症を起こしたりすると経過が長引きます。

5　意識障害・せん妄を起こしやすい

脳に障害がなくても，発熱や脱水によって意識障害を起こします。

6　QOLや予後が社会的要因に大きく影響される

介護力が不足のために自宅への退院が困難であったり，リハビリテー

ションに消極的になったりして，疾患の回復や高齢者の生活が左右されることがあります。

② 高齢者に多い疾患

　高齢者の病気は，加齢に伴うさまざまな変化が加わって現れます。では，ここではどのような疾患が多いのでしょうか。

1　呼吸器疾患

　ほとんどの呼吸器疾患は加齢の影響を受け，症状が現れます。慢性閉塞性肺疾患（chronic obstructive pulmonary disease：COPD）は，肺気腫と慢性気管支炎の総称で，気道が狭くなり，呼吸が自由にできない状態です。肺気腫は肺胞が壊れているため，酸素を取り入れ二酸化炭素を排出することができにくくなります。慢性気管支炎は，主に喫煙により痰が多くなり，気道も狭くなり，呼吸運動ができにくくなります。一般的な症状は労作時の呼吸困難，痰を伴う咳嗽です。

　肺炎は65歳以上の死因の第4位であり，90歳以上では第2位（『国民衛生の動向　2006年版』）になっています。脳血管障害などで療養中に肺炎を併発して死亡に至ることがよくあります。高齢者肺炎は口腔内の雑菌交じりの唾液を本人の知らないうちに誤嚥してしまう不顕性誤嚥により発病します。本来は常在菌として口腔，皮膚にすみついていて無害なのですが，免疫力が低下すると感染源になってしまう内因性感染症です。高齢者では発熱，咳，痰の増加，呼吸困難が認められない場合や，活気がない，なんとなくだるい，食欲がないなどが初期症状である場合があります。高齢者を重篤に陥れるインフルエンザは外因性感染症です。

　昔，肺結核にかかったときの病巣が残っていて，体力の衰えをきっかけに再び活性化し，肺結核症になることがあります。主な症状は微熱や寝汗で強い感染症の症状のないのが特徴です。咳や痰，ときに血痰や喀血を示すことがあります。

2　循環器疾患

　心疾患による死亡は，65歳以上では第2位，75歳以上では第2位になっています。高齢者では動脈硬化性心疾患，虚血性心疾患，高血圧性心疾患が高頻度にみられます。

　心臓に供給される酸素量が少ないために生じる障害を虚血性心疾患とい

い，狭心症と心筋梗塞があります。狭心症は心臓に栄養を供給する冠動脈の内腔が狭くなることによって不快感を伴う胸痛が出現します。高齢者では胸痛が出現しないことがあります。心筋梗塞は冠動脈のどこかの部分が完全に閉塞し，心筋に栄養が届かなくなり心筋が壊死に陥った状態です。30分以上続く胸痛が特徴ですが，高齢者では本人が気づかないうちに進行して心不全にいたることもあります。心不全は心疾患や不整脈などによりポンプ機能が低下して，全身に必要な血液量を供給できなくなった状態です。

3　脳神経疾患

　脳神経疾患で多い疾患は脳血管障害です。高齢者は脳動脈硬化が進み，脳血管内腔をふさいでしまう脳梗塞や，高血圧を伴うと脳出血が起こりやすくなります。脳梗塞は脳出血に比べゆっくり発症し，脳出血は突然意識障害をもって発症します。閉塞，あるいは出血する脳血管部位によって失語や失認等の高次脳機能障害，片麻痺などを生じます。

　パーキンソン病は振戦（ふるえ），固縮（筋肉が硬くなりガクガクした歯車状の抵抗がある），無動（動きがゆっくり，歩くとき手を振らない，表情が硬くなる），姿勢反射障害(体のバランスが悪く押されると倒れてしまう)を四大主徴とし，中年以降に発症します。

4　精神疾患

　認知症は，脳の器質的変化により，年齢が上昇するにつれて増加します。
　うつ病など機能性疾患は加齢との関連は重視されていませんでしたが，高齢者を取り巻く社会的環境が大きく変化し，多くみられるようになってきました。うつ病は気分の落ち込みにより悲観的に世のなかをみるようになり，不安や焦燥が強く現れます。
　せん妄は急激に起こる一過性の意識障害です。せん妄は，意識の混濁のため思考や記憶に認知機能があいまいになり，つじつまの合わない発言や行動がみられます。夜間に急に騒ぎ始めたりする状態を夜間せん妄といいます。せん妄は認知症の人にも現れます。せん妄を起こすリスクファクターとして，心理・精神的問題があったり，理解力の低下，環境の変化，痛みがある，睡眠の障害，排泄がうまくいかないなどがあげられます。

5　消化器疾患

　歯牙の欠落，嚥下の異常，食道裂孔ヘルニアや逆流性食道炎，萎縮性胃炎などが加齢による変化によって起こります。胃・十二指腸の萎縮性変化

はヘリコバクター・ピロリ菌によるといわれてきています。悪性腫瘍の発生が増加し，胃がん，大腸がん，食道がんなどが発症します。

病原大腸菌による食中毒の発症もみられます。また，ロタウイルスやノロウイルスによって引き起こされる胃腸疾患もあります。嘔吐や下痢・発熱などを主症状とします。

6　腎・泌尿器疾患

高齢者は腎機能低下がみられます。腎不全は，さらに腎機能が低下した病態です。腎不全の末期は尿毒症といわれ，放置すれば，昏睡となり，高カリウム血症による心停止をきたします。慢性腎不全は，近年糖尿病性腎症によるものが増えてきています。尿毒症に至るまで大多数が無症状です。

尿路感染症も多くみられます。その原因は前立腺肥大症，神経因性膀胱などです。高齢になるとある程度の前立腺肥大症がみられます。症状は前立腺で尿道を圧迫されることによる排尿困難で，残尿感や排尿後にも再度排尿が必要になります。

7　内分泌・代謝疾患

加齢に伴って内分泌に多彩な変化がみられます。加齢とともに糖尿病の発症が増加します。高齢者で発症する糖尿病はインスリン非依存型糖尿病で，肥満などやインスリン抵抗性の存在があります。ほとんどが無症状で進行し，免疫力が弱まるために感染症にかかりやすくなったり歯周病により歯が抜けたりします。慢性期には末梢神経炎による手足のしびれや網膜症で視力が低下したり，腎機能不全を起こします。

甲状腺ホルモンの分泌低下があると甲状腺機能低下症が起こります。症状は嗄声，皮膚の乾燥，寒がり，難聴，動作緩慢などがあります。一般の高齢者にもみられる症状のために見逃されたり，認知症と間違われることもあります。

8　運動器疾患

加齢に伴い骨量は減少しますが，生理的範囲を超えた場合が骨粗鬆症です。特に女性では閉経後にエストロゲンが減少し骨粗鬆症が増えてきます。骨粗鬆症のために，尻もちをついたり運動することで脊椎圧迫骨折をよく起こします。激痛がある場合もありますが，無症状のこともあります。その他に高齢者に多い骨折は大腿骨頸部骨折，上腕骨頸部骨折です。大腿骨頸部骨折はつまずいて転んだり，ベッドやいすから落ちたりして起こり，立位や歩行ができなくなり，寝たきりに進む危険性が高いため，手術がす

すめられます。

　加齢とともにすべての関節に変形性関節症が出現します。発症部位は膝関節が最も多く、痛みやこわばり、運動障害が現れます。痛みは動かし始めに生じますが、少し歩くと痛みがとれ、長く歩くとまた痛みが出てきます。関節炎を主病変とする関節リウマチも高齢者によくみられます。

9　感覚器疾患

　皮膚疾患では、加齢による皮膚の乾燥状態である老人性乾皮症になり、老人性皮膚掻痒症が多くみられます。帯状疱疹も加齢によって増加します。帯状疱疹は水痘の既往歴を有する人に発症し、神経の走行に沿って帯状に水疱と痛みが現れます。皮膚症状が現れる前に神経痛様の疼痛を伴います。

　加齢による水晶体が混濁した状態である白内障は、高齢になると多少なりともすべての高齢者にみられます。初期の症状はまぶしさであることが多く、視力障害で生活に支障をきたすようになると手術がすすめられます。

　老人性難聴は、中耳より中枢の障害で発生し、治療によって回復をはかることができないため、現状では補聴器の使用が基本です。

③ 高齢者に多い症状

1　痛み・しびれ

　皮膚の痛みの閾値は加齢とともに高くなり、痛み刺激に対して鈍感になることを示していますが、痛みは高齢者の最も多い訴えでもあります。65歳以上の有訴者の自覚症状として多いのは、「腰痛」、「肩こり」、「手足の関節が痛む」（『国民衛生の動向　2006年版』）というところからもわかります。

　痛みを伴う疾患としては、頭痛では脳血管疾患やうつ状態に伴う頭痛などがあります。胸痛では、心筋梗塞や急性大動脈瘤解離、帯状疱疹後神経痛、肋骨骨折などがあります。腹痛では胃炎や胃潰瘍、胆石症、膵炎、虫垂炎、大腸炎、膀胱炎がありますが、狭心症も腹痛として現れることがあります。腰痛では脊椎圧迫骨折や骨腫瘍、腎・尿路結石、膵炎、胆石症など多岐にわたります。関節痛では変形性関節症などがあります。

　糖尿病性神経障害では手袋・靴下にあたる部分に左右対称に感じが鈍い、しびれ、ぴりぴり、痛みなど幅広い症状がみられます。感じが鈍い、はっきりしないなどの感覚鈍麻は脳血管障害による麻痺や運動障害とともにみられます。

2　脱水

　高齢者は体内の総水分量が少ない，水分摂取量の減少，腎機能低下，薬剤使用などにより脱水に陥りやすい状態にあります。脱水になると血液濃度が高まり高血糖の状態になり，血液が固まりやすくなります。そのために脳梗塞や糖尿病の昏睡，せん妄を引き起こすことになります。症状は皮膚の乾燥，舌の乾燥，意識障害があり，尿量が減少します。脱水時には水分と電解質の補給が必要です。

3　低体温・熱中症

　高齢者は基礎代謝が低下し，体温調節反応も低下しているため容易に体温が低下します。低体温時には不機嫌で動作が緩慢になります。また，暑さに対する体温調節も低下するため，熱中症にも陥ります。このように，高齢者は環境温度に左右されやすいため，エアコンや衣服などで調節することが大切です。

4　めまい

　めまいは高齢者によくみられる訴えです。高齢者のめまいの原因は，良性発作性頭位めまい症，メニエール病，内耳炎などの耳鼻科疾患のほかに脳梗塞，高血圧や不整脈，起立性低血圧症，糖尿病，うつ病など多くあります。

5　浮腫

　高齢者は心，腎の機能低下により，水・電解質のバランスに失調をきたしやすくなります。血液循環がうまくいかず，静脈血が心臓に戻りにくい状態も合わさり，浮腫が出現しやすくなっています。浮腫は細胞と細胞のスペースに水が溜まった状態です。浮腫は重力の影響を受けて起こるため身体の下のほうに目立ちます。浮腫を生じる原因としては低栄養，肝硬変，ネフローゼ症候群，心不全，腎不全，下肢静脈瘤，麻痺などです。

2. 認知症について

　認知症は高齢になるほど出現率が増加し，後期高齢者の人口増加に伴って認知症の割合も徐々に増えてきています。認知症高齢者は，現在の約150万人が2015年には約250万人になるといわれています（平成16年7月30日社会保障審議会介護保険部会「介護保険制度の見直しに関する意見」のとりまとめ）。介護の場において多くの認知症高齢者にかかわることと思いますが，本人の状態を十分に把握して本人・家族の気持ちに配慮した適切な対応が必要です。

① 認知症とは

　認知症は，正常に発達した知能が，何らかの脳機能障害のために著しく低下し，徐々に自立した生活が困難になる状態です。知能とは，記憶力や学習力，理解力，判断力などに加えて知識を含めた活動能力です。

② 認知症の原因

　認知症は疾患名ではなく状態をさし，特定の疾患を表す言葉ではありません。そして，高齢者のみにみられる変化でもなく，若い人でもさまざまな疾患に伴って認知症は出現します。原因となる疾患は，脳出血や脳梗塞など脳血管疾患，アルツハイマー病，パーキンソン病，ピック病など退行変性疾患，甲状腺機能低下症，アルコール脳症など内分泌・代謝性中毒疾患，クロイツフェルト・ヤコブ病，髄膜炎など感染性疾患，腫瘍性疾患，外傷性疾患など多く存在します。それぞれの疾患によって症状や予後，治療法が異なります。原因疾患がよくなることによって認知症が治ることもありますので，早期診断が大切です。

③ 認知症と間違えやすいもの忘れや病態

　認知症に似た状態は数多く存在します。加齢に伴うもの忘れやせん妄，うつ病について記します。また，認知症によるもの忘れかどうかを判断す

表8-1　認知症を疑うときのチェック項目

- ☐ 同じことを何度も言ったり，聞いたりする
- ☐ 慣れているところで道に迷った
- ☐ 財布を盗まれたと言うが，実際には盗まれていない
- ☐ だらしなくなった
- ☐ いつも降りる駅なのに，乗り過ごした
- ☐ 夜中に急に起き出して騒いだ
- ☐ 置き忘れやしまい忘れが目立った
- ☐ 計算の間違いが多くなった
- ☐ 物の名前が出てこなくなった
- ☐ ささいなことで怒りっぽくなった
- ☐ 時間や場所の感覚が不確かになった
- ☐ 水道の蛇口やガス栓の閉め忘れが目立った
- ☐ 日課をしなくなった
- ☐ 以前はあった関心や興味が失われた
- ☐ 以前よりもひどく疑い深くなった
- ☐ 病院からもらった薬の管理ができなくなった
- ☐ 複雑な内容のテレビ・ドラマの内容が理解できない

（出典：東京都福祉局：高齢者の生活実態及び健康に関する調査　専門調査結果報告書，東京都福祉局，58頁，1996年）

るチェック項目を表8-1に示します。

1　もの忘れ

　年齢を重ねるにつれて，脳の神経細胞の減少や機能の低下により，誰にでももの忘れは起こり，病気ではありません。認知症は初めのうちはもの忘れと区別がつきにくいのですが，もの忘れは半年〜1年では変化がみられません。もの忘れは記憶の一部を忘れる記憶障害だけで妄想などの精神症状を伴いませんし，自覚があり，知能は正常で日常生活に支障はありません。

2　せん妄

　せん妄は，急性の脳障害に伴って起こる軽い意識障害で，判断力や理解力が低下し，興奮状態になります。見当識では時間の障害が多くみられ，しばしば幻覚や妄想が現れることがあります。日によってまた一日のなか

でも症状が大きく変化することが特徴ですが，進行することはなく一時的です。認知症にもせん妄はみられることがあります。

3 うつ病

気分が落ち込んでいく，やる気が出ない，思考が遅くなるといった症状が続く病気です。悲しさやさびしさ，自責感などを訴えます。心気妄想や罪業妄想などがありますが，抗うつ治療で改善できます。

④ 認知機能の診断・検査

認知症に関する診断基準として，米国精神医学会の「精神障害の診断と統計のためのマニュアル 第4版」（DSM―Ⅳ）や世界保健機関（WHO）の「国際疾病分類 10版」（ICD―10）があります。DSM―Ⅳでは認知症の診断基準は，アルツハイマー病と脳血管性認知症の一部は両者に共通していますが，別々に記述されています。

認知機能の評価を目的としてさまざまな検査法があります。大きく，行動評価をするものとテスト法によるものに分けられます。

行動評価法は日常生活でみられる言動を観察したり，身近な人からの情報によって認知機能を評価するものです。本人の日常生活の状況をよく知っている介護者などから情報を得ることが重要です。行動評価法として柄澤式老人知能の臨床的判断基準があります。

テスト法は質問に答えていく方法です。テスト法には簡易精神機能検査（Mini-Mental State Examination：MMSE）や長谷川式認知症スケール（HDS-R）などがあります。

画像診断では，脳のコンピュータ断層撮影（computed tomography：CT）や磁気共鳴画像診断（MRI）があります。アルツハイマー病では広範な脳の萎縮や脳血管性認知症では梗塞や出血で診断されます。アルツハイマー病では，脳血流・代謝検査のポジトロンCT（positron emission computed tomography：PET）やシングルフォトンECT（single photon emission computed tomography：SPECT）による検査も行われます。

⑤ 認知症の代表的な原因疾患

1 アルツハイマー病

　アルツハイマー病は脳自体の異常な老化によって起こります。アルツハイマー病の人の脳は，①大脳皮質は著しく萎縮する，②βアミロイド蛋白が沈着して老人斑というシミをつくり神経細胞を脱落させる，③神経原繊維変化で神経線維がらせん状になる，④広い範囲で神経細胞が脱落するなどの特徴がみられます。

　脳の司令部である大脳皮質の働きが障害されるので，脳全体の働きが衰えます。症状は，軽いもの忘れ程度の前段階を経て，初期では記憶障害，見当識障害などが目立ち，知っているはずの場所で迷ったり，意欲が低下してきます。中期になると排泄，着替え，料理，買い物など，日常生活が難しくなり，会話が困難になったり，暴力などがみられることがあります。後期になると，会話が成り立たなくなり，家族の顔や名前がわからなくなり，体のこわばり，嚥下困難など身体的な症状が現れ，寝たきり状態になります。進行の速さは，人それぞれですが多くの場合，穏やかに発症しゆっくりと進みます。

2 脳血管性認知症

　脳血管障害による認知症は，血管の老化が原因です。血管の老化によって動脈硬化を起こし，脳出血や脳梗塞を起こします。その結果，血液によって酸素や栄養が届かず脳細胞が壊死を起こします。脳梗塞がいくつも同時に起こる多発性脳梗塞では認知症になる危険性が高いといわれています。

　症状は障害を受けた脳細胞の場所によって異なり，めまいやしびれなどの神経障害，片麻痺，言語障害，知的能力の低下等にむらがあります。またある能力は低下しているが，ある能力はしっかりしている状態がよくみられます。人によっては，自分が病気だという認識をもつため，とても悲観的になります。

⑥ 認知症の症状

　認知症の症状は中核症状と周辺症状に大別されます。中核症状は，記憶障害，見当識障害，判断障害という認知機能の障害です。記憶障害は，直近のことを忘れてしまう，同じことを繰り返すなどといった症状として現

れます。見当識障害は，時間や場所，人がわからなくなる状態です。判断力の低下では，季節や場に合った服装ができないなどが現れます。

周辺症状は，中核症状に心理的・身体的要因が加わって起こる異常な行動や精神症状のことです。周辺症状はすべての認知症高齢者に共通してみられる症状ではありません。その現れ方は性格や生きてきた背景，現在の暮らしに影響されます。周辺症状には，妄想，幻覚，不安，依存，徘徊，攻撃的行動，睡眠障害，介護への抵抗，異食・過食，抑うつ状態などがあります。妄想はしまい忘れた財布を盗まれた，隠されたという物盗られ妄想の形をとることが多く，身近な家族が対象になることが多くみられます。被害妄想や嫉妬妄想もみられます。幻覚では，子どもがいるなどの幻視が多くみられます。

認知症高齢者は身体状態の変化を的確に伝えることが困難になります。日常生活での観察で変化を見逃さないようにすることが大切です。

⑦ 認知症の治療

認知症の治療は薬物療法がありますが，介護者や家族の認知症への理解と対応が重要です。薬物療法としてはアルツハイマー病では，記憶力の低下を遅らせる効果，一時的に記憶力を高める薬剤が使用されます。できるだけ早期に使うほどよいといわれていますので，早期発見が大切です。今のところ，アルツハイマー病を根本的に治す薬は開発されているところでまだありません。現れる症状によって抗うつ剤や抗精神病薬も使われます。できる限り安定した環境を提供することが重要です。脳血管性認知症では，脳出血や脳梗塞の予防が大切で，糖尿病，心疾患，喫煙などの危険因子をコントロールし，発症や再発の予防が重要です。血圧管理，抗血小板剤などの薬物療法が行われます。

3. 薬の基礎知識

薬は正しく使わなければ，十分な効果が出ないことがあります。また，薬には効果だけでなく，ときには副作用もありますし，まれには重大な副作用になることもあります。正しく使って，なるべく副作用が少なく，大

きな効果が得られるようにしましょう。

① 薬は正しく使う

　医師はあなたの病気の症状や原因によって，薬を選びます。同じ病気（病名）であっても同じ薬が使われるとは限りませんし，仮に同じ薬であっても，同じ飲み方や同じ使い方とは限りません。薬の飲み方，使い方は，人により，また状態により変わるのです。薬は正しい飲み方，使い方をすることによって最大の薬効をもたらしますが，いい加減な飲み方や間違った飲み方などでは薬の効果は十分に発揮されず，かえって毒になりうることをよく理解してください。わからないときは，遠慮なく主治医や薬剤師に尋ねる習慣をつけましょう。

② 薬の飲み方

　決められた量よりも多く飲んだり，短い間隔で飲むと，薬が効きすぎて副作用を起こすことがあります。また，少なく飲んだり，間隔を長くあけて飲むと，十分な効果が現れないこともあります。ですから，決められた分量や回数はきちんと守って下さい。ふつうは，コップに半分から1杯の水（湯ざまし，80〜150ml）で飲んでください。

　水なしで飲むと，食道や胃を荒らすことがあります。ひどい場合には食道や胃に潰瘍をつくることもあります。ミルクやお茶，コーヒー，アルコール飲料などで薬を飲まないでください。吸収が悪くなって効きが悪くなったり，極端に早く吸収されて，効きすぎて副作用が現れたりすることがあるからです。

　服用時点としては，大きく分けて，①食前（食直前），②食後（食直後・食後すぐ），③食間，④一定時間間隔，⑤就寝前の五つのタイプがあります。

　①食前という指示は，食事の前30分に飲みます。吐き気止めや漢方薬等があります。食欲増進のための薬の場合は食べる前に飲んでおいたほうが食事がしやすくなるので，特に指示されます。食前は忘れることが多く，飲み忘れたら抜かしてしまう人がありますが，飲み忘れたら食後でも構いませんから飲んでください。食直前という指示は，食事のすぐ前に飲みます。具体的には箸をもったら薬を飲んで，それから食事をするという感じです。このタイプの薬は血糖値をコントロールする薬なので，服薬後は必

ずすぐ食事をとってください。食直前という指示は，最近発売された新しい薬の特殊な服用方法です。

　②食後という指示は，食事をした後30分程度を目安に飲みます。鎮痛剤の多くは胃に対して刺激作用が強く，食物によってその刺激が和らげられることから，特に指示されます。一日のなかで規則正しい生活リズムとして食事があります。そして，食事をとる行動のなかで食後が最も薬を確実に服用してもらえる時期なので多くの薬が食後となっています。食直後という指示は，食事が終わったらすぐ飲みます。このタイプの薬も血糖値をコントロールする薬なので，過血糖にならないように用法を守ってください。食後すぐという指示は，ふつう食後30分以内に飲みます。食後でないと薬が効きにくい場合もありますが，食後にしておくと，飲み忘れが少ないため便宜上そうしている場合もあります。また，空腹時より胃に対する負担も軽減できます。

　③食間という指示は，ふつう食後2時間くらいに飲みます。胃などに食物がほとんど残っていないため，薬の吸収がよく，薬を速く確実に効かせたり，胃の粘膜を保護したりすることができます。食事の最中に服用しないように注意してください。

　④一定時間間隔の「6時間毎」，「8時間毎」，「12時間毎」という指示は，血液中の薬の量を特に一定に保ってほしい場合に，指示されます。抗生物質や，喘息患者の治療の際に多い指示です。この場合は，できるだけ時間どおりに飲んでください。30分〜1時間程度前後することは，全く問題ありませんが，2〜3時間以上はずれないように注意してください。

　⑤就寝前という指示は，就寝の20〜30分前に飲んでください。便秘時に使用する下剤，催眠剤，夜間発作を抑える薬などがあります。寝たままで，特に少量の水で飲んだりすると，胃に入る前に途中で食道に引っかかってそこで溶け出し，濃度が高くなるために，刺激の強い薬では食道に傷をつけ，潰瘍をつくることがありますので注意してください。

　その他に，起床時服用という指示があります。この指示は朝起きたら，なるべく早く飲んでください。飲んだら少なくとも30分は横にならず，水以外の飲食やほかの薬は飲まないでください。この用法は骨粗鬆症の薬にあります。この指示も，最近発売された新しい薬の特殊な服用方法です。

③ 薬の保管

・子どもの手の届かないところに保管してください。

- 水薬は冷蔵庫に，ただし特別な指示がない限り冷凍しないようにしてください。
- 薬は湿気や熱，直射日光を避けて，涼しい場所に保管してください。
- 有効期限切れの薬を使用しないようにしてください。

4. 廃用症候群

① 廃用症候群とは

　人間の身体的・精神的機能は，健康人であっても使わないと衰えていきます。使わないこと（廃用）によるさまざまな身体的・精神的機能低下による一連の症状を廃用症候群，または生活不活発病ともいいます。

② 廃用症候群の症状

　使わないことによる機能の衰えは，運動機能だけでなく，呼吸，循環，消化，尿路，調節，代謝など全身の機能に及びます。そして，認知機能の低下や精神状態の悪化を招きます。次に，さまざまな廃用症候群の症状をあげます。これらの症状がいくつか同時に存在し，それらが相互に影響し合っていると考えられます。

1　運動器

　廃用症候群の症状で目立つのは運動機能低下で，4週間の安静臥床により腰椎で8.4％，大腿骨頸部で13.3％の骨密度の減少がみられるとの報告があり，骨粗鬆症の状態になり，腰背部痛を起こします。筋を使用しないことで筋肉の体積が減少する筋萎縮や筋力低下を招きます。上肢は日常生活において少しずつでも動かすので，下肢に比べて少ないのですが，下肢は臥床すると筋力低下が進みます。関節が長期間一定の位置に固定されることによって，固定したままの状態に陥り，他動的に動かせない状態である関節拘縮が起こります。上肢では肩関節の運動が少なくなり，拘縮しやす

[※1]　乗松尋道「骨の廃用症候群―骨粗鬆症」『Geriatric Medicine』40（2），155〜159頁，2002年。

い状態になります。寝たきりになると下肢では歩行時に使用する足関節の拘縮を最も起こしやすく，股関節も可動が少なくなるため拘縮を起こします。

2 呼吸器

身体運動が低下すると，呼吸機能は低下します。1回換気量が減少，呼吸数も減少し，酸素と二酸化炭素のガス交換量も低下します。このような換気障害があり，気管支繊毛運動が減少し，肺塞栓症，沈下性肺炎が起こりやすくなります。循環機能低下と相まって全身運動時の耐久性の低下，易疲労性が現れます。

3 循環器

活動量が減少すると，心臓から拍出される血液量が減少します。心拍数は自律神経と密接な関係がありますが，長期の臥床が続くと血圧調節がうまくいかなくなり，起立時に血圧が低下し，立ちくらみ，ときには失神をきたす起立性低血圧が起こります。循環血液量が減少し，浮腫，静脈血栓症が起こります。長時間皮膚および皮下組織が圧迫されるために虚血性壊死を起こした状態である褥瘡を引き起こします。

4 消化器

活動しないことで食欲低下が起こり，腸蠕動運動が低下し，自律神経障害も合わさり便秘になります。胆汁のうっ滞から胆石が起こりやすくなり，消化不良のため下痢になることもあります。

5 尿路

膀胱の尿をすべて排出できないことで残尿が増加し，尿路結石や尿路感染を引き起こします。膀胱容量の減少や膀胱周囲の筋力低下もあり，尿失禁，排尿困難，頻尿も起こります。

6 調節・代謝

活動低下により体温調節がうまくいかなくなり，低体温の状態になります。ホルモンのバランスや電解質のバランスにも障害が現れます。

7 認知・精神

抑うつ，睡眠障害，不眠，感覚・知覚鈍麻，バランス・協調運動の障害が現れます。

③ 廃用症候群の悪循環

　何らかの原因で生活が不活発になると，廃用症候群が起こります。生活不活発の最終的な状態は寝たきりの状態です。寝たきりの原因として脳血管障害や大腿骨頸部骨折が重要視されています。その他にも，実際には重要な身体機能障害がないにもかかわらず，寝たきりになる人も存在すると考えられます。腰痛や手術に伴う安静や活動性の低下や生活習慣の変化により，下肢の筋力低下が生じて歩行が困難になり，歩行能力はどんどん低下していきます。同時に身体機能が低下し，意欲などの精神機能の低下も現れます。このように，軽い病気やけがをきっかけに廃用症候群を起こし，さらに悪循環によって寝たきりになっていきます。

　つくられた歩行不能，つくられた寝たきりはないでしょうか。車いすは移動ができ，参加を拡大するための補助になります。しかし，歩行が不安定なため危ないので車いす，自宅では歩けるが施設は広くて危ないので車いす，病気の急性期のときにとりあえず車いすというきっかけから，車いす生活になってしまう場合も考えられます。寝かせきりも同じように考えられます。つくられた歩行不能・寝たきりにならないような介護が重要です。

④ 廃用症候群の予防と治療

　廃用によって生じた身体機能の低下を回復させるには長い時間を要し，元の状態に回復することはきわめて困難です。したがって，予防することが重要です。万一発生した場合にもできるだけ早く気づいて悪循環を断ち切ることが重要です。きっかけが何であっても安静期間が長くなるほど廃用症候群が発生しやすくなります。本来なら本人ができることまで手伝ってしまわないこと，病気にかかってもなるべく早くベッドから起きること，麻痺や障害が発生したときにはできるだけ早くリハビリテーションを始めることです。家事や趣味などの活動をできるだけ継続し，日常的なかかわりのなかで役割や生きがいをもつようにし，生活全般の活発化，社会活動範囲を縮小しないような支援が必要です。

医師法第17条，歯科医師法第17条及び保健師助産師看護師法第31条の解釈について

(平成17年7月26日　医政発第0726005号)
(各都道府県知事宛　厚生労働省医政局長通知)

　医師，歯科医師，看護師等の免許を有さない者による医業（歯科医業を含む。以下同じ。）は，医師法第17条，歯科医師法第17条及び保健師助産師看護師法第31条その他の関係法規によって禁止されている。ここにいう「医業」とは，当該行為を行うに当たり，医師の医学的判断及び技術をもってするのでなければ人体に危害を及ぼし，又は危害を及ぼすおそれのある行為（医行為）を，反復継続する意思をもって行うことであると解している。

　ある行為が医行為であるか否かについては，個々の行為の態様に応じ個別具体的に判断する必要がある。しかし，近年の疾病構造の変化，国民の間の医療に関する知識の向上，医学・医療機器の進歩，医療・介護サービスの提供の在り方の変化などを背景に，高齢者介護や障害者介護の現場等において，医師，看護師等の免許を有さない者が業として行うことを禁止されている「医行為」の範囲が不必要に拡大解釈されているとの声も聞かれるところである。

　このため，医療機関以外の高齢者介護・障害者介護の現場等において判断に疑義が生じることの多い行為であって原則として医行為ではないと考えられるものを別紙の通り列挙したので，医師，看護師等の医療に関する免許を有しない者が行うことが適切か否か判断する際の参考とされたい。

　なお，当然のこととして，これらの行為についても，高齢者介護や障害者介護の現場等において安全に行われるべきものであることを申し添える。

（別　紙）

1. 水銀体温計・電子体温計により腋下で体温を計測すること，及び耳式電子体温計により外耳道で体温を測定すること
2. 自動血圧測定器により血圧を測定すること
3. 新生児以外の者であって入院治療の必要がないものに対して，動脈血酸素飽和度を測定するため，パルスオキシメータを装着すること
4. 軽微な切り傷，擦り傷，やけど等について，専門的な判断や技術を必要としない処置をすること（汚物で汚れたガーゼの交換を含む。）
5. 患者の状態が以下の3条件を満たしていることを医師，歯科医師又は看護職員が確認し，これらの免許を有しない者による医薬品の使用の介助ができることを本人又は家族に伝えている場合に，事前の本人又は家族の具体的な依頼に基づき，医師の処方を受け，あらかじめ薬袋等により患者ごとに区分し授与された医薬品について，医師又は歯科医師の処方及び薬剤師の服薬指導の上，看護職員の保健指導・助言を遵守した医薬品の使用を介助すること。具体的には，皮膚への軟膏の塗布（褥瘡の処置を除く。），皮膚への湿布の貼付，点眼薬の点眼，一包化された内用薬の内服（舌下錠の使用も含む。），肛門からの坐薬挿入又は鼻腔粘膜への薬剤噴霧を介助すること。

① 患者が入院・入所して治療する必要がなく容態が安定していること
② 副作用の危険性や投薬量の調整等のため，医師又は看護職員による連続的な容態の経過観察が必要である場合ではないこと
③ 内用薬については誤嚥の可能性，坐薬については肛門からの出血の可能性など，当該医薬品の使用の方法そのものについて専門的な配慮が必要な場合ではないこと

注1 以下に掲げる行為も，原則として，医師法第17条，歯科医師法第17条及び保健師助産師看護師法第31条の規制の対象とする必要がないものであると考えられる。
① 爪そのものに異常がなく，爪の周囲の皮膚にも化膿や炎症がなく，かつ，糖尿病等の疾患に伴う専門的な管理が必要でない場合に，その爪を爪切りで切ること及び爪ヤスリでやすりがけすること
② 重度の歯周病等がない場合の日常的な口腔内の刷掃・清拭において，歯ブラシや綿棒又は巻き綿子などを用いて，歯，口腔粘膜，舌に付着している汚れを取り除き，清潔にすること
③ 耳垢を除去すること（耳垢塞栓の除去を除く。）
④ ストマ装具のパウチにたまった排泄物を捨てること（肌に接着したパウチの取り替えを除く。）
⑤ 自己導尿を補助するため，カテーテルの準備，体位の保持などを行うこと
⑥ 市販のディスポーザブルグリセリン浣腸器（※）を用いて浣腸すること
　※ 挿入部の長さが5から6センチメートル程度以内，グリセリン濃度50％，成人用の場合で40グラム程度以下，6歳から12歳未満の小児用の場合で20グラム程度以下，1歳から6歳未満の幼児用の場合で10グラム程度以下の容量のもの

注2 前記1から5まで及び注1に掲げる行為は，原則として医行為又は医師法第17条，歯科医師法第17条及び保健師助産師看護師法第31条の規制の対象とする必要があるものでないと考えられるものであるが，病状が不安定であること等により専門的な管理が必要な場合には，医行為であるとされる場合もあり得る。このため，介護サービス事業者等はサービス担当者会議の開催時等に，必要に応じて，医師，歯科医師又は看護職員に対して，そうした専門的な管理が必要な状態であるかどうか確認することが考えられる。さらに，病状の急変が生じた場合その他必要な場合は，医師，歯科医師又は看護職員に連絡を行う等の必要な措置を速やかに講じる必要がある。

　また，前記1から3までに掲げる行為によって測定された数値を基に投薬の要否など医学的な判断を行うことは医行為であり，事前に示された数値の範囲外の異常値が測定された場合には医師，歯科医師又は看護職員に報告するべきものである。

注3 前記1から5まで及び注1に掲げる行為は原則として医行為又は医師法第17条，歯科医師法第17条及び保健師助産師看護師法第31条の規制の対象とする必要があるものではないと考えられるものであるが，業として行う場合には実

施者に対して一定の研修や訓練が行われることが望ましいことは当然であり，介護サービス等の場で就労する者の研修の必要性を否定するものではない。

　　また，介護サービスの事業者等は，事業遂行上，安全にこれらの行為が行われるよう監督することが求められる。

注4　今回の整理はあくまでも医師法，歯科医師法，保健師助産師看護師法等の解釈に関するものであり，事故が起きた場合の刑法，民法等の法律の規定による刑事上・民事上の責任は別途判断されるべきものである。

注5　前記1から5まで及び注1に掲げる行為について，看護職員による実施計画が立てられている場合は，具体的な手技や方法をその計画に基づいて行うとともに，その結果について報告，相談することにより密接な連携を図るべきである。前記5に掲げる医薬品の使用の介助が福祉施設等において行われる場合には，看護職員によって実施されることが望ましく，また，その配置がある場合には，その指導の下で実施されるべきである。

注6　前記4は，切り傷，擦り傷，やけど等に対する応急手当を行うことを否定するものではない。

● 文献

1．高齢者の疾患の概要とその特徴
佐々木英忠：老年看護　病態・疾患編，医学書院，2006年
高橋龍太郎：症状から見る老いと病気とからだ，中央法規出版，2002年
児玉敏江・亀井智子：高齢者看護学，中央法規出版，2003年
高崎絹子ほか：最新老年看護学，日本看護協会出版会，2005年
堀内ふきほか：高齢者の健康と障害，メディカ出版，2006年
厚生統計協会編：国民衛生の動向，53（9），2006年

2．認知症について
児玉敏江・亀井智子：高齢者看護学，中央法規出版，2003年
高崎絹子ほか：最新老年看護学，日本看護協会出版会，2005年
http://www.e-65.net/bases01_02.html

4．廃用症候群
児玉敏江・亀井智子：高齢者看護学，中央法規出版，2003年
高崎絹子ほか：最新老年看護学，日本看護協会出版会，2005年

第 9 章
福祉用具の意義と活用

1. はじめに

　1950年代にデンマークにおいて，知的障害者の処遇から端を発し提唱されたノーマライゼーションの理念は，障害をもつ人たちを特殊な施設に隔離してケアするのではなく，できるだけ住み慣れた地域で日常的な生活ができるようにケアすることを原則とするという考え方であり，この理念は世界のリハビリテーションの発展にも大きな影響を与えてきました。リハビリテーションは，単なる機能回復訓練ではなく，心身に障害をもつ人々の全人間的復権を理念として，潜在する能力を最大限に発揮させ，日常生活の活動を高め，家庭や社会への参加を可能にし，その自立を促すものです。この理念を現実のものとするために福祉用具の活用があります。

2. 福祉用具とは

① 福祉用具の定義

　福祉用具とは，「心身の機能が低下し日常生活を営むのに支障のある老人又は心身障害者の日常生活上の便宜を図るための用具及びこれらの者の機能訓練のための用具並びに補装具」をいいます（「福祉用具の研究開発及び普及の促進に関する法律」（福祉用具法）（平成5年法律第38号））。以前は，福祉機器，介護機器，介護用品（具），自助具，補装具，補助器具，テクノエイド，コミュニケーション機器，リハビリテーション機器などとよばれ，特に定められた名称はありませんでしたが，福祉用具法によって，呼称の統一と定義が定まるようになりました。

　福祉用具法が成立した背景には，それまでわが国が福祉用具に関する研究開発を十分に行っていなかったことへの反省があり，福祉用具の研究開発の推進を国の責務とする規定を設け，福祉用具の研究開発および普及のための基盤を整備し，高齢者や障害のある人々が地域や家庭で，できるだ

※1　介護保険法では，福祉用具を「心身の機能が低下し日常生活を営むのに支障がある要介護者等の日常生活上の便宜を図るための用具及び要介護者等の機能訓練のための用具であって，要介護者等の日常生活の自立を助けるためのものをいう」（第8条第12項）と規定しており，対象者が「要介護者等」になっている点，「補装具」が削除されている点に違いがある。

け自立して意欲的に社会参加するために，一人ひとりのニーズに合った福祉用具の普及が図られるよう，1993（平成5）年5月6日に公布，公布の日および10月1日より施行されました。

　福祉用具は，高齢者および障害者の日常生活の自立を図るとともに，その「生活の質」を向上させるためにきわめて重要な役割を果たすものといえます。

② 福祉用具の分類

　福祉用具には，国際標準化機構（ISO）が定めたISO9999という分類に基づいた，「福祉用具分類コード95」（CCTA95）があります。これは，1995（平成7）年に財団法人テクノエイド協会がISO9999の福祉用具分類との調和を図りつつ，わが国の実情に合わせて独立したものとして制定したものです。

　分類コードは大分類・中分類・小分類の3段階の階層構造になっており，多様な機器を分類しています（表9−1）。この分類項目に当てはまる用具は，国際障害分類（ICIDH）で示された機能障害（Impairment），能力障害（Disability），社会的不利（Handicap）のすべての段階に対応するものとなっています。用具の名称等については，同協会のデーターベース（「福祉用具情報システム（TAIS）（http://www.techno-aids.or.jp/）」から情報を得るとよいでしょう。

表9−1　福祉用具分類コード95（CCTA95）の大分類
治療訓練用具
義肢・装具
パーソナルケア関連用具
移動機器
家事用具
家具・建具，建築設備
コミュニケーション関連用具
操作用具
環境改善機器・作業用具
レクリエーション用具

3. 福祉用具を使用する意義

① その人らしさの実現

　私たち人間は社会的存在であり，人との相互関係のなかで生きています。ひとり孤立しては生きられません。このため，「生活の自立」とは互いに依存し合いながら，自らの生活を主体的に生きることといえます。たとえ身体に障害を有しても，知的機能に衰退をきたしても，自らの生活を歩んでいく方法や目的を自らの責任で選択して生きられるとき，そこに「生活の自立」があるのです。人はだれしも，尊厳をもって生きていきたい，若くて元気なときと同じように，自らの意思で生活を組み立てていきたいと願っています。そんな普通で当たり前の願いを実現するために，介護福祉士は福祉用具を有効な道具として介護活動を展開しなければなりません。庭に咲く花が見たい，トイレまでは何が何でも自分で行きたい，暮らしのなかの自分のこだわりが介護力の欠如で実現できないとしたら，そこに福祉用具の活用の意義があるといえます。

　福祉用具の目的は「高齢者や障害者の自立支援」と「介護者の介護量の軽減と介護者の生活の質の向上」を図ることにあります。

② 自立支援（補完）としての福祉用具

　近年，ICF（International Classification of Functioning, Disability and Health：国際生活機能分類）の概念が広まりつつあり，「自立した日常生活」に視点が置かれるようになりました。障害も個性としてとらえ，どのようにその障害と向き合っていくかが問われるようになっており，ニーズを十分にアセスメントして心身の状態に応じて，自立した日常生活を営むことができるよう，利用者が「使ってよかった」と満足できる福祉用具を提供することが大切です。

　また，福祉用具は介護サービスや日常生活動作訓練，機能回復訓練等と組み合わせることにより相乗的にその効果が期待できるといえます。しかし，安易な導入により福祉機器に利用者が使われてしまったり，日常生活が訓練の場となってしまってはかえって利用者の残存機能を低下させたり，自尊心を傷つけてしまうような危険もあります。

　福祉用具の導入にあたっては，利用者の意思（利用者主導）を確認し，

使いやすさ（操作性）を考慮したうえで，適合（フィッティング）できるものを利用者の生活障害の段階に応じて導入することが重要であるといえます。

③ 介助支援（介助量軽減）としての福祉用具

福祉用具を使用することによって，高齢者や障害者ばかりではなく，介護者にとっても生活がよい方向に変化しなければなりません。介護者が介護しやすいように福祉用具を使用することは，高齢者や障害者の生活がよい方向に向かうことでもあり，結果的には高齢者や障害者の自立支援につながることといえます。

福祉用具の導入にあたっては，その福祉用具を使用する人物や利用の目的を明らかにしたうえで，選択のための情報提供を行い，持ち運びやすさや使いやすさ等を検討しながら，用具を決定していきます。最初にどのような目的の利用なのかを明らかにすることは，本人や介護者の福祉用具導入の合意を形成するうえで大切です。介助負担軽減のための福祉用具利用が介護者自身による選択だけで導入されることがないよう，注意が必要です。なぜなら介護という仕事は，介護する側の価値観や人間性によって介護の質が決まってしまうというきわめて個人的な活動の側面があるからです。

さらに，介護技術としての福祉用具の知識や使い方に差があっては自立支援どころか，人権無視や事故につながる危険性をもはらんでいますので，導入して間もない時期には，可能な限り短期的に評価する必要があります。「誤操作のまま使用している」「買ったけれど倉庫に眠っている」ということがあったり，福祉用具が生活に馴染むには時間を要することもありますので，本人と家族，介護者が安全・安心・安楽に使用できるように確認していくことが必要です。

4. 福祉用具選定のポイント

福祉用具は身体的，精神的，心理的能力などの残存機能を最大限に生かし，自立した日常生活を営めるように用いるものです。また，要介護者本

人が自らの生活の質の維持向上を図り，尊厳あるものとするために用いる大切なものですから，福祉用具の選定や活用にあたっては，安全性，機能性，効率性，審美感などに最大限の配慮が必要となります。

① 使用する利用者の機能や能力と福祉用具の性能があっていること。

利用者の身体状況（身長，体重，障害の種類や程度，知的機能やコミュニケーション能力）や生活環境を把握し，今必要なものは何かを利用者とともに考えます。例えば車いすでは，体のサイズに合っているか，移乗しやすいか，姿勢が保持できるか，自力駆動は可能かなどを検討します。

② 利用者本人が無理なく使用できること。

福祉用具の提供で注意が必要なことは，福祉用具を使用することによって，残存能力を殺さないことです。利用者本人に試用してもらい，無理なく使用できるものを選択するようにします。

また，人間に福祉用具を合わせるのであって，福祉用具に人間を合わせるのではありません。これにより自尊心が傷つけられ意欲まで奪ってしまうこともあります。使用にあたっては，用具の改良が必要かどうかも考えましょう。

③ 利用者本人や家族等の介護者が，操作や管理ができること。

福祉用具を使用するにあたって，複雑な操作や力加減，メンテナンスが必要である場合には，わずらわしく使いづらいものとなりやすく，かえって介護の負担が増加します。また，利用者に合わせて提供されたものであっても，身体状況の変化や介護者の変更等により変更等が必要となる場合があります。

④ 福祉用具が住居で使えること。

玄関の幅やドアの幅，段差，居室の広さ，床の固さ（畳）など福祉用具を使ううえで問題がないか，場合によっては，家具の配置換えや住宅改造が必要になることもあるので，住居環境を確認しておく必要があります。

⑤ 複数の福祉用具を導入する場合，用具同士のサイズ等が合っていること。

ベッド面の高さ（ハイ・ロー機能がない場合）と車いす座面の高さとポータブルトイレの高さが合っているかなど，用具同士の整合性を考え，非効率にならないよう注意が必要です。

⑥ 福祉用具の導入が一時的なものか，継続して使用するものなのか検討する。

使用期間や経済的負担等をよく考慮し，福祉用具を購入するかレンタ

ルするかを決めることが大切です。介護保険制度では，利用者の身体状況や要介護度の変化に応じて，福祉用具の交換ができるようにする等の考え方から原則レンタル対応となっています。

⑦　公的補助やほかのサービスが活用できないか検討する。

福祉用具の購入には経済的な負担が伴います。介護保険が利用できるか確認するとともに，利用できない場合でも各自治体独自の給付制度が使える場合もあるので，福祉事務所など公的機関に確認することも必要です。

⑧　福祉用具の導入によって，家族生活の快適さが奪われ，迷惑を被ることがないこと。

入浴用リフトや手すりのため浴槽が狭くなり，家族が入浴しづらくなった等，福祉用具の設置によって家族が暮らしづらくなることは避けなければなりません。家族にとっても快適に暮らせるような福祉用具の導入が必要です。

表9-2　福祉用具の選定と利用の流れ
① 利用者の身体状況と生活環境を把握し，利用者の主訴や要求を確認する（インテークとアセスメント）。
② 利用者の要求を中心に本人の生活環境と能力障害との間に生じている障害を明らかにし，課題を抽出する（ニーズの把握）。
③ 対処方法と目標を定めて情報収集し，用具の選定を行う（プランニング）。
④ 事業者と連携し，福祉用具の利用を始める（導入・利用）。
⑤ ③のプランに合った利用の成否をチェックする（評価）。
※ 評価の結果，②へ戻り，再び循環し，目標達成の確度を高めていく。

福祉用具を適切に選定，活用していくことは，利用者の自立を促す介護と介護者への支援を後押しし，利用者の生活の質を高め，快適な暮らしを提供し，社会的役割を発揮してもらうことにつながっていきます。そのために，介護福祉士は対象者を生活者としてとらえ，障害のある人の生活必需品となる福祉用具の機能に習熟し，利用者の生活のなかにどのような機能をもった用具が必要なのかを見極める選択眼が求められます。介護福祉士による「質の高い介護の提供」を実現可能としていくためには，福祉用具の適切な選定と活用が重要なポイントになるといえます。

また，福祉用具に関する知識・技術の習得は，利用者本人の安全を守るとともに，福祉用具の機能を最大限に発揮することにつながります。

5. 福祉用具の種類と特徴

① 杖

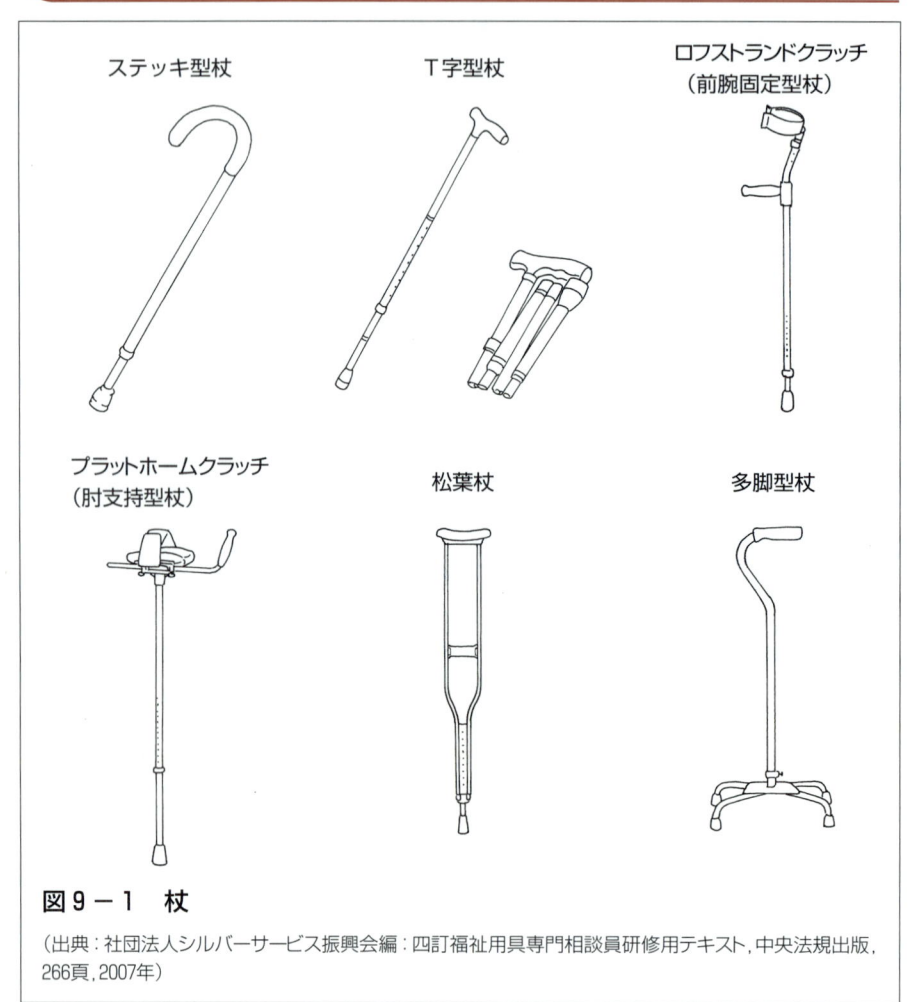

図9－1　杖

（出典：社団法人シルバーサービス振興会編：四訂福祉用具専門相談員研修用テキスト, 中央法規出版, 266頁, 2007年）

注意すべき点

○ゴムが磨耗して杖先が滑って転倒することもあるので，磨耗していないかを使用する前に常時点検する。また，杖先のゴムは強く圧をかけてもスリップしない弾力性のあるものを選ぶ。
○杖先の接地角度に留意する。
○リウマチの方には軽い杖を用いるなど，機能低下の状態に応じて重さやグリップの形状を変える。
○力を入れやすいように，利用者の手の大きさによって選ぶ。

② 歩行器

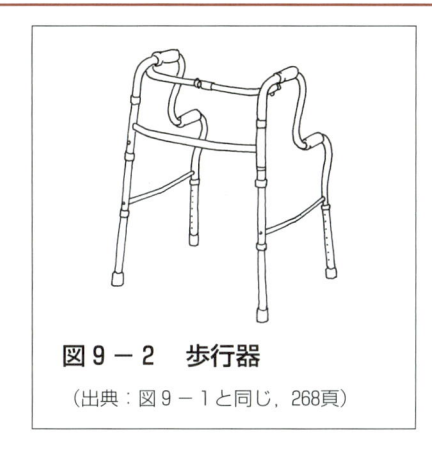

図9－2　歩行器
（出典：図9－1と同じ，268頁）

注意すべき点
○平地でないと移動が困難になる。傾斜があると全体が傾くため注意する。

③ 歩行車

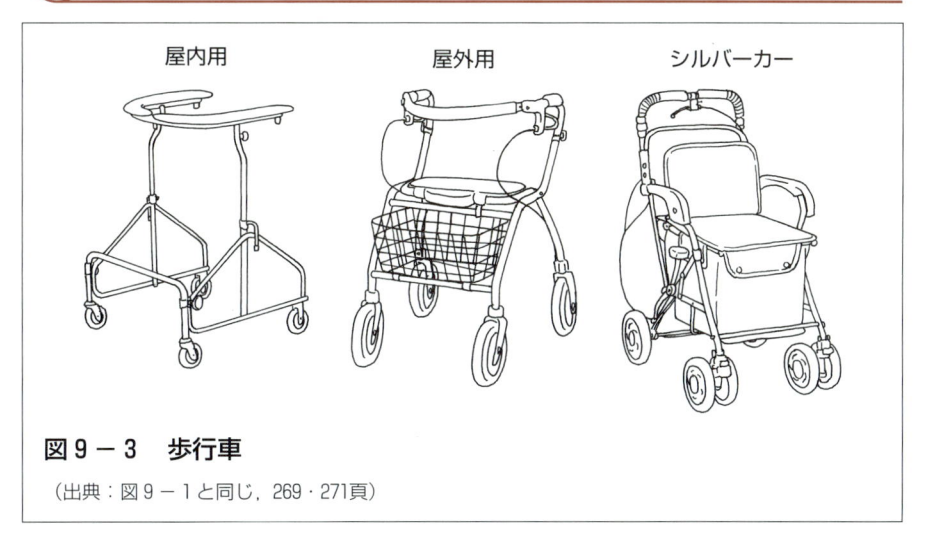

屋内用　　屋外用　　シルバーカー

図9－3　歩行車
（出典：図9－1と同じ，269・271頁）

注意すべき点
○歩行車に取りつく際と離れる際に，車輪が動かないように注意する。

④ 車いす

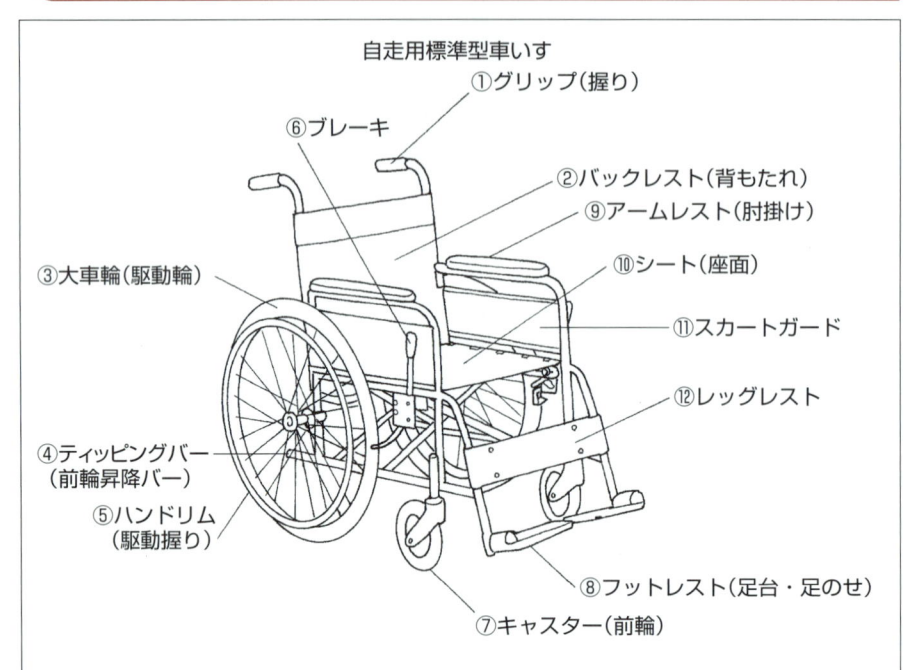

自走用標準型車いす

- ①グリップ(握り)
- ⑥ブレーキ
- ②バックレスト(背もたれ)
- ⑨アームレスト(肘掛け)
- ③大車輪(駆動輪)
- ⑩シート(座面)
- ⑪スカートガード
- ⑫レッグレスト
- ④ティッピングバー(前輪昇降バー)
- ⑤ハンドリム(駆動握り)
- ⑧フットレスト(足台・足のせ)
- ⑦キャスター(前輪)

座面昇降式車いす

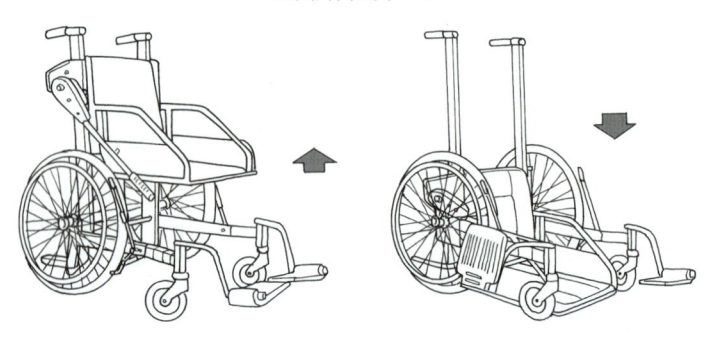

レバー操作によって座面を上下に動かすことができます

片手駆動式車いす

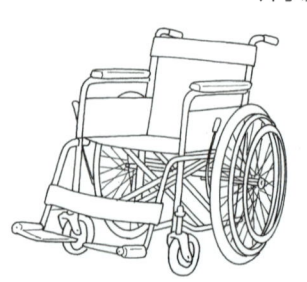

ダブルリムタイプ
利き手側の車輪にハンドリムが二重についたタイプ
両方を同時に回転させると直進し、片方だけ回転させると方向転換します

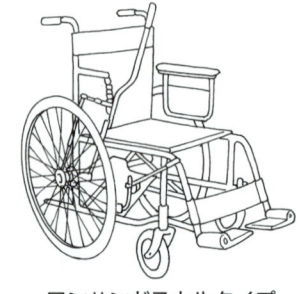

ワンハンドスカルタイプ
駆動レバーを前後左右に動かして操作するタイプ

家屋内専用六輪型車いす

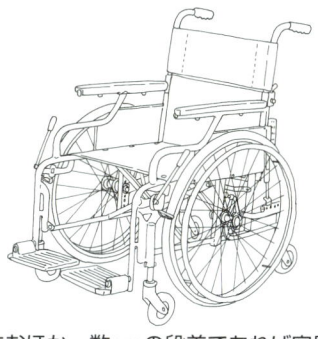

回転半径が小さくてすむほか，数cmの段差であれば容易に乗り越えられます

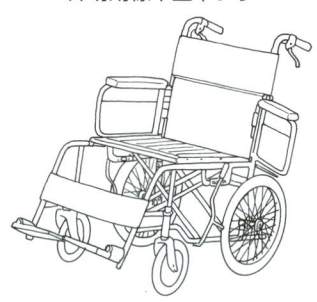

介助用標準型車いす　　　　リクライニング式車いす

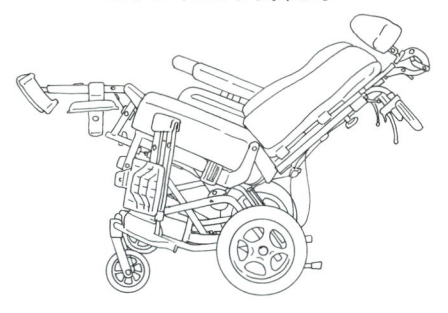

図9－4　車いす
（出典：図9－1と同じ，233・253～257頁）

注意すべき点

○ブレーキや空気圧，タイヤの磨耗など定期的にチェックする。特に，自力駆動している利用者の車いすでは，実際に乗ってみて不具合や乗り心地の感触を確かめてみる。

○電動車いすの場合には，バッテリーを必ず充電する。また，バッテリー液を時々点検する。

> **コラム**
> 　介護者がブレーキを同時に解除して動き出す光景が施設などでよく見受けられますが，危険防止のためにも，片方ずつ解除するのが操作の基本です。
> 　また，一人の職員が同時に2台の車いすの利用者を移動介助していることが報告されていますが，「仕事が繁雑だから」，「マンパワー不足だから」は理由になりません。車いすに乗っているのは，「人」であり，「物」ではありません。いかなる理由があろうとも言語道断の介護行為といえます。

⑤ リフト

注意すべき点

○リフトの選択は身体状況，生活環境，使用目的に応じたものを選ばないと落下したり，身体へのストレスが生じたりするため，医師，理学療法士や作業療法士などの専門家に相談する。
○操作時には，リフトを本人に近づけすぎたり，安定感のない移動をすると，利用者は恐怖感を抱くため，常に安心する言葉かけに留意する。
○入浴時の移動は裸での移動になるため，心理的負担を少なくする配慮をする。

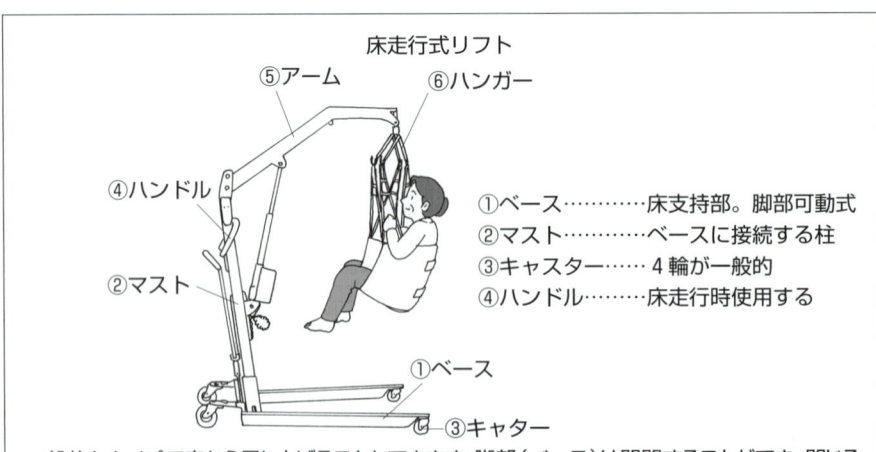

床走行式リフト
⑤アーム　⑥ハンガー
④ハンドル
②マスト
①ベース
③キャター

①ベース………床支持部。脚部可動式
②マスト………ベースに接続する柱
③キャスター……4輪が一般的
④ハンドル………床走行時使用する

一般的なタイプで床から吊り上げることもできます。脚部（ベース）は開閉することができ，閉じると狭いところも通れます

固定式リフト　　　　　　　　　据置式リフト

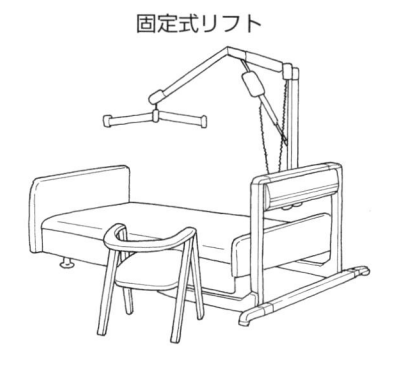

ベッドに固定して車いすなどへの移乗に使用します

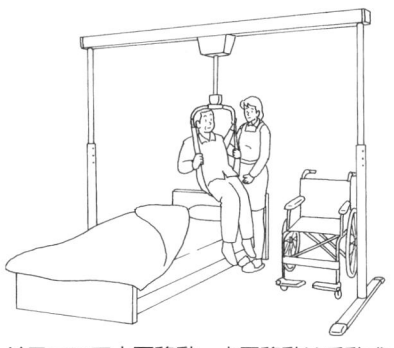

リモコンで上下移動，水平移動は手動式です。支柱は空気圧で持ち上げて固定します

ベルト型吊り具　　　　　　　ベルト型吊り具の展開図

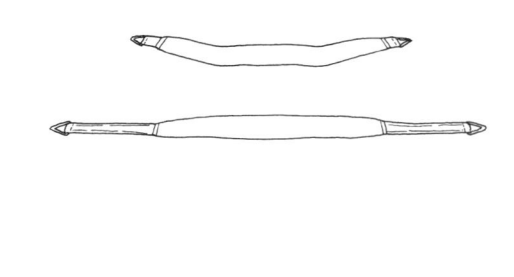

着脱は容易ですが，リフト姿位を保持できる筋力が必要です

シート型吊り具　　　　　　　シート型吊り具の展開図

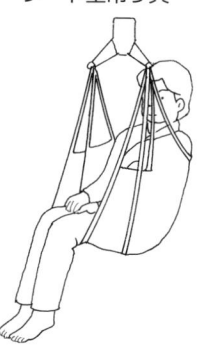

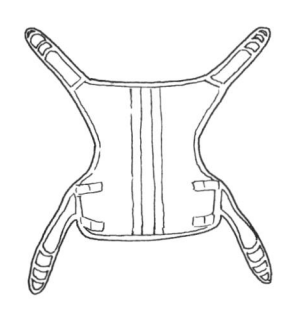

臥位で着脱します

第9章　福祉用具の意義と活用

脚分離型（ハーフサイズ）吊り具　　脚分離型（ハーフサイズ）吊り具の展開図

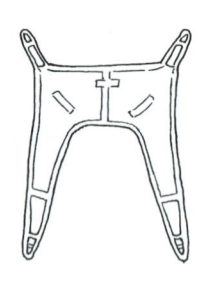

脚分離型（フルサイズ）吊り具　　脚分離型（フルサイズ）吊り具の展開図

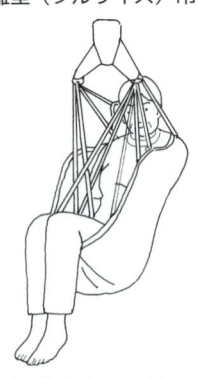

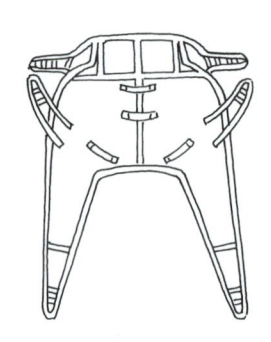

座位姿勢でも着脱できます。頭部支持ができなかったり，体幹のバランスが悪い場合には，シートが頭部まであるフルサイズを使用します

図9-5　リフト

（出典：社団法人シルバーサービス振興会編：改訂ケア輸送サービス従事者研修用テキスト，中央法規出版，172頁，2005年，図9-1と同じ，290・292・294・295頁）

⑥ ベッドと周辺用具

背上げ機能　　膝上げ機能

ハイ・ロー機能

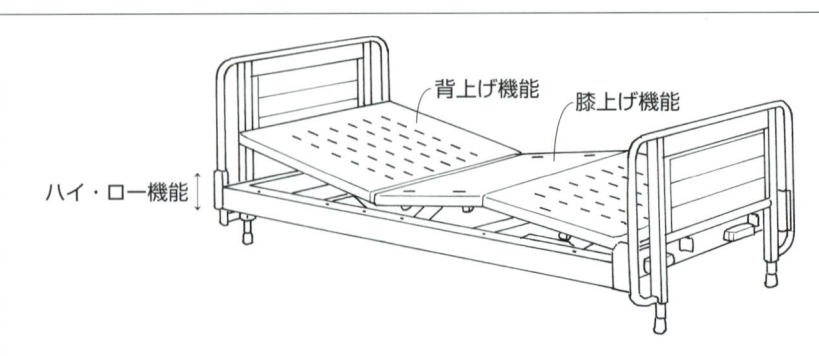

図9-6　ギャッチ機能のついた療養用ベッド

（出典：社団法人シルバーサービス振興会編：三訂福祉用具専門相談員研修用テキスト，中央法規出版，312頁，2006年）

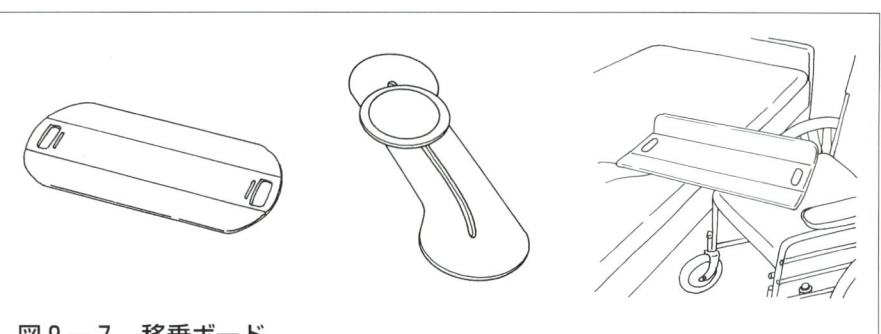

図9－7　移乗ボード

（出典：図9－1と同じ，276・277頁）

・その他，周辺用具として，以下のものがあります。
　サイドレール
　ベッド用テーブル
　移動バー
　介助バー
　立ち上がり補助用具
　体位変換用クッション
　移乗シート

注意すべき点

○背上げ機能や膝上げ機能を使用する際，自ら身体を動かせない利用者の場合，身体のズレや無理な姿勢による圧迫が生じ苦しくならないようにする。
○ハイ・ロー機能を使用する際は，利用者の力，体格，介護状況などを把握し，ベッドからの立ち上がりや介護がしやすい高さにする。
○電動ベッドを使用する場合には，リモコンの操作が難しい利用者や認知症の利用者が，リモコンの誤操作によってコード類を首や身体に巻きつけないように工夫する。

⑦ 入浴関連用具

浴室用手すり

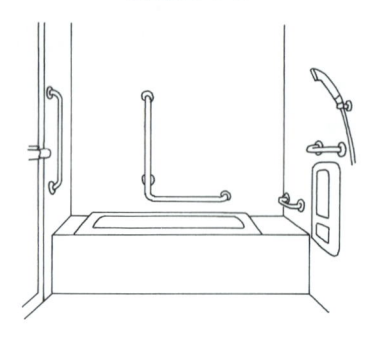

浴槽用手すり

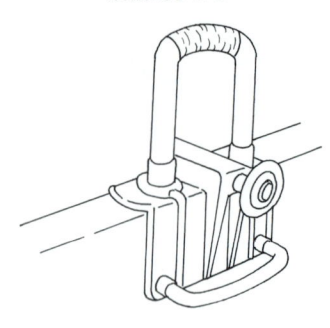

シャワーチェア

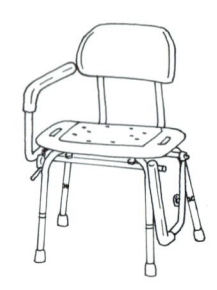

シャワーキャリー

チェア部分が分離でき懸吊式リフトの吊り具として浴槽内へ入れることができます

バスボード

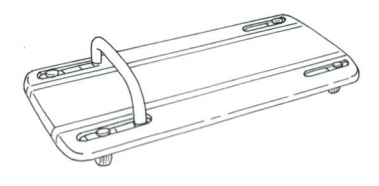

移乗台

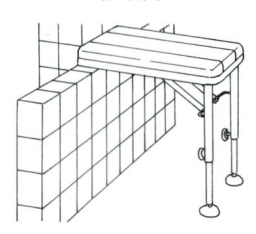

踏み台

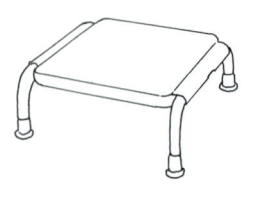

浴槽内いす

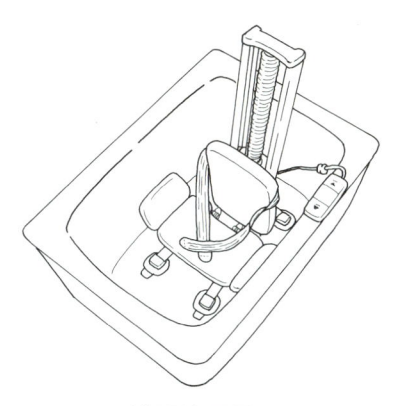

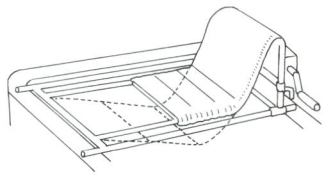

図9−8　入浴関連用具

（出典：図9−6と同じ，246・247・250〜254・257頁）

・その他，以下のものがあります。
　滑り止め用品
　入浴担架
　簡易浴槽
　部分浴用具（洗髪器，足浴器，陰部洗浄器）

注意すべき点

○浴室は，裸で石鹸や湯水を使用するため，事故が多い場所である。一つひとつの動作や用具の特徴を理解し，安全に入浴できるよう浴室を整える（安心感が得られることは利用者の自立度を高めるうえで重要である）。

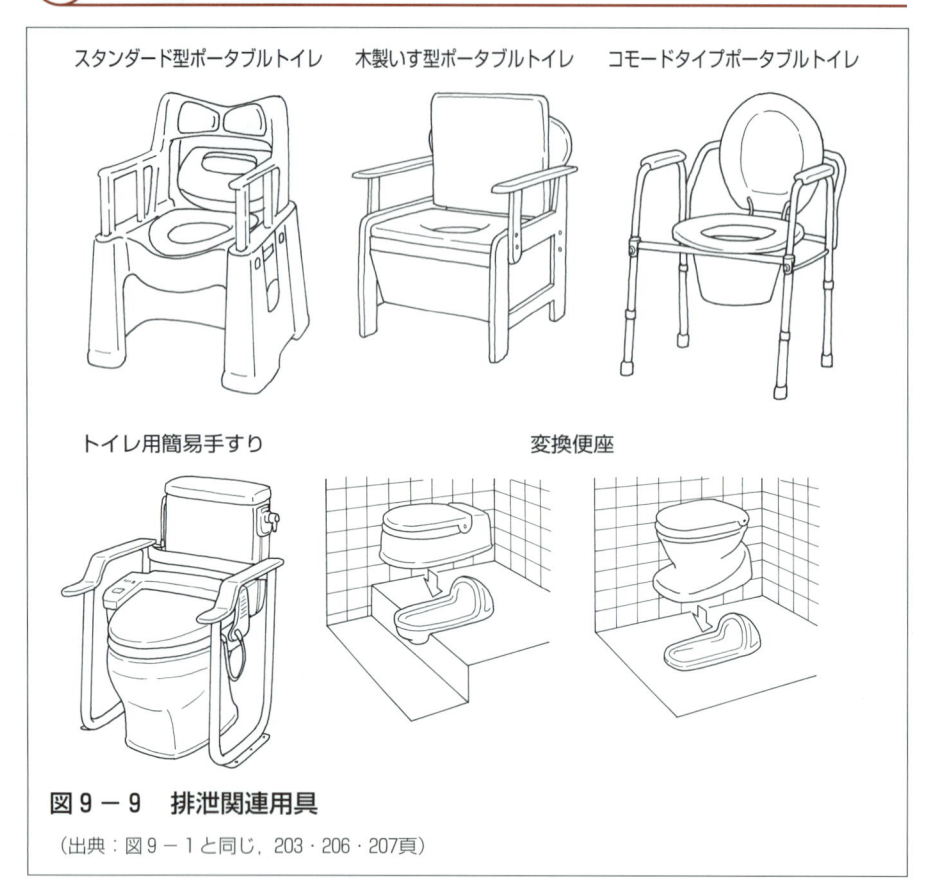

⑧ 排泄関連用具

図9－9 排泄関連用具
（出典：図9－1と同じ，203・206・207頁）

・その他，以下のものがあります。
　補高便座
　電動補助便座
　大人用おむつ（布おむつ，紙おむつ（フラットタイプ，テープ止めタイプ，パンツタイプ，失禁パッド））

注意すべき点

○ポータブルトイレの利用者は移動動作に困難があるため，立ち上がりも難しくなる。特にスカートタイプのように裾が広がった形状は，足の引きしろが少ないため，立ち上がりが困難になる。ポータブルトイレを選択する際には，足の引きしろが確保できるいす型のタイプを選び，手すりを併用することによって自立度を高める（排泄の自立は生活のなかで精神的にも重要な意味をもつことを認識することが必要である）。

● 文献
澤村誠志監：介護福祉士のための福祉用具活用論，中央法規出版，2000年
社団法人シルバーサービス振興会編：四訂福祉用具専門相談員研修用テキスト，中央法規出版，2007年
財団法人介護労働安定センター編：自立支援・介護支援のための福祉用具の使い方，2003年

社会福祉士及び介護福祉士法等の一部を改正する法律案について

　介護保険制度の導入や障害者自立支援法の制定等により，認知症の介護など従来の身体介護にとどまらない新たな介護サービスへの対応が求められるようになってきました。こうした近年の介護・福祉ニーズの多様化・高度化に対応し，人材の確保・資質の向上を図ることを目的として，社会福祉士及び介護福祉士法等の一部を改正する法律案が第166国会に提出されました。

　改正法案は第166国会では成立に至りませんでしたが，参考として法案のポイントを以下に収載します。

○ 介護福祉士制度に関する改正法案のポイント

1　定義規定の見直し（公布日施行）
・介護福祉士の行う「介護」を「入浴，排せつ，食事その他の介護」から「心身の状況に応じた介護」に改める。

2　義務規定の見直し（公布日施行）
・「個人の尊厳の保持」，「自立支援」，「認知症等の心身の状況に応じた介護」，「他のサービス関係者との連携」，「資格取得後の自己研鑽」等について，新たに規定する。

　【誠実義務】
　　その担当する者が個人の尊厳を保持し，その有する能力および適性に応じ自立した日常生活を営むことができるよう，常にその者の立場に立って，誠実にその業務を行わなければならない。

　【連携】
　　その担当する者に，認知症であること等の心身の状況その他の状況に応じて，福祉サービスおよびこれに関連する保健医療サービスその他のサービスが総合的かつ適切に提供されるよう，福祉サービスを提供する者または医師その他の保健医療サービスを提供する者その他の関係者との連携を保たなければならない。

　【資質向上の責務】

介護を取り巻く環境の変化による業務の内容の変化に適応するため，介護等に関する知識および技能の向上に努めなければならない。

3　資格取得方法の見直し

・資質の向上を図るため，すべての者が一定の教育プロセスを経た後に国家試験を受験するというかたちで，資格取得方法を一元化する。

【養成施設ルートの見直し】

（平成24年4月1日施行⇒平成25年1月試験から実施）

　資格を取得するためには，新たに国家試験を受験する仕組みとする。また，経過措置として，養成施設の卒業者は，当分の間，准介護福祉士の名称を用いることができる。

【福祉系高校ルートの見直し】

（新しい教育カリキュラムの実施に併せ，平成21年4月1日施行）

　教科目・時間数だけでなく，新たに教員要件，教科目の内容等にも，基準を課すとともに，文部科学大臣・厚生労働大臣の指導監督に服する仕組みとする。経過措置として，平成21年度から平成25年度までの入学者に限り，現行の1190時間程度の課程を卒業した後に9月以上の実務経験を経た場合に，国家試験の受験資格を付与する。

【実務経験ルートの見直し】

（平成24年4月1日施行⇒平成25年1月試験から実施）

　3年以上の実務経験に加え，新たに6月以上の養成課程を経たうえで国家試験を受験する仕組みとする。

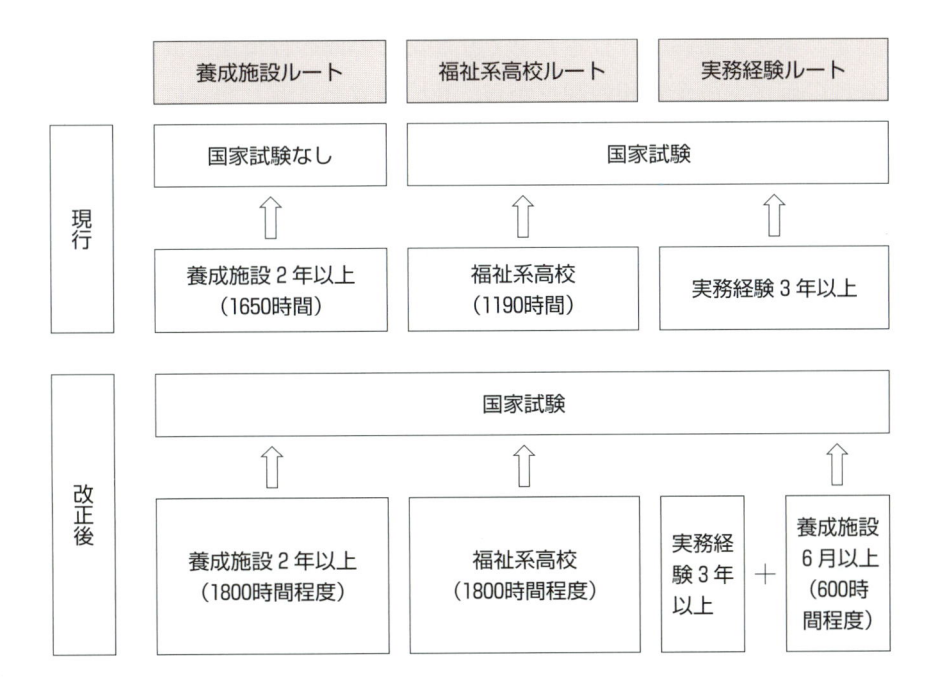

	養成施設ルート	福祉系高校ルート	実務経験ルート
現行	国家試験なし ← 養成施設2年以上（1650時間）	国家試験 ← 福祉系高校（1190時間）	国家試験 ← 実務経験3年以上
改正後	国家試験 ← 養成施設2年以上（1800時間程度）	国家試験 ← 福祉系高校（1800時間程度）	国家試験 ← 実務経験3年以上 ＋ 養成施設6月以上（600時間程度）

※養成施設卒業者が国家試験に不合格，あるいは未受験であっても，当分の間，准介護福祉士と名乗れることについて，日本介護福祉士会としては，介護福祉士の処遇の低下への影響，介護現場の混乱なども含めて，介護福祉士の資格全体のレベルアップを図るという本法案の趣旨に反するものではないかとの懸念があり，2007（平成19）年3月14日に以下の要望書を厚生労働大臣宛に提出しました。

要 望 書

　日本介護福祉士会は，介護福祉士の職能団体として，資格取得後の研修の実施等を通じて，介護福祉士が介護を取り巻く状況の変化に的確に対応できるように，取り組みを行ってまいりました。

　今国会に提出される社会福祉士及び介護福祉士法等の一部を改正する法律案は，このような近年の介護ニーズの多様化・高度化に対して，資格全体のレベルアップを図るものであり，介護福祉士に対する社会の要請に応えるものとして，日本介護福祉士会としても評価しております。

　少子・高齢社会を支える介護の人材確保は，大変重要な課題であり，これに併せ，介護の職場が魅力あるものとなるよう，介護福祉士に適切な処遇や福祉現場でのキャリアアップが確保されるよう，介護福祉士への社会的な評価の充実に努めるべきと考えており，国を挙げて全力で取り組まれるよう要望致します。

　また本法律案には，日本とフィリピンとの間の経済連携協定との整合性の確保や激変緩和の観点から，養成施設を卒業した者は，当分の間，准介護福祉士の名称を用いることができる旨の規定が盛り込まれています。

　日本介護福祉士会としては，このような仕組みが介護現場に混乱を招かないかとの強い懸念から，本来導入すべきではないものと考えており，早急に解消することを強く要望致します。

平成十九年三月十四日

　　　　　　　　　　　　　社団法人日本介護福祉士会
　　　　　　　　　　　　　　会長　石　橋　真　二

厚生労働大臣
　柳　澤　伯　夫　殿

准介護福祉士に関する経過措置については，国会でも異論が相次ぎ，参議院厚生労働委員会において，「法律の公布後5年を目途として，准介護福祉士の制度について検討を加え，その結果に基づいて必要な措置を講ずる」との規定が追加されています。

● 執筆者一覧 (執筆順)

氏名	所属	担当
石橋真二	社団法人日本介護福祉士会会長	はじめに，第2章2節
栃本一三郎	上智大学大学院総合人間科学研究科教授	第1章
田中雅子	社団法人日本介護福祉士会名誉会長	第2章1節
森　繁樹	障害者支援施設竜ノ口寮寮長	第2章3節・4節
井上千津子	京都女子大学家政学部生活福祉学科教授	第3章
柴田範子	社団法人日本介護福祉士会副会長	第4章
因　利恵	社団法人日本介護福祉士会常任理事	第5章1節
本名　靖	東洋大学ライフデザイン学部准教授	第5章2節1・2
中村房代	松山学園松山福祉専門学校教員	第5章2節3
木村晴恵	社団法人日本介護福祉士会副会長	第5章3節
八島妙子	愛知医科大学大学院看護学研究科教授	第5章4節，第8章1節・2節・4節
白井孝子	東京福祉専門学校介護福祉科専任講師	第5章5節
関谷榮子	白梅学園短期大学福祉援助学科教授	第6章
松尾智子	九州大谷短期大学福祉学科准教授	第7章
中村良夫	社団法人神奈川県薬剤師会理事	第8章3節
白仁田敏史	社団法人日本介護福祉士会副会長	第9章

介護福祉士初任者のための実践ガイドブック
日本介護福祉士会初任者研修テキスト

2007年8月15日　発行

編　　集：社団法人日本介護福祉士会

発行者：荘村多加志

発行所：中央法規出版株式会社
　　　〒151-0053　東京都渋谷区代々木2-27-4
　　　販　売　TEL 03-3379-3861　FAX 03-5358-3719
　　　編　集　TEL 03-3379-3865　FAX 03-5354-7437
　　　http://www.chuohoki.co.jp/
　　　営業所　札幌―仙台―東京―名古屋―大阪―広島―福岡

印刷・製本：サンメッセ株式会社

装丁・本文デザイン：岡本　明

ISBN978-4-8058-4751-0
定価はカバーに表示してあります。
落丁本・乱丁本はお取替えいたします。